Rothfischer / Oberlander u.a.
Ich mache mich selbstständig im sozialen Bereich

Doris Rothfischer/Willi Oberlander/Gabriele Glahn-Nüßel/
Stefan Engel

Ich mache mich selbstständig im sozialen Bereich

Von der Idee und Marktchance bis zur Finanzierung

Beltz Verlag · Weinheim und Basel

Doris Rothfischer, Jg. 1967, Diplomsozialpädagogin.

Dr. *Willi Oberlander,* Jg. 1952, M.A. Diplombetriebswirt (FH). Gründungsberater und Lehrbeauftragter an verschiedenen sozialpädagogischen Hochschulen.

Gabriele Glahn-Nüßel, Jg. 1970, Diplombetriebswirtin (FH).

Stefan Rudolf Engel, Jg. 1967, Diplomvolkswirt.

Sie sind wissenschaftliche Mitarbeiter am Institut für Freie Berufe an der Universität Erlangen-Nürnberg.

Gesetzt nach den neuen Rechtschreibregeln
Lektorat: Richard Grübling

© 2000 Beltz Verlag · Weinheim und Basel
http://www.beltz.de
Herstellung: Ute Jöst Publikations-Service, Birkenau
Satz: Satz- und Reprotechnik GmbH, Hemsbach
Druck: Druckhaus Beltz, Hemsbach
Umschlaggestaltung: Federico Luci, Köln
Umschlagfoto: Bavaria Bildagentur, München
Printed in Germany

ISBN 3-407-55837-6

Inhaltsverzeichnis

1. Besonderheiten der sozialpädagogischen Gründung

1.1 Zur Situation der Sozialpädagoginnen und Sozialpädagogen

Sozialpädagogik und Sozialarbeit[1] scheinen vor allem durch eine permanente Krise geprägt. Tatsächlich ist die Malaise des Berufsstandes untrennbar mit gesellschaftlichen Notlagen verknüpft. Da die moderne Industriegesellschaft auch bei der Verursachung von Problemen eine hohe Produktivität entwickelt hat, wird der jeweilige Stand der Entwicklung in der sozialen Pädagogik als Resultat von Krisenkonjunkturen betrachtet.

Die Probleme der Gesellschaft sind zugleich die Handlungsgrundlagen der SozialpädagogInnen. Die Verschlechterung von Lebenslagen bei Jugendlichen und Langzeitarbeitslosen, Wohnungslosen, Arbeitnehmern mit geringem Einkommen, Kleinrentnern, kinderreichen Familien, allein erziehenden Frauen, Umsiedlern und Aussiedlern, Ausländern, Schwerbehinderten, Straffälligen und Suchtabhängigen sind ebenso hinlänglich beschrieben wie unzulänglich gelöst. Hinzu kommen die neuartigen Risiken des technisch-ökologischen Umfeldes und der Hochrisikotechnologie, denen im Rahmen reaktiver Eingriffsformen nahezu regelmäßig durch Versuche der Behebung nicht von Ursachen, sondern vielmehr von Folgen begegnet wird. Eine Schlüsselfunktion in den sozialen, wirtschaftlichen, aber auch medizinischen Reparaturwerkstätten der Gesellschaft kommt hierbei den SozialpädagogInnen zu. Diese zentrale Aufgabe gewinnt mehr und mehr an Bedeutung in einem Zeitalter der Entsolidarisierung insbesondere in Konkurrenzgemeinschaften, von der Schule bis hin zum Beruf.

Gleichzeitig ist Sozialpädagogik in besonderem Maße am Prozess der Modernisierung der Gesellschaft beteiligt: Modernisierung ist hierbei allerdings weitgehend reduziert auf die *Begrenzung negativer Folgen von Systeminterventionen auf die Um-*

---

1 Die Differenzierung der Berufsbezeichnungen »SozialarbeiterIn« und »SozialpädagogIn« ist weitgehend überholt. Eine gemeinsame Berufsbezeichnung ist nicht gefunden: Sozialpädagogen gibt es z.B. in Bayern, Berlin oder in Hessen, andere Länder haben die Doppelbezeichnung »SozialarbeiterIn/SozialpädagogIn« gewählt. In der organisatorischen Erfassung in integrierten Studienformen hat sich der Oberbegriff »Sozialwesen« durchgesetzt. SozialarbeiterInnen/SozialpädagogInnen werden im Folgenden gemeinsam unter der Bezeichnung »SozialpädagogInnen« betrachtet. Dies scheint der Entwicklung durchaus angemessen, da etwa in Stellenangeboten nur noch vereinzelt zwischen beiden Berufsgruppen unterschieden wird. Der DBSH vertritt darüber hinaus: SupervisorInnen, PädagogInnen, SozialtherapeutInnen, SozialgerontologInnen, staatl. Anerkannte ErzieherInnen und HeilerziehungspflegerInnen sowie anerkannte Ausbildungsabschlüsse aus der DDR.

welt, im Falle der Sozialpädagogik im Hinblick auf die Lebenspraxis der Handlungsadressaten (Olk/Merten 1992, S. 135ff.). Dabei behindert die Abhängigkeit der sozialen Pädagogik von Politik und Verwaltung deren Eigenentwicklung. Ein wesentliches Element des »doppelten Mandates« der SozialpädagogInnen ist die Entfremdung zwischen Experten und sozialen Diensten sowie den Interessen und Bedürfnissen der Klienten, die wiederum Hauptursache ist für einen Rollenkonflikt, dessen Ausformung unter den gegebenen Bedingungen unausweichliche Konsequenz der beruflichen Sozialisation in der Sozialpädagogik ist.

Die Frage, ob denn nun also die Krise der Sozialarbeit eine Krise der Gesellschaft sei, ist schlichtweg obsolet. Erstens produziert jede Gesellschaft immer Krisen. Zweitens aber schafft jener Universalmechanismus der sozialen Marktwirtschaft unterschiedliche Konjunkturen für die soziale Pädagogik, der die Wirkungsmöglichkeiten des Berufsstandes in Abhängigkeit von den Finanzierungsmöglichkeiten definiert. Vor allem in Zeiten wirtschaftlicher Rezession wird auch soziale Pädagogik verstärkt mit jenem Anspruch der Steigerung von Produktivität konfrontiert, der im Zusammenhang mit Kosteneinsparungen und vor allem Personalabbau zu den Kernfunktionen des Krisenmanagements gehört. Doch wehe dem, der zwischen dieser Entwicklung und den angestrebten Umgestaltungen der sozialpädagogischen Studiengänge hin zu einer zunehmenden Ausformung von Agenturen des Rechts- und Verwaltungsvollzuges einen unmittelbaren Zusammenhang vermutet.

Das erste Grundproblem der sozialen Pädagogik ist also nicht die Tatsache, dass die Gesellschaft mit Krisensituationen und -konjunkturen leben muss, vielmehr ist es die Frage der Zielbestimmungen in dieser Gesellschaft und deren Finanzierbarkeit.

SozialpädagogInnen haben ein sehr komplexes Aufgabengebiet der Vermittlung zwischen den Zufriedenen und den Beladenen. Der »Krisenberuf« SozialpädagogIn ist also realiter ein entscheidend stabilisierendes Element des Sozialstaates.

Die berufliche Situation der SozialpädagogInnen ist insofern hinlänglich erörtert, als über die menschlichen Problemlagen hinaus die wissenschaftlichen, rechtlichen und institutionellen Grundlagen und Rahmenbedingungen sozialpädagogischer Arbeit meist in eine Dominanz der Vollzugs- über die Helferrolle münden. Solange Studierende im Fach Sozialpädagogik in der Vielfalt verschulter und theoretisierter Lehrangebote nach Relevanzen für die berufliche Praxis suchen und sich hierbei allzu häufig allein gelassen fühlen, solange die Handlungsräume im Beruf bis weit in die persönliche Ebene der Klientenbeziehungen hinein bürokratisch verwaltet und kontrolliert werden, so lange gehen Gesellschaftkrise und Emanzipationsversagen der Sozialpädagogik Hand in Hand. Im Hinblick auf die hier skizzierte Situation besteht an Erklärungs- und Lösungsversuchen kein Mangel:

> »*Das Selbstverständnis der sozialen Arbeit ist ein Fass ohne Boden, in das schon Unmengen an Ermutigungen, Supervisionen, Selbsterfahrungs- und Therapiestunden, aber auch kurzlebige theoretische Ansätze geschüttet wurden.*« (Staub-Bernasconi 1990, S. 35ff.)

Der entscheidende Schritt von der Diagnose zur zumindest erfolgsträchtigen Therapie ist bisher nur in Ansätzen gelungen. In diesem Zusammenhang ist die Frage zu stellen, inwieweit Handlungsbedarfe zur Verbesserung von Ausbildung und Situierung der Berufsausübung in der Sozialpädagogik überhaupt hinreichend begründet werden, um die Möglichkeiten für eine Verbesserung der personellen, institutionellen und finanziellen Voraussetzungen für eine Lösung der Probleme im Berufsfeld Sozialpädagogik zu schaffen.

Der Arbeitsmarkt im sozialen Bereich ist ein Arbeitgebermarkt. Entsprechend ist die Personalauswahl gestaltet: Berufszugänger müssen die Organisation repräsentieren und sich mit ihr identifizieren. Eine Selektion erfolgt deutlich auf der Grundlage persönlicher Erfahrungen der Auswählenden. Dabei sind Frauen verhältnismäßig unterrepräsentiert, sie erhalten eher als Berufskollegen unsichere, unbefristete Arbeitsplätze. Besonders gefragt ist die Kontinuität im beruflichen Werdegang (Rabe-Kleberg 1990, S. 102f.).

Dort, wo SozialpädagogInnen in Führungspositionen gelangen, werden weiterhin Männer deutlich bevorzugt. Die zunehmende Verrechtlichung und Bürokratisierung in der Sozialarbeit begünstigen die männlichen Berufsangehörigen, die eher bereit sind, sich mit den geforderten Tätigkeitsmerkmalen zu identifizieren. Bei den geschlechtsspezifischen Berufsmotivationen zeigen sich insbesondere sozialisationsbedingte Unterschiede bei Identitätsbildungen und Arbeitsfähigkeiten: Frauen betonen soziale Gesichtspunkte stärker, sie neigen vielfach deutlicher zu einer Personalisierung der Arbeitssituation, zu größerer Klientenorientierung und dem Ausgleich zwischen Beruf und Privatleben, Männer neigen verstärkt zu Sachlichkeit, Konkurrenz- und Karrieredenken. Frauen entwickeln geringere Durchsetzungsfähigkeit und ausgeprägtere Zurückhaltung vor Verantwortung.

Hinsichtlich des beruflichen Selbst- und Idealbildes bei Männern und Frauen kann gesagt werden: Männer weisen nach vorliegenden Erkenntnissen ein deutlich stärkeres berufliches Selbstvertrauen auf als weibliche Berufsangehörige. An klassischen Geschlechtsrollen wird weiterhin festgehalten, berufstätige Mütter können dem Beruf nicht einen so hohen Stellenwert zuweisen wie Familienväter. Entsprechend müssen Frauen ihre beruflichen Ansprüche zurückstellen. Frauen in Führungspositionen sind überdurchschnittlich häufig kinderlos, darüber hinaus oft auch unverheiratet.

Die Berufskarrieren bei Männern und Frauen gestalten sich entsprechend unterschiedlich: Frauen waren wesentlich häufiger als ihre männlichen Kollegen bereits vor dem Studium im sozialen Bereich tätig und betrachten die akademische Ausbildung eher als Weiterbildung. Unterschiede gibt es auch hinsichtlich der Bedingungen für die Erstanstellung: Männer nehmen häufiger Vollzeit-Stellen ein und werden öfter unbefristet beschäftigt als Frauen, Männer werden häufiger verbeamtet. Insgesamt ist davon auszugehen, dass die Karrierechancen beider Geschlechter nicht so starkt differieren wie in anderen Berufen (Metzmacher/Goll/Sauer 1990, S. 261ff.).

Die künftige Entwicklung des Arbeitsmarktes auf der »Angebotsseite« ist insbesondere von folgenden Variablen abhängig:

- konjunkturellen und strukturellen Schwankungen des Arbeitsmarktes, Wirtschaftswachstum im Zusammenhang mit Arbeitskräftebedarf, politischen Entscheidungen über das Ausmaß sozialer Leistungen;
- demographischen Schwankungen (Anzahl der Absolventen, Zugangszahlen, abnehmende Geburtsjahrgänge bedingen gleichzeitig einen Rückgang des Bedarfs in kinderbetreuenden und -erziehenden Berufen);
- schwankungen der Bildungsnachfrage (steigende Zahl von Schulabgängern allgemeiner und fachgebundener Hochschulreife);
- ausbildungsreformbedingten Schwankungen (Absolventenzahlen an Hochschulen, Fachhochschulen und Fachschulen, Ausbildung in neue Berufsfelder hinein, Verdrängungen, Vereinheitlichung der Berufsbezeichnung und Diplomierung im Zusammenhang mit mehr Transparenz, Flexibilität und Mobilität).

Die Vereinzelung der Berufsträger ist Vorzug und Schwäche zugleich: Die Einzelfallorientierung der sozialen Arbeit bzw. Pädagogik vereinzelt auch die Berufsträger, Struktur und Funktionsweise der Anstellungsträger wirken einer Solidarisierung innerhalb der sozialen Pädagogik entgegen (Konkurrenz zwischen Einrichtungen um Einfluss, Gelder oder Klienten), Ausbildung und Arbeitsmarkt fördern die Individualisierung durch zunehmende Spezialisierung (»Mini-Professionen«). Der im Vergleich zu anderen Akademikern geringe gesellschaftliche Status der SozialarbeiterInnen/SozialpädagogInnen wirkt sich negativ auf Bezahlung, Projektfinanzierung u.a. aus – »*Sozialarbeiter/innen sind wahrscheinlich diejenige Berufsgruppe, die sich am wenigsten für ihre Belange einsetzt*« (Oelschlägel 1991, S. 305ff.). Gleichzeitig bringt die Einzelfallorientierung die Individualisierung der Arbeit zum Ausdruck, eine wesentliche Voraussetzung für Problemlösung im »radikalen« Sinne, an den Wurzeln also, und nicht an den Symptomen.

Die derzeitige Entwicklung der sozialen Pädagogik wird vor allem geprägt durch Prozesse der Umstrukturierung in Organisationen wie Neuordnung von Sozial- und Jugendämtern oder der Ausbildung neuer Vernetzungen zwischen Sozialarbeit, Sozialpsychiatrie und Erwachsenenbildung. Hier fehlt eine wissenschaftliche Konzeptualisierung weitgehend, wobei die grundlegende Frage zu stellen ist, inwieweit in dieser Mangellage Studienreformen mit einer Verdichtung der Vollzugsorientierung mit den Erfordernissen einer modernen Sozialpädagogik in Einklang zu bringen sind.

Das Berufsbild der SozialpädagogInnen ist und wird zunehmend aus unterschiedlichen Qualifikationsquellen gespeist: Psychologie, Recht, Verwaltungskunde, Pädagogik, Soziologie u.a. Dabei vergrößert sich die Abhängigkeit von »Fachleuten«: SozialpädagogInnen lernen etwa die Anwendung bestimmter Aspekte des Jugendhilferechts, die Interpretation von rechtlichen Vorschriften bleibt meist Juristen vorbehalten. Die Grenzziehung zwischen beruflichen Inhalten und vertiefenden Kenntnissen ist fließend, woraus sich Unsicherheiten ergeben.

In diesem Zusammenhang gibt es in fachlicher Hinsicht eine Vielzahl und Vielfalt von Abhängigkeiten im Bereich der Dienst- und Fachaufsicht von Personen mit unterschiedlichsten fachlichen Voraussetzungen: »Berufsjugendliche«, Seelsorger, Juristen, Verwaltungsfachleute, Politiker. Zwar entsprechen Vorgaben der Institutionen dabei häufig nicht den Ausbildungsinhalten und Berufszielen (Greca o.J., S. 55ff.), doch wird gerade hier deutlich, dass die Probleme der Ausbildung nicht in der inhaltlichen Ausgestaltung, sondern vor allem in der Art und Weise der Vermittlung von Kenntnissen und Erfahrungen und deren Reflexion liegen.

Die »Grenzwächterfunktion« der SozialpädagogInnen ist eben nicht mehr charakterisiert durch einheitliche Vermittlung zwischen der bürgerlichen Gesellschaft und der Welt der Armut, vielmehr ist sie differenziert nach unterschiedlichen Bereichen, die sich zwar teilweise überschneiden, aber getrennten Sphären angehören. Es geht dabei nicht um gesellschaftlich-moralische Integration im Allgemeinen, sondern um Integration in Leistungsbereiche (Müller 1992, S. 101ff.).

Die Wissenschaft spielt in diesem Zusammenhang nicht selten eine mehr als problematische Rolle: Sie produziert vorwiegend Entmutigung durch Abstraktion. Ein drastisches Beispiel hierfür ist das Versagen der Sozialwissenschaften bei der deutschen Einheit: Interaktionismus, Konstruktivismus, materialistische Theorien oder Systemtheorie sind Niemandsland zwischen sozialen Problembereichen.

Der Versuch der Versöhnung von Theorie und Praxis mündet in Entwicklungsmöglichkeiten der Ausbildung. Kooperationen von praxisnahen Forschern und theoriebezogenen Praktikern können über herkömmliche Formen weit hinausreichen: Tagungen, Seminare und Vorträge bieten nur punktuelle Eindrücke, Supervision ist eher Informationsvermittlungsinstanz als Reflexionsinstrument, Aktionsforschung und vergleichbare Modelle sind aufwendig und kostspielig, sie können Praktikern unter Handlungsdruck kaum nötige Entscheidungshilfen liefern. Die wichtigste der Alternativen ist nicht neu: die Organisationsberatung mit der Vermittlung von »Prozessfertigkeiten«, insbesondere im Rahmen von Forschungsprozessen, birgt weiterhin erhebliche Entwicklungspotenziale und Perspektiven. Die Erhebung, das Formulieren und Lösen von Problemen, systematisches Beobachten, das Sammeln und Zergliedern sind Instrumentarien der unmittelbaren Entwicklung sozialer Organisationen. Das Resultat ist vor allem eine systematische Dokumentation der eigenen Arbeitstätigkeiten in der jeweiligen Organisation im Zusammenhang mit der Förderung des autonomen Umgangs mit wissenschaftlichem Wissen – der Praktiker wählt benötigte Wissenselemente aus und überprüft deren Bedeutung für das jeweilige Arbeitsfeld (Meinhold 1992, S. 95ff.). Im Prinzip stellt dies eine qualifizierte Unternehmensberatung im Non-Profit-Bereich dar. Die Suche nach Erfahrungen mit dieser Methode blieb ohne Ergebnis. Was bleibt, ist die Frage, inwieweit die Berührungsängste mit in der Wirtschaft bewährten Methoden institutionalisiert sind. Gezieltes Verhaltenstraining im Verein mit der Vermittlung wissenschaftlicher Grundlagen auch und vor allem mit vermehrtem Wissen um die soziale Organisation sowie die reflektierte praktische Erfahrung im Verlauf des Studiums, diese Elemente sind die Substanz der Professionalisierung der sozialen Pädagogik.

Die Gelenkfunktion der wissenschaftlichen Begleitung zwischen Forschung und Praxis sollte unter Einbeziehung der Erfahrungen aus der Praxis selbst Gegenstand der Forschung werden. Dabei soll die Wissenschaft mehr Verantwortung übernehmen, denn: Es gibt keine Theorie der sozialen Arbeit oder sozialen Pädagogik, sie ist deshalb nicht argumentationsfähig.

Inwieweit Möglichkeiten genutzt werden, wird die Rollen der SozialpädagogInnen in der Zukunft wesentlich bestimmen. Ob Fundraiser (achtet auf gerechte Verteilung, verwaltet die Verteilung), Sozialökologe, Psycho-Sozialtechniker oder Transfer-Agent (Organisation der Verteilung zwischen produktivem und sozialem Gefüge) oder »einfach« emanziptierter Helfer, diese Frage ist noch offen (Holzheuer/Maelicke 1987). Sicher ist aber: Es wird weiterhin nur eine wirtschaftliche, aber kaum eine ethische Kostenrechnung geben (Dörner 1990, S. 25ff.).

Wenn die Perspektiven erschöpft sind, wird das Ende der sozialen Arbeit propagiert. In einer Phase, wo ökonomische Rezession zur Hochkrise psychologisiert wird, sollten gerade die neue Wege suchen, die in den Reparaturbetrieben der Gesellschaft beschäftigt sind. Die selbstständig ausgeübte Sozialarbeit bzw. Sozialpädagogik wird in diesem Zusammenhang zunehmend an Bedeutung gewinnen.

1.2 Zum Arbeitsmarkt Sozialpädagogik/Sozialarbeit

Der folgende Text zeigt die Konturen des Marktes für soziale Dienstleisungen:

»*Die Berufstätigkeit von Sozialarbeitern und Sozialpädagogen vollzieht sich überwiegend in gesellschaftlichen Rand- und Problemgebieten. Die Arbeit mit Asylbewerbern, Ausländern, Sucht- und Drogenkranken sowie psychisch Behinderten hat dabei in den letzten Jahren immer mehr Gewicht erlangt. Daneben nehmen die offene Jugendarbeit, die Arbeit in sozialen Brennpunkten und die Heimerziehung ebenfalls einen immer wichtigeren Stellenwert ein. Diese Arbeitsfelder, die meistens noch ungünstige Arbeitszeiten (Schicht-, Nacht- und Wochenendarbeit) aufweisen, sind objektiv mit einem hohen Maß an psychischer Belastung verbunden. Von den Berufstätigen wird dies auch zunehmend empfunden und artikuliert. In aller Regel wird nach einer Tätigkeit von höchsten sieben bis zehn Jahren in derartigen Einsatzfeldern die Belastungsgrenze erreicht, die die Suche nach Alternativen als unumgänglich erscheinen lässt. ... Die vielfältigen Erfahrungen der Fachvermittlung mit dieser Problemlage vermitteln aber auch den Eindruck, dass die jeweiligen Arbeitgeber ihren Mitarbeitern im Sozialbereich nach mehrjährigen ausgeprägtem Stress in der vordersten Linie gesellschaftlicher Problemlagen keinen oder zu wenige Alternativen bieten, die zumindest zeitweise eine Art berufliches Aufatmen ermöglichen. Berufserfahrene Kräfte hatten nur selten Interesse an den oben beschriebenen Tätigkeiten. So waren es in den vergangenen Jahren häufig Berufsanfänger, die in diesen besonders schwierigen Bereichen Arbeitsmöglichkeiten fanden.*« (BfA 1/1995, S. 47)

Die Absolventenzahlen von Hochschulen und Fachhochschulen werden weiterhin deutlich über dem Ersatzbedarf (durch aus dem Berufsleben ausscheidende SozialpädagogInnen/SozialarbeiterInnen) liegen. Ein hoher Anteil von Absolventen wird fortgesetzt auf Arbeitsplätze ausweichen müssen, die bisher nicht von Akademikern besetzt waren.

Da SozialpädagogInnen/SozialarbeiterInnen vorwiegend beim Staat und bei staatlich geförderten Organisationen ohne Erwerbscharakter und Dienstleistungsbetrieben beschäftigt sind, wird die künftige Entwicklung sozialer Dienste wie der dort Beschäftigten primär von den Konzeptionen und Strategien staatlicher Haushalts- und Sozialpolitik abhängen. Hier wird entschieden, in welchem Umfang und in welcher Qualität gesellschaftliche Bedarfslagen künftig mit öffentlichen und öffentlich subventionierten Dienstleistungsangeboten versorgt werden können.

Eine Vielzahl von Faktoren wie wachsende Risiken in der Arbeitswelt, zunehmende gesundheitliche und Umweltbelastungen, eine sich verschlechternde Altersstruktur der Bevölkerung, vor allem aber die anhaltende Massenarbeitslosigkeit trägt dazu bei, dass soziale Problem- und Mangellagen materieller und psychosozialer Art in der absehbaren Zukunft weiter zunehmen werden. Mit dem Entstehen neuer Problemgruppen und neuer Unterversorgungserscheinungen wächst auch der gesellschaftliche Bedarf an materiellen Hilfeleistungen wie an sozialen Diensten.

Eine Studie der Prognos AG erbrachte nähere Aufschlüsse über die Entwicklung der Nachfrage: Als Rahmenbedingungen und Einflussgrößen für die Arbeit sozialer Dienste im neuen Jahrhundert wurden die Trends der demographischen und wirtschaftlichen Entwicklung, die Entwicklung des Arbeitsmarktes und der sozialen Sicherungssysteme bis 2015 bzw. 2025 aufgezeigt.

Soziale Dienstleistungen wenden sich an bestimmte Bevölkerungsgruppen und werden von bestimmten Bevölkerungsgruppen erbracht. Als Rahmengrößen sind daher demographische Strukturen und insbesondere demographische Veränderungen für die Orientierung und Planung der Anbieter von zentraler Bedeutung.

Der Bevölkerungsumfang wird bis zum Jahr 2015 um ca. 3,2 Mio. auf 82,6 Mio. Personen ansteigen. Innerhalb der Population sind deutliche strukturelle Verschiebungen zu erwarten. So wird der Anteil der ausländischen Mitbürger in Deutschland weiter wachsen, wobei viele »Ausländer« von morgen in Deutschland geboren oder aufgewachsen sein werden. An Bedeutung gewinnt insbesondere die Gruppe der ausländischen Senioren.

Als zentraler demographischer Trend ist eine gravierende Veränderung der Altersstruktur der Bevölkerung zu erkennen. Einer wachsenden Anzahl von alten Menschen werden immer weniger junge Menschen gegenüberstehen.

Mit Blick auf die Haushaltsstrukturen lässt sich festhalten, dass weiterhin mit einem Bedeutungszuwachs von Ein- und Zwei-Personen-Haushalten zu rechnen ist. Der Individualisierungstrend spiegelt sich darüber hinaus in einem Rückgang der Heiratsziffern und einer Erhöhung der Scheidungsziffern wieder. Die Geburtenrate Deutschlands ist im europäischen Vergleich sehr niedrig.

Die wirtschaftliche Entwicklung kann zum einen die Verfügbarkeit von Mitteln für sozialpolitische Maßnahmen und die Verteilung dieser Mittel beeinflussen. Zudem können Einkommens- und Arbeitsmarktentwicklungen eine Veränderung von Zielgruppen und Bedarfskonstellationen hervorrufen. Insgesamt wird das BIP bis 2020 im Durchschnitt um etwa 2% p.a. wachsen. Am Arbeitsmarkt wird bis zur Jahrtausendwende ein weiteres Anwachsen der Arbeitslosenzahlen erwartet, erst danach ist mit einer Entlastung zu rechnen.

Die Lücke zwischen Arbeit suchenden Menschen und dem Arbeitsplatzangebot wird jedoch sehr groß bleiben. Gleichzeitig bleibt der Bedarf an spezifisch qualifizierten Fachkräften hoch, sodass – auch im Zusammenhang mit einer Alterung der Belegschaften – eine kontinuierliche Weiterbildung und Nachqualifizierung für Arbeitslose, aber auch Erwerbstätige an Bedeutung gewinnen muss.

Die Leistungen für die soziale Sicherung werden stark ansteigen, wobei einzelne Zweige unterschiedlich stark ins Gewicht fallen. In der Folge der Ausgabensteigerung werden die Sozialbeitragssätze für Arbeitnehmer und Arbeitgeber stark steigen (2040: 52,7%); zusätzlich sind hohe Lohn- und Einkommenssteuerbelastungen zu erwarten.

Vor dem Hintergrund dieser Entwicklungen ist ein Anwachsen verschiedener Problembereiche und eine Verschiebung von Bedarfslagen zu erwarten, welche die Nachfrage nach sozialen Dienstleistungen verändern kann. Als wichtigste Problemfelder der Zukunft sind zu nennen:

- Der demographische Wandel wird mit einer dramatischen Erhöhung der Anzahl der Hilfe- und Pflegebedürftigen einhergehen. Das gegenwärtig sehr hohe Niveau der häuslich-familiären Pflegeleistungen kann aufgrund demographischer und gesellschaftlicher Entwicklungen nicht aufrechterhalten werden, sodass sich die Inanspruchnahme professionaler Dienste erhöhen wird.
- Durch die Verstetigung der Arbeitsmigration wird die Zahl der älteren Ausländer anwachsen, die ihren Lebensabend in der Bundesrepublik verbringen werden. Der Bedarf richtet sich hier auf die Entwicklung entsprechender Angebote der Altenhilfe, die der Lebensweise und den Orientierungen dieser Bevölkerungsgruppe gerecht werden.
- Die Entwicklungen der Haushalts- und Familienstrukturen lassen eine Erhöhung der Zahl der Alleinerziehenden erwarten, d.h. i.d.R. allein erziehende Frauen. Finanzielle Risikolagen, Überanspruchung und defizitäre Chancen der gesellschaftlichen Teilhabe dieser Zielgruppe verweisen auf die Notwendigkeit verbesserter Unterstützungs- und Qualifikationsmöglichkeiten, die in ihrer Ausrichtung der besonderen Situation dieser Gruppe gerecht werden müssen.
- Arbeitslosigkeit und insbesondere Langzeitarbeitslosigkeit bleibt auch zukünftig ein gravierendes Problem. Angesichts der sinkenden »Halbwertszeit« beruflichen Wissens gewinnt die kontinuierliche Nachqualifizierung enorm an Bedeutung.
- Quer zu diesen Einzelbereichen liegt das Problem der sozialen Deklassierung und der Erhöhung des Armutsrisikos von Haushalten mit Niedrigeinkommen.

Auch hier ist auf das Phänomen der Kumulation von Unterversorgungslagen einschließlich der psychosozialen Dimension hinzuweisen, das abermals auf die Notwendigkeit zur Konzeption integrierter Hilfe hinweist.

- Gleichzeitig wächst allerdings die Zahl finanziell gut etablierter Nachfragegruppen. Das gilt für die künftige Erbengeneration wie auch bereits für einen großen Teil gut abgesicherter Altenhaushalte. Um diese attraktiven Zielgruppen zu erschließen, werden Wettbewerbs-, Dienstleistungs- und Kundenorientierung zukünftig an Bedeutung gewinnen.
- Innovationsfähigkeit und Flexibilität wird von den sozialen Dienstleistern gefordert, um auf neue gesellschaftliche Entwicklungen reagieren zu können und neue Problemfelder aufzugreifen.

Darüber hinaus wird es zukünftig in höherem Ausmaß als heute erforderlich sein, mit flexiblen Organisations- und Angebotsstrukturen kurzfristig auf neue bzw. sich verändernde Bedarfskonstellationen und Nachfragepotenziale zu reagieren.

So sind in den zurückliegenden Jahren zu den traditionellen Tätigkeitsfeldern der SozialpädagogInnen/SozialarbeiterInnen vor allem wichtige Felder der außerinstitutionellen SozialpädagogInnen/SozialarbeiterInnen hinzugewachsen. Dazu gehören vielfältige Projekte wie Frauenprojekte, Projekte zur Ausländerintegration, Migrationssozialarbeit, Selbsthilfegruppen und allgemein auch die psychosoziale Versorgung. Zu erwähnen sind auch Betriebssozialarbeit oder die erweiterten Betätigungsfelder in den Bereichen Fort- und Weiterbildung, Medienpädagogik und Erwachsenenbildung. Hier wird vielfach mit UniversitätsabsolventInnen konkurriert, wobei FH-AbsolventInnen einen deutlichen Praxisvorteil aufweisen.

Zwischenergebnis: Das gesamte Berufsbild hat sich in den letzten Jahren stark verändert. Die ursprünglich eher ausführende, helfende Tätigkeit hat sich gewandelt zur Aufgabe der Mobilisierung und Aktivierung von Betroffenen mit ihren Interessen, der Förderung der Artikulationsfähigkeit oder der Interessenvertretung benachteiligter Gruppen. Beispiele für dieses neue Selbstverständnis im Rahmen eines aktiveren Eingreifens in gesellschaftliche und individuelle Konfliktsituationen als handlungsorientierte Krisenintervention (Hilfe zur Selbsthilfe) sind die Weiterentwicklung von Konflikt- und Partnerschaftsberatung, die Suchtberatung oder auch neue Felder wie die Schuldnerberatung.

Jedoch entspricht die Sozial- und Gesellschaftspolitik nicht den hier skizzierten Entwicklungen und Erfordernissen. Wachsende Aus- und Aufgabenerfordernisse in diesem Bereich werden mit einer Politik der Begrenzung und stellenweisen Einschränkung sozialer Dienste beantwortet. Die weiterhin und zunehmend angespannte Situation der öffentlichen Haushalte wird diese Entwicklung weiter verstärken. Neben einer Kürzung materieller Hilfeleistungen werden Maßnahmen der Rationalisierung, Effektivierung, Umstrukturierung und Einschränkung sozialer Dienste durchgeführt. Diese Maßnahmen werden politisch-ideologisch begleitet: Als Beispiel sei hier die »Neue Subsidiarität« genannt, ein Schlagwort, in dem eine Neubestimmung und Einschränkung des Stellenwertes der Sozialpolitik zum Ausdruck kommt (Neue Subsidiarität = verstärkte Wahrnehmung sozialer Aufgaben durch Familie, freie Träger oder Initiativ- bzw. Selbsthilfegruppen im Rahmen »kleiner sozialer Netze«). Durch Selbst- und Nachbarschaftshilfen werden jedoch Versorgungsdefizite teilweise aufgefangen werden, die Nachfrage nach herkömmlicher Versorgung nimmt ab.

Zudem werden soziale Dienste in Zukunft vermehrt in Form ambulanter Dienste und Hilfeleistungen wahrgenommen, wobei häufig weniger die flexible und menschennahe Versorgung, sondern vielmehr eine Senkung der Kosten im Vordergrund steht. Hinzu kommt eine Privatisierungspolitik, in deren Verlauf sich die »Produktion« sozialer Dienste zunehmend von öffentlichen auf private Träger verlagert. Die Folgen dieser Entwicklung sind – wie die Privatisierung generell – umstritten. Die Erhaltung der Qualität von sozialen Leistungen ist jedoch ungeachtet behaupteter Vor- und Nachteile von der entsprechenden Gewährleistung – etwa durch Kontrollen oder gesetzliche Auflagen – abhängig; gerade hier jedoch sind häufig erhebliche Defizite gegeben.

Insgesamt sind Situation und vor allem voraussichtliche Entwicklung des Arbeitsmarktes für SozialpädagogInnen/SozialarbeiterInnen im Rahmen eines äußerst komplexen Ursachen-Wirkungs-Zusammenhanges sehr schwierig zu beurteilen. Das teilweise oder weitgehende Nichteintreffen früherer Prognosen bestätigt die Schwierigkeit der Problematik. Eine Fortsetzung der relativ angespannten Arbeitsmarktlage muss jedoch angenommen werden. Während gleichzeitig die Diskussion um die Praxisrelevanz der Hochschulausbildung von SozialpädagogInnen und SozialarbeiterInnen anhält und in Reformen mündet, liegt gerade hier die Chance selbstständiger Berufsangehöriger begründet. Sie können sich über eine verstärkte Nachfrageorientierung in bestehenden Konkurrenzlagen gegenüber sozialen Diensten von Kommunen und Gebietskörperschaften, der Kirchen und Wohlfahrtsverbände, der Bildungsträger und anderer Institutionen behaupten.

Eine aktuelle und umfassende Übersicht über das Berufsfeld soziale Arbeit und soziale Pädagogik bietet Alfons Limbrunner (1998).

1.3 Selbstständige SozialpädagogInnen und SozialarbeiterInnen

Soziale Berufe haben in ihrer selbstständigen Ausprägung in den letzten Jahren erheblich zugenommen. Ein Schwerpunkt wird hier von SozialpädagogInnen und Sozialarbeiterinnen gebildet. Sie sind etwa in der Bildung, in der Sozialberatung und der Therapie tätig, vor allem auch in dem neuen Beruf der Betreuung. Mit dem In-Kraft-Treten des Betreuungsgesetzes (BtG) am 1. Januar 1992 wurden die Rechtsinstitute der Vormundschaft und der Pflegschaft abgeschafft und zugleich ein entscheidender Schritt zur Professionalisierung der Führung von Betreuungen getan. Die berufliche und wirtschaftliche Lage der Berufsbetreuerinnen wurde auf dem Weg einer Mitgliederbefragung des 1994 gegründeten Bundesverbandes der Berufsbetreuer näher erschlossen. Knapp 45% der Berufsausübenden waren Frauen. Rund zwei Drittel hatten ein Hochschulstudium abgeschlossen, wovon wiederum mehr als 45% ein Fachhochschulstudium in Sozialpädagogik bzw. -arbeit absolviert hatten. Die wirtschaftliche Lage der Betreuerinnen kann als weitgehend stabil bezeichnet werden.

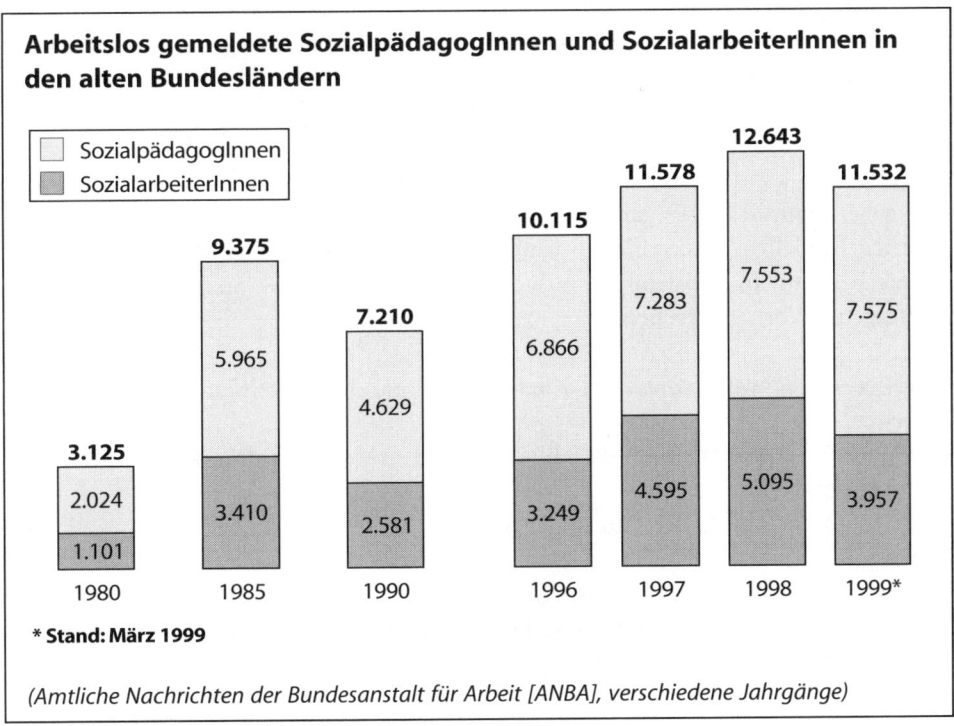

Arbeitslos gemeldete SozialpädagogInnen und SozialarbeiterInnen in den alten Bundesländern

- SozialpädagogInnen
- SozialarbeiterInnen

* **Stand: März 1999**

(Amtliche Nachrichten der Bundesanstalt für Arbeit [ANBA], verschiedene Jahrgänge)

Im März 1999 waren in den alten Ländern 11.532 SozialarbeiterInnen und Sozial-pädagogInnen arbeitslos gemeldet. Obwohl die Relation zu den offenen Stellen im Vergleich zu anderen akademischen Berufen noch relativ günstig ausfällt, kann nicht davon ausgegangen werden, dass der Hochschulabschluss in einem einschlägigen Studiengang mit einer Garantie für einen adäquaten Berufseinstieg verbunden ist.

Es wird angenommen, dass mittlerweile die Mehrzahl der Absolventen einschlä-giger Studiengänge die ersten Berufserfahrungen in gemeinnützigen Organisationen erwirbt, die auch als »Sozialunternehmen« bezeichnet werden. Diese Unternehmen erbringen personenbezogene Dienstleistungen wie Organisations- und Politikbera-tung, soziale Arbeit, Aus- und Weiterbildung, Umwelt-, Gesundheits- und Ernäh-rungsberatung, Sport- und Freizeitangebote sowie Erziehung oder auch Informa-tion. Auf der Grundlage von Erhebungen wurden alleine in der Stadt Bremen 250 Kooperativen im intermediären Bereich gezählt. Diese Institutionen werden wie folgt beschrieben:

>*Diese Sozialunternehmen werden zwar faktisch wie Betriebe oder öffentliche Einrichtungen geführt, erfüllen aber weder hoheitliche Aufgaben, noch sind sie eindeutig kommerziell orientiert. Sie bewegen sich zwischen informellen Gemeinschaften und privaten Haushalten einerseits sowie kommerziellen, marktorientierten Unternehmen und staatlich/kommunalen Einrichtungen andererseits. Indem sie die unterschiedlichen Regulationsmechanismen und Finanzierungsquellen der klassischen Sphären moderner Gesellschaften miteinander vermischen und dabei auch zwischen diesen Sphären moderner Gesellschaften vermitteln, bilden sie praktisch eine Brücke zwischen Lebenswelt und System. Wir nennen diese Sphäre darum den Intermediären Bereich.*« (Effinger/Körber 1994, S. 47)

Grundsätzlich kann bei »sozialpädagogischen Gründungen« zwischen Niederlassungen in herkömmlichen Organisationsstrukturen und Rechtsformen sowie eher spezifischen Modellen unterschieden werden: Hierzu zählen vor allem auch selbstverwaltete Betriebe. In selbstständig ausgeübter Sozialarbeit bzw. Sozialpädagogik werden folgende Vorteile gesehen:

- »Niedrige Schwellenangst bei Klienten und damit frühzeitige Kontaktmöglichkeiten,
- Wahlmöglichkeiten unter verschiedenen Beratungsangeboten, analog der freien Arztwahl,
- Beitrag zum Abbau der langen Wartezeiten bei den vorhandenen Beratungsstellen,
- Erweiterung der ambulanten Hilfen (neben Ämtern und Trägern der freien Wohlfahrtspflege), die in der Regel billiger und unter Umständen wirkungsvoller als stationäre Hilfen sind.« (Effinger/Körber 1994, S. 50)

1.4 Gründen Frauen anders?

Die durch vorliegende Zahlen eindrucksvoll nachgewiesene, zunehmende Attraktivität der Selbstständigkeit für Frauen vor allem mit hoch qualifizierter Ausbildung hat gute Gründe:

- In der selbstständigen Berufsausübung werden geringere Hemmnisse für eine erfolgreiche Gestaltung des beruflichen Weges vermutet als in von Männern dominierten Organisationen.
- Die eigenverantwortliche, selbstständige Tätigkeit ermöglicht eine flexiblere Gestaltung der Arbeitszeit, familiäre Bindungen können bei Teilzeitarbeit oder phasenweiser Erwerbstätigkeit mit der Berufsausübung besser vereinbart werden.
- Für Frauen sind die Möglichkeiten, im Vergleich zu männlichen Berufskollegen entsprechende Einkünfte zu erzielen, in der unabhängigen Tätigkeit sicherlich oft besser als in anderen Bereichen.

Bedarf an Humandienstleistungen wächst.
Chancen für Jungunternehmer.
Hilfe von außen für Sozialfälle im Betrieb

Willi Oberlander

Die Beratungsleistung ist ein wichtiges Merkmal der Tätigkeit von Freiberuflern. Dies gilt auch für selbstständige Sozialpädagogen und Sozialarbeiter, die beispielsweise als externe Sozialberater ihre Kunden bevorzugt in der mittelständischen Wirtschaft suchen.

Sozialpädagogen und Sozialarbeiter sind Schlüsselberufe. Sie vermitteln zwischen Gesellschaft und Menschen in Problemlagen, sie sind Bindeglieder zwischen einem interdisziplinären Verbund von Wissenschaften und einer individuellen Dienstleistung. So vielfältig wie die Wahrnehmungsformen sozialer Arbeit – von der Hilfeleistung über die Hilfe zur Selbsthilfe bis hin zu Therapie und Sozialmanagement – ist der Kreis der Adressaten: Menschen, die von psychischen Störungen, Verschuldung oder Straffälligkeit betroffen sind.

Die sozialpädagogische/soziale Arbeit wird traditionell in Jugendhilfe, Sozialhilfe und Gesundheitshilfe gegliedert. Mit den Jahren kamen neue Aufgaben hinzu, z.B. Erwachsenenbildung. Neben der institutionellen Sozialarbeit haben sich freie Trägerschaften in Form von Initiativen, Projekten oder Selbsthilfegruppen entwickelt. Schließlich nimmt die eigenständige soziale Arbeit zu, deren Schwerpunkt augenscheinlich die Sozialberatung in Unternehmen der privaten Wirtschaft und in der öffentlichen Verwaltung bildet.

Die Zahl der selbstständigen Sozialpädagogen und Sozialarbeiter lässt sich nur näherungsweise ermitteln, wobei hier nur Absolventen von Fachhochschulen einbezogen sind und in der sprachlichen Darstellung die Tatsache vernachlässigt wird, dass der Frauenanteil bei 70% liegt. Nach vorsichtigen Schätzungen auf der Grundlage der Volkszählung von 1987 und anderen, aktuelleren Indikatoren kann von mindestens 2.000 Selbstständigen in den alten Bundesländern ausgegangen werden.

Berufsbetreuung, Therapie, Sozialberatung, Bildung, Supervision, Training und Pflege sind typische Tätigkeitsfelder selbstständiger Sozialpädagogen und Sozialarbeiter. Während sich viele große Unternehmen eine eigene Sozialberatung leisten (können), weisen Klein- und Mittelbetriebe Defizite auf. Nicht nur die gesetzliche Verankerung vieler Aufgaben des betrieblichen Personal- und Sozialwesens, sondern auch Probleme wie Personalfluktuation, hoher Krankenstand, Alkoholabhängigkeit, Motivationsschwächen sowie Fragen der Aus- und Fortbildung neigen zu Handlungsbedarf. Hier liegen Betätigungsmöglichkeiten für externe Sozialberater.

Voraussetzung für den Erfolg von Existenzgründungen in der Sozialberatung ist es, das Dienstleistungsangebot mit den Zielen der Unternehmen in Einklang zu bringen. Die Verminderung der Fluktuation und des Krankenstandes, aber auch die Verbesserung der Motivation müssen mit der Möglichkeit, die Produktivität zu erhöhen, korrespondieren. Dadurch wird die Bereitschaft der Entscheidungsträger, entsprechende Aufträge zu vergeben, in hohem Maße stimuliert.

Gleichzeitig ist für die Sozialberater wichtig, dass ethische Prinzipien des Berufsstandes nicht beeinträchtigt werden, d.h., die Maßnahmen müssen auch im Interesse der Mitarbeiter liegen. Dies erfordert, die Personalvertretungen von Anfang an nicht nur über Art und Umfang der externen Beratung zu informieren, sondern auch in die Gestaltung der Dienstleistung einzubeziehen.

Externe Sozialberatung hat zwei große Zielgruppen: die Führungskräfte, deren Handlungskompetenz im sozialen Bereich verbessert werden soll, sowie die Mitarbeiter, bei denen Probleme wie Suchtmittelmissbrauch, Überschuldung u.a. auftreten. Wahrscheinlich nimmt mit dem Grad der Spezialisierung der Sozialberatung die Erfolgswahrscheinlichkeit von Akquisitionen zu. So lässt sich auch Zugang in größere Unternehmen und in Behörden finden.

Ein wichtiges Tätigkeitsfeld von Sozialpädagogen und Sozialarbeitern ist die Berufsbetreuung. Mit dem In-Kraft-Treten des Betreuungsgesetzes (BtG) zum 1. Januar 1992 wurden die Rechtsinstitute der Vormundschaft und der Pflegschaft abgeschafft und zugleich ein entscheidender Schritt zur Professionalisierung der Führung von Betreuungen getan. Zwar geht der Gesetzgeber – wie bereits im Vormundschaftsrecht – von einer unentgeltlichen Erfüllung der Aufgabe aus, gleichwohl wurde durch die Änderung des § 1836 Abs. 2 BGB die Schaffung einer selbstständigen Existenz durch die Betreuung angeregt.

»Berufsbetreuer« stehen neben ehrenamtlichen Betreuern, Behördenvertretern und den in Betreuungsvereinen Beschäftigten. Die Aufgaben einer Betreuung erstrecken sich in der Regel auf Gesundheitssorge, Aufenthaltsbestimmung, Unterbringung und unterbringungsähnliche Maßnahmen, Vermögenssorge sowie Behördenangelegenheiten. Nach einer ersten Erhebung kann davon ausgegangen werden, dass Absolventen von Fachhochschulen im Sozialwesen die weitaus größte Gruppe der Berufsbetreuer bilden.

Die Erfahrungen des Bundesverbands der Berufsbetreuer zeigen für freiberufliche Betreuer, dass bereits mit ca. 30 Betreuungen eine wirtschaftlich tragfähige Selbstständigkeit möglich ist. Freilich orientiert sich dieser Wert an einer »Normalverteilung« der Schwierigkeiten und Problemlagen der Betreuten. So können schon 20 sehr zeitintensiv Betreute, etwa akut Suchtkranke oder in ihrer eigenen Wohnung lebende psychisch Kranke, mehr Betreuungsaufwand erfordern als 50 Betreute, die in stationären Einrichtungen – mit geringem Regelungsbedarf – untergebracht sind.

In den letzten Jahren wurden auf dem Arbeitsmarkt für Akademiker, insbesondere bei Sozial- und Erziehungswissenschaftlern, Veränderungen beobachtet, die besondere Aufmerksamkeit verdienen. Während noch in der Mitte der 80er-Jahre ca. 90% der Absolventen sozial- und erziehungwissenschaftlicher Studiengänge den Weg in den Öffentlichen Dienst fanden, konnten dort 1991 nur nach 14 aufgenommen werden.

Mittlerweile durfte die Mehrzahl der Absolventen erste Berufserfahrungen in gemeinnützigen Organisationen, so genannten Sozialunternehmen, erwerben. Diese Dienstleistungen werden nicht immer in herkömmlichen Strukturen erbracht, sondern vielfach und zunehmend im Bereich zwischen informellen Gemeinschaften und privaten Haushalten einerseits sowie marktorientierten Unternehmen und öffentlichen Institutionen andererseits. Dort erbringen Anbieter personenbezogene Dienstleistungen, z.B. Organisations- und Politikberatung, soziale Arbeit, Aus- und Weiterbildung, Umwelt-, Gesundheits- und Ernährungsberatung, Sport- und Freizeitangebote, Erziehung oder auch Information.

Aus der bestehenden Vielzahl und Vielfalt der Humandienstleistungen kann eine zuverlässige Prognose über die weitere Entwicklung dieses Sektors nicht abgeleitet Anfordern. Gleichwohl dürfte die Dienstleistungsgesellschaft hier zukünftig einen Schwerpunkt haben.

Inwieweit es zu einer »Amerikanisierung« der sozialen Arbeit und der sozialen Pädagogik in Deutschland kommen wird, ist nicht abzusehen: In den USA sind mehr als 50% der »social worker« selbstständig. Methoden wie Networking, Social Sponsoring oder Case-Care-Management im sozialen Bereich sind hierzulande noch wenig verbreitet. Die Verschiedenheit der Systeme, aber auch der Handlungsansätze macht jedoch einen vorbehaltlosen amerikanisch-deutschen Transfer zu einer fragwürdigen Angelegenheit. Die Zukunft liegt auch hier in der Synthese

(Handelsblatt, 1.8.1997)

● Beim Zugang von Frauen in die Selbstständigkeit ist auch die Frage des Wiedereintrittes in den Beruf einzubeziehen: Das Entstehen neuer oder veränderter Lebenssituationen, z.B. infolge von ungenügender gesellschaftlicher Anerkennung
von Hausfrauen oder nach Scheidungen, veranlasst viele Frauen zur Wiederaufnahme der Berufstätigkeit.

Heute wird rund jedes dritte Unternehmen (sowohl im alten als auch neuen Bundesgebiet) von einer Frau gegründet. Hinsichtlich betrieblicher und persönlicher
Merkmale weisen Niederlassungen von Frauen Unterschiede zu den selbstständig tätigen Männern auf. Die von Frauen aufgebauten Unternehmen unterscheiden sich
von denen der Männer zunächst und vor allem hinsichtlich der Größe (vgl. hierzu
und zu den folgenden Ausführungen Jungbauer-Gans 1993).
   Eine Befragung ergab, dass gerade das unregelmäßige und geringe Einkommen
sowie die hohe Arbeitsbelastung und die unsichere Zukunftsperspektive die Berufszufriedenheit selbstständiger Frauen beeinträchtigten. Insgesamt wurde aber die
Selbstständigkeit mehrheitlich als positive Alternative gegenüber der vorherigen Situation beurteilt (Kirsch/Lühder 1991, S. 32).
   Die Frauenanteile unter den selbstständig tätigen SozialpädagogInnen sind nicht
bekannt, aber wir können aufgrund der rund 70% Frauen im Berufsstand davon
ausgehen, dass die Gründung durch Frauen im Vergleich zu anderen Berufsgruppen
relativ häufig ist. Also wollen wir uns im Folgenden der Frage widmen, welche Besonderheiten bei der Niederlassung durch Frauen zu vermuten sind. Die Gründungsforschung hat festgestellt, dass Frauen

● vergleichsweise häufig schrittweise Existenzgründungen vollziehen und dabei weniger in herkömmlich unternehmerischer Weise vorgehen als Männer;
● eher psychologische Hemmnisse überwinden müssen als Männer: z.B. geringere
Risikobereitschaft, weniger Selbstvertrauen, Durchsetzungswillen und Erfolgsorientierung; darüber hinaus fehlt häufiger Praxiswissen in Betriebswirtschaft
oder auch Technik;
● in einer männlich geprägten Wirtschaft weniger akzeptiert werden als männliche
Kollegen – der Abbau von Vorurteilen ist eine nahezu normale Erfordernis;
● in der Regel über weniger Eigenkapital oder auch Sicherheiten verfügen als Männer;
● weitaus häufiger die Doppelbelastung von Beruf und Familie tragen;
● in geringerem Maße in die Märkte integriert sind als Männer und eine geringere
Neigung zu Kooperationen zeigen und darüber hinaus
● weniger öffentliche Beratungs- und Fördermöglichkeiten in Anspruch nehmen.

Gute BeraterInnen sollten die Probleme und Risiken nicht verschweigen – was hiermit zumindest vorläufig geschehen ist. Es gibt aber auch eine Reihe von Aspekten,
die auf erhebliche Erfolgschancen für Existenzgründungen von Frauen hinweisen.

So hat die Gründungsforschung auch festgestellt, dass Frauen

- eher »kleinere« Gründungen vollziehen als Männer und in der Regel vorsichtiger kalkulieren; sie orientieren sich dabei an vergleichsweise geringeren Einkünften anstatt hoher Gewinnerwartungen und richten ihre Zielsetzungen auf Konsolidierung aus;
- Wettbewerbsvorteile aufweisen wie soziale Kompetenz oder Führungskompetenz, aber auch eine hohe Dienstleistungs- und Klientenorientierung;
- sich häufiger vorsichtig verhalten, was bei der Existenzgründung zu einem besseren Durchhaltevermögen und damit im Vergleich zu Männern höheren Überlebenschancen der Unternehmungen führen kann;
- bei öffentlich geförderten Gründungen ebenso erfolgreich sind wie Männer.

Grundsätzlich gilt nach vorliegenden Erkenntnissen:

Frauen sind bei der Existenzgründung mindestens ebenso erfolgreich wie Männer! Aber nicht wenige Frauen könnten offenbar noch bessere Gründerinnen sein (ebenso wie Männer)!

Selbstverständlich haben Frauen und Männer als Gründer auch Gemeinsamkeiten wie etwa einige Niederlassungsmotive. Aber auch hier kann man frauenspezifische Gründungsmotive nennen:

- Wunsch nach besserer Vereinbarkeit von Familienaufgaben und Berufstätigkeit;
- Frauen können ihre Fähigkeiten auf dem Arbeitsmarkt nicht angemessen einbringen;
- veränderte private Lebenssituation, Wiedereinstieg in das Berufsleben (Ehescheidung, Beendigung der Familienpause, »Kinder sind aus dem Haus«);
- Sicherung des eigenen Lebensunterhalts nach Trennung oder Scheidung;
- Arbeitslosigkeit, drohende Arbeitslosigkeit.

Natürlich gibt es auch zahlreiche Gründerinnen, die Selbstständigkeit stärker als Alternative zu Möglichkeiten abhängiger Beschäftigung sehen. Wie durch oben genannte Punkte ersichtlich wird, findet bei Frauen die Gründung öfters aufgrund eines äußeren Anlasses statt.

Ebenso selbstverständlich können die berichteten Forschungsergebnisse nicht verallgemeinert werden. Gleichwohl zeigen Frauen vielfach ein deutlich anderes Gründungsverhalten als Männer, indem sie etwa bei Erstkontakten frauenspezifische Informationsstellen bevorzugen wie kommunale Gleichstellungsbeauftragte oder häufig den Weg zur kommunalen Wirtschaftsförderung scheuen. Die Konsequenzen für Gründerinnen: Sie sollten

- vor einer Existenzgründung genügend Praxiserfahrung sammeln,
- qualifizierte Berater suchen,
- Defizite erkennen und sich fortbilden: Kurse können bei Hochschulen, Volks-hochschulen und Industrie- und Handelskammern nachgefragt werden,
- ihre Interessen wo möglich selbst vertreten,
- ihre Ansprüche auf Förderung ebenso eruieren und realisieren wie Männer,
- verstärkt Möglichkeiten der Kooperation prüfen,
- die besondere Bedeutung des Marketing erkennen und entsprechend agieren,
- Entscheidungsträger für Kreditvergaben und andere wichtige Leute auf mögliche Vorurteile hinweisen und vor allem auch
- die Vorteile der schrittweisen Existenzgründung nutzen.

SozialpädagogInnen sind relativ häufiger als ihre männlichen Kollegen teilzeitbe-schäftigt. Dies kann für einen gleitenden Übergang in die Selbstständigkeit durchaus von Vorteil sein. Gleichzeitig bietet sich hier die Möglichkeit, mit einem sicheren Standbein den ersten Schritt auf dünneres Eis zu gehen und Erfahrung zu erwerben.

Die »Teilzeitgründung« bietet also gerade für Frauen Perspektiven. Ein entschei-dender Vorteil besteht dabei in der besseren Verbindung von Privat- und Erwerbsle-ben. Frauen in gleitender Gründung sollten ihre Möglichkeiten des Einsatzes von Zeit und Energien prüfen, um eine realistische Grundlage für die selbstständige Tä-tigkeit zu schaffen. Realistische Einschätzung bedeutet auch, die Mobilität näher zu bestimmen, die bei Frauen mit Familie meist geringer ist als bei Männern. Aus die-ser Bestimmung der individuellen Möglichkeiten sind auch die Ertragserwartungen abzuleiten. Häufig entwickeln sich die von Frauen gegründeten Teilzeitexistenzen zu Vollzeitexistenzen, da sich bei Frauen während oder nach dem Heranwachsen der Kinder die Mobilität und der mögliche Arbeitseinsatz vergrößern.

Teilzeitgründerinnen und -gründer haben auch deshalb Probleme, da die öffent-liche Förderung auf Vollzeitniederlassungen ausgerichtet ist. Auch wenn eine Teil-zeitexistenz zu einer Vollzeitniederlassung werden soll – was natürlich mit einem größeren Kapitalbedarf verbunden ist – wird Frauen oftmals der Zugang zu öffentli-chen Fördermitteln verwehrt, da diese über die Hausbank zu beantragen sind:

Für die Hausbank aber ist eines der wichtigsten Kriterien zur Vergabe von Kredi-ten oder eben zur Unterstützung bei der Beantragung von öffentlichen Mitteln, die Höhe der Einkünfte die bisher mit dem Unternehmen erzielt wurden, was bei Teil-existenzen bedeutet, dass ein Antrag auf öffentliche Fördermittel nicht unbedingt die größten Chancen hat.

Neben der öffentlichen Förderung von Existenzgründungen ist nicht selten auch die Gründungsberatung nur für Vollzeitexistenzen möglich. Jedoch: Neben der her-kömmlichen Niederlassungsberatung wurden in jüngerer Zeit zahlreiche Projekte entwickelt, die frauenspezifische und persönlichkeitsorientierte Unterstützung bei der Gründung bieten.

Die Devise muss also lauten:

Information über Gründung bedeutet gleichermaßen Information über Gründungsberatung.

Eine qualifizierte Gründungsberatung für Frauen ist

- ganzheitlich, d.h. Beratung unter Einbeziehung der meist bei den Frauen liegenden Verantwortung für die Organisation der Haus- und Familienarbeit in die Beratungsarbeit;
- prozessorientiert;
- ausgerichtet auf die Unterstützung in der Orientierungs-, der Planungs-, der Umsetzungs- und der Festigungsphase;
- auch Beratung in der Nachgründungsphase;
- vernetztes Beratungsangebot, um ineffiziente Mehrfachberatungen zu vermeiden;
- weibliches Beratungspersonal.

Zu den Möglichkeiten der Information zählen auch Besuche von Kontaktbörsen oder Gründermessen, Teilnahme an Arbeitskreisen von Gründerinnen und Gründern oder die Nutzung vermittelnd tätiger Netzwerke. Das Internet hält für alle Niederlassungswilligen ein wachsendes Informationspotenzial bereit!

Für SozialpädagogInnen gibt es noch eine Reihe von Gesichtspunkten, die eine spezifische Gründung charakterisieren. So ist als schwerwiegendes Hemmnis anzusehen, dass die öffentliche Unterstützung ihr Augenmerk auf Gründungen im naturwissenschaftlich-technischen Bereich konzentriert und vor allem den sozialen Sektor vernachlässigt.

Wenn von einer fehlenden »Gründungskultur« gesprochen wird, ist in diesem Zusammenhang insbesondere auch das Defizit an Einsichten in Gründungsmöglichkeiten zu akzentuieren, die im sozialen Bereich bestehen. Ein Problem ist dabei in dem Umstand zu vermuten, demzufolge sozialpädagogische Niederlassungen in einem sehr heterogenen, also vielfältigen und unübersichtlichen Berufsfeld realisiert werden. Auch die amtliche und nicht amtliche Statistik ist kein hinreichend sprudelnder Quell der Erkenntnis, da SozialpädagogInnen als Gründer in der Regel lediglich in Sammelkategorien mit anderen Berufen ausgewiesen werden. Umso wichtiger ist es, dass sozialpädagogische Gründerinnen und Gründer Kontakte knüpfen und damit nicht nur fachliche Unterstützung suchen, sondern auch den Vorteil gemeinsamer Erfahrungen und Erlebnisse nutzen.

Männer, die sich selbstständig machen, haben die Frauen im Rücken!
Frauen hingegen, die sich selbstständig machen, haben den Mann im Nacken!

2. Beispiele sozialpädagogischer Gründungen

Die selbstständige Berufsausübung wird für eine steigende Zahl von SozialarbeiterInnen und SozialpädagogInnen zur beruflichen Alternative. Der Mikrozensus weist für die Zeit von 1996 bis 1997 einen Anstieg von 5.000 auf 6.000 Selbstständige aus. Eine Befragung von Experten führte zu der Vermutung, dass die tatsächliche Zahl selbstständiger Berufsangehöriger deutlich höher liegen könnte.

Die Frage, weshalb SozialarbeiterInnen/SozialpädagogInnen in selbstständiger Ausübung bislang nur ein Thema von marginaler Bedeutung waren, mag vor allem mit der Unüberschaubarkeit des Berufsfeldes zu beantworten sein. Auch die Individualisierung der Leistung oder die vornehmliche Beschäftigung mit verschiedenen Rand- und Problemgruppen der Gesellschaft verursachen ein höchst uneinheitliches Erscheinungsbild.

Als Schwerpunkte selbstständiger Berufsausübung von SozialarbeiterInnen/SozialpädagogInnen können unterschieden werden: Berufsbetreuung (eine Befragung ergab, dass etwa die Hälfte der Berufsangehörigen in diesem Bereich SozialarbeiterInnen/SozialpädagogInnen waren); Kinder- und Jugendlichenpsychotherapie (im Rahmen des am 1.1.1999 in Kraft getretenen Psychotherapeutengesetzes); andere Therapieformen (z.B. ambulante Suchttherapie) und zahlreiche weitere Arbeitsfelder, die in der Abbildung auf Seite 32 dargestellt werden.

Über das hier gezeigte Spektrum hinaus gibt es eine Vielzahl an Möglichkeiten der selbstständigen Berufsausübung von SozialarbeiterInnen/SozialpädagogInnen. In einigen der genannten Arbeitsfelder (z.B. Supervision) wird die unabhängige Tätigkeit vielfach im Nebenerwerb ausgeübt. Andere Aufgaben (wie die Gemeinwesenarbeit) sind eher als Perspektiven zu qualifizieren. Nicht selten werden verschiedene soziale Dienstleistungen kombiniert, insbesondere in der Startphase der Existenzgründung.

SozialarbeiterInnen und -pädagogInnen sind relativ häufiger als ihre männlichen Kollegen teilzeitbeschäftigt. Dies kann für einen gleitenden Übergang in die Selbstständigkeit durchaus von Vorteil sein. Gleichzeitig bietet sich hier die Möglichkeit, mit einem sicheren Standbein den ersten Schritt auf dünneres Eis zu gehen und Erfahrung zu erwerben.

Der folgende Text macht deutlich, dass die Selbstständigkeit von SozialpädagogInnen und SozialarbeiterInnen auch in berufsständischen Organisationen nicht nur wahrgenommen, sondern auch in konkrete Initiativen umgesetzt wird:

Selbstständigkeit in der Sozialen Arbeit

Wilfried Nodes (Deutscher Berufsverband für Sozialarbeit, Sozialpädagogik und Heilpädagogik e.V. – DBSH)

Wie nie zuvor im Nachkriegsdeutschland steht die Soziale Politik und die Soziale Arbeit vor erheblichen Umbrüchen und Einschränkungen: Traditionelle Felder sind von Leistungseinschränkungen, Abbau sozialer Dienstleistungen und Flexibilisierung von Arbeitsverhältnissen betroffen. Im Zuge der wachsenden Nachfrage nach personenbezogenen Dienstleistungen, der Individualisierung und der Formulierung von ökologischen und sozialen Leitlinien in Unternehmen entstehen auf der anderen Seite neue Arbeits-Perspektiven für die Soziale Arbeit. Diese Entwicklung und die sich durchsetzende »Marktorientierung« auch in der Sozialen Arbeit wird zu einer Zunahme der Bedeutung der Selbstständigkeit für Professionelle führen. Der nachfolgende Artikel beleuchtet das politische Umfeld für diese Entwicklung, untersucht verschiedene Felder von Selbstständigkeit und schlägt verbandspolitische Positionen vor.

Angesichts zunehmender Arbeitslosigkeit und demographischer Entwicklungen wachsen die staatlichen Ausgaben für soziale und gesundheitliche Leistungen (Arbeitslosengeld/-hilfe, Sozialhilfe, Rentenleistungen, Krankenkassenleistungen), während der Staat andererseits bemüht ist, die Allgemeinkosten zu senken um, wie es heißt, die Konkurrenzfähigkeit im Zeichen der Globalisierung[1] zu erhalten. Die Folge: Der einzelne Mensch erhält weniger staatliche Hilfen, die Gesellschaft spaltet sich weiter auf, Armut nimmt zu.

In diesem Prozess steht unser Gemeinwesen erst am Anfang, wenn es nicht gelingt, Werte wie soziale Gerechtigkeit und Partizipation wieder in die öffentliche Diskussion einzubringen. Die Soziale Arbeit selbst kann immer weniger materielle Hilfen vermitteln und verändert ihre Aufgaben. Einerseits bieten sich Chancen für eine differenziertere und auf aktuelle Entwicklung bezogene pädagogische Arbeit, es entstehen neue Arbeitsfelder im personenbezogenen Dienstleistungsbereich (vor allem, wenn sie privat finanziert werden), selbst Unternehmen der »freien Wirtschaft« nutzen die Kompetenzen der Sozialen Arbeit weit über das klassische Feld der Betriebssozialarbeit hinaus.

Andererseits entwickelt sich die öffentlich finanzierte Soziale Arbeit zunehmend zum symbolischen Ersatz, wenn materielle Hilfen oder Arbeitsplätze ausbleiben. Wo nicht mehr geholfen werden kann, nimmt die kontrollierende Funktion der Sozialen Arbeit zu. Die in der Sozialen Arbeit Beschäftigten sind in ihrer Rolle als ArbeitnehmerIn in ähnlicher Weise betroffen wie ihr Klientel: wachsender Problem- und Arbeitsdruck, unsichere Beschäftigungssituation, niedrige Entlohnung. Vor allem für Berufs(wieder)einsteigerInnen wird die tariflich bezahlte Vollzeitstelle zur Ausnahme.[2] Noch nehmen die Stellen für SozialarbeiterInnen zu[3], allerdings sind dies meist nur zeitlich befristete und minderbezahlte ABM-Stellen.

1 Die Ideologie der Globalisierung führt zur Auflösung von auf nationalstaatlicher Ebene formulierten Wertvorstellungen (z.B. soziale Gerechtigkeit) zugunsten eines »freien Wettbewerbes« als allein bestimmendes Element für das Zusammenwirken von Menschen, Gruppen, Organisationen, Unternehmen und Staaten.

2 »Die Lohnarbeit und das mit ihr verbundene Normalarbeitsverhältnis wurde tendenziell aus ihrer Zentralstellung verdrängt und durch eine Vielzahl anderer z.T. verdeckter, randständiger, historisch scheinbar überwundener oder aber gänzlich neuer Formen der Arbeit ersetzt ...« (Thomas Seibert, in »ak – analyse und Praxis«, Nr. 430 vom 23.9.1999).

3 Während die Stellen für ErzieherInnen vor allem in den neuen Bundesländern dramatisch abgebaut wurden.

Wettbewerb als Ordnungsfaktor?

Die Einstellungsträger geraten im Zuge neuer Steuerungsmodelle zunehmend unter Druck. Doch statt die Interessen der Klientinnen und der Beschäftigten aufzugreifen, wird heute das gemacht, wofür es Geld gibt. Wo früher an pädagogischen Konzepten gearbeitet wurde, betreiben sie heute Legitimationskosmetik mithilfe von Kienbaum, Wibera und Co. Die Soziale Arbeit und vor allem ihre Träger haben sich in die Defensive hineinmanövriert. So wundert es nicht, wenn das Bundeskartellamt in einem Kommissionsbericht von einem »neokorporatistischen Kartell« zwischen Wohlfahrtsverbänden, Kommunal- und Landespolitik sowie Ministerialbürokratie sprechen darf. Soziale Arbeit sei weder klientenorientiert noch effizient. Die Alternative: Der freie Markt soll es richten …: Die Leistungen der sozialen Arbeit seien auszuschreiben (der Billigste bekommt den Auftrag), von Subjektleistungen ist die Rede (Beratungsgutscheine statt Beratungsstellen), Gewinne seien zu ermöglichen und die Steuerbefreiung für Umsatz und Spenden aufzuheben.[1]

Kurz: Dort wo in der Vergangenheit – mit welchen Fehlern auch immer – ein soziales Gemeinwesen gefördert wurde, sollen zukünftig einzelne Leistungen, genau beschrieben und in Anbieterkonkurrenz erbracht, Sozialstaatlichkeit demonstrieren.

Selbstständigkeit – eine Alternative?

Der Kreis schließt sich: Immer mehr SozialarbeiterInnen sind mit ihrer Arbeitssituation unzufrieden oder gar arbeitslos, die bisherigen Arbeitsweisen der Einstellungsträger verlieren ihre Bedeutung, weil Kostenträger nach Einsparungen suchen: Flexibilität in der Übernahme von sozialen Dienstleistungen und Wettbewerb werden zum Gebot der Stunde. So entsteht eine neue Bewegung in Richtung Selbstständigkeit. Waren dies in den 70er-Jahren noch soziale Initiativen mit basisdemokratischem Anspruch, so sind es heute kleine GmbHs oder 1-Personen-Firmen, gegründet von SozialarbeiterInnen, die im bisherigen Arbeitsmarkt keine Perspektive mehr sehen, sich bessere Arbeitsbedingungen und Bezahlung versprechen oder abseits betrieblicher Zwänge arbeiten wollen.

Selbstständigkeit in der Sozialen Arbeit – dies ist heute keine Ausnahmeerscheinung mehr. Soziale Arbeit wird sich auf Dauer nicht von der allgemeinen Entwicklung abkoppeln können[2]. Ausgehend von den Mitgliederzahlen in diversen Verbänden der Sozialen Arbeit und Schätzungen in einzelnen Kommunen arbeiten bereits heute ca. 10.000 SozialarbeiterInnen zumindest nebenberuflich selbstständig. Doch nur wenigen gelingt es, aus dem Trend zur Selbstständigkeit eine Tugend zu machen, die eine ausreichend qualifizierte und entsprechend bezahlte Tätigkeit ermöglicht und die gewünschte Autonomie einräumt.

Selbstständigkeit – ein Thema für den DBSH?

Die Entwicklung hin zur Selbstständigkeit ist für die Soziale Arbeit, aber auch insbesondere für den DBSH als gewerkschaftlich orientierten Berufs- und Fachverband mit vielen Fragen verbunden. Mit der Aufteilung in einzelne »Dienstleistungen« verliert Soziale Arbeit ihre Ganzheitlichkeit und Vernetzungsfähigkeit, während sich in der Konkurrenz um Aufträge Niedrigbezahlung und Entqualifizierung abzeichnen. Auch droht die Einführung einer »2-Klassen-Sozialarbeit«. Auf der einen Seite diejenige, die aus Privat- oder Unternehmensmitteln finanziert, »gut« arbeiten kann, auf der anderen Seite die Soziale Arbeit für Hilfebedürftige, die, finanziert von der »armen« öffentlichen Hand, »arm« dran ist.

---

1   12. Hauptgutachten der Monopolkommission 1997/98, Bundestagsdrucksache 13/11291 vom 17.7.1998.
2   Allein 1997 entstanden in Deutschland 670.000 neue Unternehmungen. Andererseits geben die Hälfte der ExistenzgründerInnen innerhalb der ersten fünf Jahre wieder auf, viele andere verdienen so wenig, daß sie eigentlich Sozialhilfe beziehen können.

Andererseits belegen Existenzgründungen in der letzten Zeit, das dies keine zwangsläufige Entwicklung sein muss. So bietet ein Kasseler Unternehmen Serviceleistungen bei der Einrichtung und dem Betrieb von Betriebskindergärten an. Hierbei verdienen nicht nur die Besitzer, sondern auch die angestellten ErzieherInnen weit über Tarif.

Vor diesem Hintergrund macht es Sinn zunächst unterschiedliche Kategorien von Selbstständigkeit in der Sozialen Arbeit zu benennen und zu bewerten:

Übernahme von Aufgaben im Rahmen von Outsourcing

Immer mehr Träger und Kommunen gehen dazu über, Arbeiten, die bislang von angestellten MitarbeiterInnen ausgeübt wurden, auf so genannte Selbstständige zu übertragen (z.B. SPFH). Dies führt oft dazu, dass kaum noch lebensweltorientiert gearbeitet wird, da nur noch die »Zeit am Klienten« abgerechnet werden kann. Den »Selbstständigen« selbst werden oft unzureichende Stundensätze um die 40 Mark angeboten. Lehnen die Betroffenen ab, werden StudentInnen oder sogar Berufsfremde engagiert.

Entsprechend der Berechnungen des DBSH muss dagegen ein Stundensatz von mind. 75 DM bis 100 DM je nach notwendiger Vor- und Nachbereitungszeit) in Ansatz gebracht werden (+ Sachkosten), um das tarifübliche Gehalt und die tarifüblichen Bedingungen (Krankheit, Urlaub, Arbeitszeit, Altersrücklage usw.) zu realisieren.

Für den DBSH gilt es, diese Stundensätze und entsprechende Qualifikationsstandards durchzusetzen. Eine Möglichkeit wäre ein Tarifvertrag für freie Mitarbeiterinnen, ähnlich wie im Bereich der freien Journalisten.

»Traditionelle Bereiche« selbstständiger Tätigkeit

In anderen Bereichen konkurrieren selbstständig tätige SozialarbeiterInnen mit den Angeboten der Wohlfahrtsverbände (z.B. im Feld der Berufsbetreuung und Heilpädagogik).

Dabei wird die Tätigkeit der Verbände durch die Umsatzsteuerbefreiung, die den Selbstständigen verwehrt ist, privilegiert. Nicht zu Unrecht beklagt die Monopolkommission eine Wettbewerbsverzerrung. Zudem erhalten Verbände zuweilen zusätzliche und nicht leistungszeitbezogene Zuschüsse (z.B. für die Berufsbetreuung durch die Kommunen), die Selbstständigen verwehrt werden.

Andererseits droht auch hier eine Konkurrenz um die niedrigsten Stundensätze oder Fallpauschalen, entsprechend sind Entqualifizierung und Niedrigbezahlung zu befürchten.

Für den DBSH gilt es, einerseits Benachteiligungen für die selbstständige Tätigkeit abzubauen und andererseits verbandliche Strukturen im Bemühen um ganzheitliche Arbeitsansätze zu fördern und qualitative Standards abzusichern.

Darüber hinaus ist eine Umsatzsteuerbefreiung für Dienstleistungen der Sozialen Arbeit insgesamt (und nicht nur für gemeinnützige Träger) zu fordern, wenn diese aus öffentlichen Mitteln finanziert werden oder zu finanzieren wären.

Neue Träger für öffentlich geförderte Angebote

In den vergangenen Jahren haben sich privatwirtschaftlich organisierte neue Träger in der Sozialen Arbeit entwickelt, die, oft sogar innovative, Dienstleistungen anbieten: Die Angebote reichen von Kursen im Rahmen des AFG, dem Betrieb von Kleinstheimen auch im Ausland bis hin zur intensiv- und/oder erlebnispädagogischen Betreuung von Kindern und Jugendlichen.

Häufig entwickeln sich aus »1-Personen-Unternehmen« Arbeitgeber, die viele Stellen anbieten und leider oft unter Tarif bezahlen. Zugleich haben sich auch die bisherigen Strukturen der Verbände verändert. Arbeitsbereiche werden ausgegliedert und »verselbstständigt«, um Mitbestimmung und tarifliche Bezahlung zu vermeiden.

Für den DBSH ist diese Entwicklung besonders problematisch, vor allem wenn Mitglieder zu Arbeitgebern werden. Auch in diesen (neuen) privatwirtschaftlich organisierten Unternehmen gilt es, tarifliche Arbeitsbedingungen durchzusetzen, auch um gleiche Bedingungen für alle Anbieter zu schaffen.

(Neue) Arbeitsfelder außerhalb öffentlicher Förderung

Immer mehr KollegInnen machen sich selbstständig und nutzen ihre spezifischen Kompetenzen. Dabei kommt es darauf an, sich »neue Märkte« zu erschließen. Dies kann als Einzelner oder über die Gründung neuer Unternehmen, auch professionsübergreifend, geschehen:

Immer mehr SozialarbeiterInnen sind erfolgreich mit Angeboten für Unternehmen z.B. in verhaltensorientierten Training, in der Organisationsberatung und Organisationsentwicklung, der Supervision und dem Coaching.

Andere KollegInnen arbeiten in kreativen, therapeutischen und gesundheitlichen Feldern, einige Neugründungen bieten für kleinere und mittlere Unternehmen den Service der Betriebssozialarbeit an, zugleich haben sich Unternehmen entwickelt, die Weiterbildungsangebote und Unterstützung beim Qualitätsmanagement dort anbieten, wo die »großen Beratungsgesellschaften« noch nicht angekommen sind, etwa in Krankenhäusern, Kinderheimen, usw.

Diese positive Entwicklung der Ausweitung des »Marktes« für die Soziale Arbeit kann nur dann gelingen, wenn sich die Soziale Arbeit in der Konkurrenz zu anderen Berufen behauptet, um nicht in gleicher Weise wie im Therapiebereich »abgehängt« zu wird. Andererseits ist der Wandel im beruflichen Selbstverständnis zu diskutieren, wenn der Kategorie »Helfen« ein anderer Stellenwert zukommt.

Aufgaben für den DBSH

Langfristig wird, ob wünschenswert oder nicht, die selbstständige Tätigkeit in der Sozialen Arbeit eine bedeutende Rolle einnehmen. Der DBSH wird sich dieser neuen Entwicklung in der Ambivalenz der Selbstständigkeit zwischen Chance und Gefahr stellen.

KollegInnen, die sich als Selbstständige im DBSH organisieren, sind nicht nur willkommen, sondern auch dazu eingeladen, ihre Interessen vor ihrem spezifischen Hintergrund zu formulieren und zu vertreten.

Mit dieser Ausgabe von forumsozial wollen wir die Diskussion eröffnen. Wir berichten von erfolgreichen Existenzgründungen, Problemen und Widersprüchen. Galt unser Augenmerk bisher der pädagogischen Praxis und unseren unmittelbaren Arbeitsbedingungen, so gilt es jetzt, Positionen zur Frage zu entwickeln, in welchen Auftrags- und Organisationsformen Soziale Arbeit sinnvoll möglich ist. Denn in einem hat die Monopolkommission sicher recht: Das bisherige Gekungel zwischen Wohlfahrtsverbänden, Bürokratie und Sozialpolitik hat der Sozialen Arbeit vielfach keinen guten Dienst erwiesen.

(Brief an die Autoren vom 6.10.1999)

2.1 Bereiche/Arbeitsfelder/Geschäftsideen

Vielzahl und Vielfalt möglicher sozialpädagogischer Gründungen sind nur schwer zu erfassen. Die folgenden Darstellungen stellen einen Versuch dar, auf dem Wege näherer Erläuterungen und mithilfe von Beispielen das Spektrum der Niederlassungen zu erschließen. Ziel dieser Art der Darstellung ist es vor allem auch, unterschiedliche Aspekte von Gründungen in sozialen Arbeitsfeldern zu erfassen.

Geschäftsideen

Berufsbetreuung · *pädagogisches Computer-Center*

Mediation · **Jugend- und Familienhilfe** · Fundrasing

Erlebnispädagogik · externe Sozialberatung für Betriebe · **Supervision**

Unternehmensberatung · *Selbsterfahrung* · Projektmanagement

Organisationsberatung · **Lebensberatung** · Erwachsenenbildung

»Home-Care«-Beratung · Suchtberatung · *Therapie für Rechtschreibe-,*

Rechnen- und Lernschwächen · Trainings für Senioren · **Kinderbetreuungsbörse**

Medienpädagogik · Kinder- und Jugendlichenpsychotherapie/

andere Formen der Psychotherapie · *Pflegeberatung*

Outplacement-Beratung · Reittherapie

Personalentwicklung · Naturpädagogik

Bewerbungstraining · Training für soziale Kompetenzen

Qualitätsmanagement · Projektberatung

Gesundheitsberatung/-förderung

Schülerhilfe und Elternseminare · *Konfliktmanagement*

Kultur- und Sozialreisen · Coaching

Schulungs- und Therapietheater · Ökologie-Beratung

Frauencafé mit Kinderbetreuung und

Weiterbildungsmöglichkeiten

>*Soziale Arbeit umfasst alle beruflichen Tätigkeiten der SozialarbeiterInnen und So-*
zialpädagogInnen, also Ressourcen erschließende, erzieherische, beratende, bildende,
partizipationsfördernde, sozial vernetzende, ermächtigende, alltagsbegleitende, pfle-
gende, betreuende, verwaltende, organisierende und auswertende Aktivitäten. Diese
Aktivitäten finden in unterschiedlich dichten Lebenswelt- bzw. Interaktionssituatio-
nen statt, sie reichen von regelmäßigen, zeitlich begrenzten Gesprächen mit einzel-
nen, Familien, Kleingruppen und Gemeinwesenversammlungen bis zur Alltagsge-
staltung in Heimen oder Kliniken.« (Heiner u.a. zit. Nach BfA 1997, S. 5)

Diese Beschreibung sozialpädagogischer Tätigkeiten ist für abhängig beschäftigte
und selbstständige Berufsangehörige gleichermaßen relevant. Nicht selten und zunehmend werden mehrere soziale Dienstleistungen aus einer Hand angeboten. Zusatzausbildungen sind in den wenigsten Fällen rechtlich erforderlich. Darüber hinaus wird in sozialpädagogischen Arbeitsfeldern die Tendenz zu kundenorientierten
Dienstleistungsunternehmen und bewertbarer pädagogischer Arbeit deutlich. Das
Agieren in Dienstleistungsmärkten mag für viele Berufsangehörige eine neue Erfahrung darstellen, gleichwohl ist ein marktorientiertes Verhalten unabdingbare Voraussetzung für die Sicherung eines dauerhaften Bestandes der Gründungen. Dabei
kann jedoch vielfach nicht von einer hinreichenden Markttransparenz ausgegangen
werden:

>*Für die meisten ›Produkte‹ eines Jugend- und Sozialamtes existieren nun allerdings*
keine Märkte und somit auch keine Preise, zu denen diese Produkte angeboten wer-
den können.« (Ortmann 1996, S. 64)

Vieles wird u.a. von der Kommune geregelt, denn es geht letztendlich darum, soziale
Dienstleistungen für Menschen mit geringem Einkommen zu ermöglichen. Da diese
Dienstleistungen meist subventioniert werden, ist eine Verhandlung über Kosten in
der Regel ausgeschlossen. Auch dies stellt eine Besonderheit von Sozialgründungen
dar. Klienten bzw. Leistungsempfänger haben im Rahmen der herkömmlichen Formen sozialer Pädagogik und Arbeit selten die Möglichkeit, Anbieter frei zu wählen.
Dies mag sich im Rahmen freier Angebote zunehmend ändern.

Werden die in diesem Buch beschriebenen Kompetenzen näher betrachtet, lässt
sich feststellen, dass SozialarbeiterInnen und SozialpädagogInnen auf der Grundlage
ihrer Ausbildung erhebliche Vorteile gegenüber konkurrierenden Berufen haben.
Neben den sozialen Kompetenzen ist auch einer großes Maß an Flexibilität erforderlich, da immer wieder auf neue Situationen reagiert werden muss. In diesem Zusammenhang ist auch die Praxisnähe der Ausbildung als vorteilhaft zu beurteilen.

Im Folgenden finden Sie eine Zusammenstellung von Arbeitsfeldern für selbstständig tätige SozialarbeiterInnen und SozialpädagogInnen. Beispiele aus der Praxis,
die in sehr unterschiedlicher Form eingebracht werden, sind so an folgendem Zeichen zu erkennen.

2.2 Die Beispiele

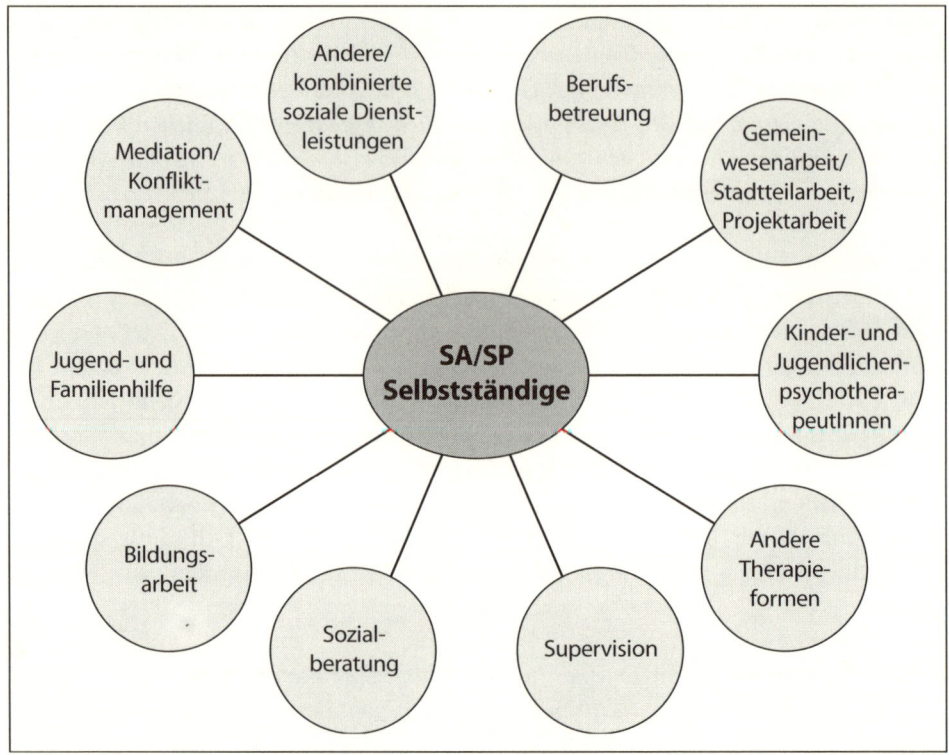

2.2.1 Berufsbetreuung

⊠ *BerufsbetreuerInnen*

Reiner Adler und Willi Oberlander[1]

Mit dem In-Kraft-Treten des Betreuungsgesetzes (BtG) zum 1. Januar 1992 wurden die Rechtsinstitute der Vormundschaft und der Pflegschaft für Erwachsene abgeschafft und zugleich ein entscheidender Schritt zur Professionalisierung der Führung von Betreuungen getan. Zwar geht der Gesetzgeber – wie bereits im Vormundschaftsrecht – von einer unentgeltlichen Erfüllung der Aufgabe aus; gleichwohl wurde durch die Änderung des §1836 Abs. 2 BGB die Grundlage zur Schaffung einer selbstständigen Existenz durch die Betreuung geschaffen. Diese »Berufsbetreuer« bil-

---

1 Diplom-Verwaltungswissenschaftler Dr. Reiner Adler, selbst Berufsbetreuer und Fortbilder im Betreuungsrecht führte in den Jahren 1994 und 1995 mit Unterstützung des Instituts für Freie Berufe an der Universität Erlangen-Nürnberg eine Erhebung über die Berufsbetreuung durch, die durch den Berufsverband der Berufsbetreuer mitgetragen wurde. Dr. Willi Oberlander betreute die Untersuchung vonseiten des Instituts.

den neben ehrenamtlichen Betreuern, den bei Behörden angestellten Berufsangehörigen und den in Betreuungsvereinen Beschäftigten die vierte Kategorie der Wahrnehmungsformen. Mit dem zum 1.1.1999 in Kraft getretenen Berufsvormündervergütungsgesetz (BvormG v. 25.6.1998) mündete der Professionalisierungsprozess dieses neuen Freien Berufes in die Phase der Etablierung. Der Aufgabenbereich einer Betreuung erstreckt sich in der Regel auf Gesundheitssorge, Aufenthaltsbestimmung, Unterbringung und unterbringungsähnliche Maßnahmen, Vermögenssorge sowie Behördenangelegenheiten.

Die berufliche und wirtschaftliche Lage der auf bis zu 5.000 geschätzten Zahl der Berufsbetreuer war bislang nicht erschlossen.[1] Die hier berichtete, vorwiegend unter den Mitgliedern des im Jahr 1994 gegründeten Bundesverbandes der Berufsbetreuer sowie des Verbandes freiberuflicher BetreuerInnen durchgeführte Erhebung erbrachte erste Aufschlüsse über die Situation dieses Berufsstandes, wobei das Hauptaugenmerk auf den selbstständigen Mitgliedern der Berufsgruppe lag. Im Rahmen der Untersuchung wurden 500 Fragebögen ausgereicht und dabei ein beachtlicher Rücklauf von rund 32% erzielt.[2] Damit war die Grundlage für eine nicht unmittelbar repräsentative, jedoch in der qualitativen Aussagefähigkeit fundierte Berichterstattung geschaffen.

Unter den 160 Antwortern waren 131 Berufsbetreuerinnen und -betreuer[3] sowie 16 Vereins- und 13 Behördenbetreuerinnen und -betreuer.[4]

Sozialstrukturelle Merkmale
Unter den Antwortenden waren die Männer mit 55,4% in der Mehrzahl. Die Respondenten waren im Durchschnitt 42,2 Jahre alt, wobei jedes zweite Mitglied des Berufsstandes ein Lebensalter zwischen 34 und 43 Jahren angab.

Qualifikation und berufliche Herkunft
Drei Viertel der Antwortenden verfügten über die allgemeine bzw. die fachgebundene Hochschulreife, wobei der Anteil der Hochschulzugangsberechtigten bei Selbstständigen und Nichtselbstständigen annähernd gleich hoch war. Ein Studium hatten 65,6% der Berufsangehörigen abgeschlossen. Von den Hochschulabsolventen hatte nahezu die Hälfte (45,3%) ein Fachhochschulstudium in Sozialpädagogik bzw. Sozialarbeit absolviert, während weitere 10,5% ein Universitätsdiplom in Pädagogik bzw. Psychologie vorweisen konnten. In diesem Zusammenhang ist hervorzuheben, dass lediglich 20% der Berufsträger keine im weitesten Sinne betreuungsrelevante akademische Qualifikation angaben.

---

1 Zwecks Straffung der Darstellungen wird im Folgenden auf eine Differenzierung zwischen weiblichen und männlichen Sprachformen verzichtet.

2 Der vollständige Untersuchungsbericht ist über das Institut für Freie Berufe Nürnberg erhältlich.

3 Dabei ist die relativ geringe Zahl der nichtselbstständigen Betreuer zu berücksichtigen.

4 Allerdings ist nicht bekannt, ob vereinzelte Berufszugänger aus der Arbeitslosigkeit oder aus der Familienphase vorher im sozialen Bereich tätig waren.

Die Hochschulabschlüsse verteilten sich unterschiedlich in den Gruppen der Betreuer. So waren unter den Behördenbetreuern 72,7% Sozialpädagogen bzw. -arbeiter anzutreffen. Dies deutet darauf hin, dass dieser Berufsstand von den zuständigen Ämtern als für die Betreuung besonders geeignet angesehen wird.

Die Vielzahl und Vielfalt der in der selbstständigen Berufsbetreuung vertretenen Berufe macht deutlich, dass von homogenen Qualifikationsstrukturen in der Gesamtheit des Berufsstandes nicht gesprochen werden kann.

Die Betreuer hatten vor der Aufnahme der Berufstätigkeit in diesem Bereich zu mehr als einem Drittel bereits im Sozialwesen gearbeitet. Es wird deutlich, dass die Berufsbetreuer mit Berufserfahrung überwiegend nicht aus artverwandten Tätigkeitsfeldern in ihren neuen Beruf eingestiegen waren.

Die Zahl der Betreuungen

Die Erfahrung des Bundesverbandes der Berufsbetreuer zeigen für freiberufliche Betreuer, dass bereits mit ca. 30 Betreuungen eine wirtschaftlich tragfähige Selbstständigkeit erreicht werden kann. Freilich sind dies jeweils theoretische Werte, orientiert an einer entsprechenden Verteilung der Schwierigkeiten und Problemlagen aller Betreuten. So können schon 20 sehr zeitintensiv Betreute wie akut Suchtkranke oder in ihrer eigenen Wohnung lebende psychisch Kranke erheblich mehr Betreuungsaufwand erfordern als 50 Betreute, die in stationären Einrichtungen untergebracht sind mit geringem Regelungsbedarf.

Die Frage, ab welcher Betreuungsfallzahl eine Betreuungsperson einen Anspruch auf Vergütung stellen kann, ist seit dem Berufsvormündervergütungsgesetz endlich beantwortet. Demnach erwartet der Gesetzgeber seit 1999, dass von einem Berufsbeteuer wenigstens 10 Betreuungen zu führen oder mindestens 20 Wochenstunden an Betreuungsleistungen nachzuweisen sind, wenn ein Vergütungsanspruch bestehen soll. Strittig ist zurzeit allerdings, ob die genannten Rahmendaten bereits ab 1998 oder erstmalig zum Jahr 2000 gelten sollen. Für die Praxis ist jedoch wie in der Vergangenheit zu vermuten, dass in der Regel keine Probleme bei der Anerkennung als Berufsbeteuer bestehen, wenn nachgewiesen werden kann, dass langfristig versucht wird, eine wirtschaftlich tragfähige Betreutenfallzahl zu erreichen.

Die Vergütung

Die Vergütung von Berufsbetreuern stellt bei vorhandenem Vermögen des Betreuten kein vorrangig wirtschaftliches Problem für den Betreuer dar. Dieser erhält nach der Vorlage des Vergütungsantrags durch das Vormundschaftsgericht die Genehmigung, seine Vergütung zuzüglich der Auslagen aus dem Vermögen des Betreuten zu entnehmen. Im Gegensatz zu den eher seltenen vermögenden Betreuten dürfte der überwiegende Anteil der Betreuten mittellos sein, d.h. sowohl vom Einkommen als auch vom Vermögen her unterhalb der Grenzen des BSHG liegen. Seit 1999 wird die Vergütung aus der Staatskassse von der Qualifikation und der Berufserfahrung des Berufsbetreuers abhängig gemacht. Die Vergütungsbeträge je Stunde streuen hier von DM 35,– bei fehlender beruflicher Ausbildung über 45 DM bei vorliegender relevanter Berufsausbildung bis zu maximal 60 DM bei Fachhochschul- oder Universitätsstudium. An Bedeutung könnten zukünftig mögliche Pauschalisierungen und Vergütungsbudgets gewinnen – Erfahrungen hierzu liegen freilich noch nicht vor.

Im Rahmen der vorliegenden Untersuchung waren 27,1% der Betreuer mit ihrem Einkommen zufrieden. Der größte Anteil dieser Gruppe war unter jenen Berufsangehörigen zu finden, die weniger als 2.000 DM bzw. mehr als 6.000 DM im Monat aus der Betreuung einnahmen. Dies deutet darauf hin, dass sowohl jene Antwortenden, die ihre Tätigkeit in Vollzeit ausübten, als auch die Berufsbetreuer im Nebenerwerb eine deutlich positivere Bewertung der Honorierung ihrer Leistungen vornahmen als Berufsbetreuer, deren Arbeitszeit und Einkommen zwischen diesen Einkommensklassen lagen.

Investitionen, Kosten und Überschüsse
Die selbstständig tätigen Berufsbetreuer hatten durchschnittlich 15.600 DM Eigenkapital in die Existenzgründung eingebracht. Auf die Frage nach dem insgesamt erforderlichen Gründungskapital wurden im Mittel rund 27.000 DM angegeben. Somit mussten durchschnittlich mehr als 11.000 DM Fremdkapital in die Gründungsfinanzierung aufgenommen werden. Allerdings hatte mehr als die Hälfte der Berufsbetreuer tatsächlich weniger Kapital investiert, als für notwendig erachtet wurde.

Die monatlichen Fixkosten in den Betreuungskanzleien wurden im Mittel auf nahezu 1.600 DM beziffert. Eine Kostendegression, d.h. ein zunehmend günstiges Verhältnis von wachsender Betreuungszahl und Fixkosten, konnte nicht festgestellt werden. Die nicht über Auslagenersatzanträge rückerstattbaren Kosten wurden mit durchschnittlich mehr als 1.000 DM im Monat berichtet. Somit muss ein hoher Anteil der Kosten über die Vergütungen eingebracht werden.

Insgesamt 38,1% der antwortenden Berufsbetreuer gaben an, zusätzlich zur Vergütung eine Umsatzsteuererstattung zu beantragen. Mit dem Berufsvormündervergütungsgesetz ist die strittige Behandlung der Umsatzsteuer nunmehr dahingehend beendet, als diese bei Beantragung grundsätzlich zusätzlich zur Vergütung zu erstatten ist.

Der Aussage, selbstständige Berufsbetreuer seien kostengünstiger als angestellte Berufsträger, stimmten rund zwei Drittel der Antwortenden zu.

Die Beurteilung der wirtschaftlichen Sicherheit fiel bei den Betreuern eher zurückhaltend aus. Mit der Zahl der Betreuungen nahmen die positiven Einschätzungen und Erwartungen zu. Keine sichere Zukunft sahen immerhin 41,4% der Berufsangehörigen.

Unterschiede: neue und alte Länder
Die vielfach erheblichen Abweichungen der Befragungsergebnisse zwischen Berufsträgern aus den östlichen und westlichen Bundesländern machen es erforderlich, auf diese Unterschiede näher einzugehen. So führten die Berufsbetreuer aus den neuen

Ländern mit im Durchschnitt 30 Betreuungen acht Betreuungen mehr als ihre Kollegen aus den alten Bundesländern.

Berufsbetreuer aus den westlichen Ländern erzielten mit durchschnittlich 4.125 DM ein um 28% höheres Monatseinkommen als die Berufsangehörigen aus den neuen Ländern.

Auf die Frage nach der zur Kostendeckung erforderlichen Höhe der Stundensätze wurden in den neuen Ländern durchschnittlich 57,20 DM genannt, während in den alten Ländern 77,40 DM für erforderlich gehalten wurden.

Die Zeiträume zwischen den Vergütungsanträgen waren bei ostdeutschen Betreuern mit 14,20 Wochen um durchschnittlich neun Wochen kürzer als bei den westdeutschen Berufskollegen.

Es zeigt sich, dass die Einschätzung der persönlichen wirtschaftlichen Lage auch eine Frage der individuellen Maßstäbe ist. In der Gesamtbeurteilung haben die Berufsbetreuer in wenigen Jahren viel erreicht, jedoch ist über das weiterhin bestehende Gefälle zwischen östlichen und westlichen Landesteilen hinaus noch eine Reihe von Hindernissen zu überwinden.

(Erstveröffentlichung: sozialmagazin 3/1997)

⊗ *Existenzgründung im Betreuungsbereich – freiberufliche Betreuung*

Wolfgang Beyer, Landessprecher des Bundesverbandes der Berufsbetreuer/-innen e.V. (BdB), Grafenau

Von der Idee bis zu den ersten Schritten
Nach 17 Jahren Tätigkeit in einem Arbeitsfeld entstand die Idee, eine neue berufliche Existenz zu gründen. Vor- und Nachteile wurden gegeneinander abgewogen, wobei die Faszination, selbstständig beruflich zu sein und den gesamten Vorgesetztenfrust abzulegen, ausschlaggebend war. Der erste Schritt bestand darin, sich bei Stellen bzw. Behörden wie Vormundschaftsgerichten, BerufsbetreuerInnen und Betreuungsbehörden zu erkundigen, die sich mit Betreuungen beschäftigen und Kontakt mit dem Berufsverband aufzunehmen.

Die Übernahme des ersten Falles legte den Grundstein der neuen Selbstständigkeit. Hierbei mussten Vorüberlegungen in konkretes Handeln umgesetzt werden. Die ersten Fälle waren folglich sehr spannend und es bedurfte vieler Erkundigungen über notwendige Vorgehensweisen in den jeweiligen Fällen. Aufgrund dessen waren Rücksprachen mit Auftraggebern, den Vormundschaftsgerichten, unabdingbar.

Erste organisatorische Schritte
Der erste Büroraum wurde notdürftig eingerichtet. Zudem musste die Frage nach geeignetem und dennoch kostengünstigem technischen Gerät und entsprechender EDV bearbeitet werden. Zur Klärung von steuerlichen Fragen wurde ein Steuerbera-

ter hinzugezogen. Nicht zu unterschätzen war der erhöhte Verwaltungsaufwand im Datenverarbeitungsbereich wie die Korrespondenz und Aufstellung der Leistungen bei steigender Betreuungsübernahme.

Finanzielle Basis

Da Rechnungen an die betreffenden Arbeitgeber erst nach geleisteter Arbeit, also erst nach ca. einem halben bis einem Jahr, gestellt werden konnten, war Kapitalbeschaffung unumgänglich. Hier stellte sich die Frage nach der Möglichkeit eines Existenzgründungskredites, der letztendlich über die eigene Hausbank bezogen werden konnte. An dieser Stelle wurde klar, dass das erzielte Einkommen die gesamte Existenz sichern musste. Einnahmen und Ausgaben mussten hochgerechnet werden. Zudem mussten Antworten auf die Fragen nach Startkapital, Rentenversicherung, Krankenversicherung, Erhalt von früheren Versicherungsleistungen und Ausbau der Werbung für die eigene Firma gefunden werden.

Fachliches Wissen, Praxiswissen und Organisationstalent

Mit jeder neuen Betreuung und den dadurch möglicherweise veränderten Aufgabenstellungen ergaben sich neue Anforderungen auf bisher fremden Fachgebieten. Zu bewältigen waren Finanz- und Immobiliengeschäfte, die Risikoabsicherung über Renten-, Kranken- und Pflegeversicherung, Schuldenregulierungen, medizinische Fragestellungen und Verfahrensabläufe in Rechtsangelegenheiten und anderes mehr. Der Besuch von Fortbildungen sowie die Nutzung von verschiedenen Informationsquellen waren hierbei unabdingbar.

Die Vertretung von hilfebedürftigen Menschen basiert auf einem hohen Maß an Verantwortung. Nach einer Übernahme von mehr als zehn Fällen, bedurfte es einer veränderten Organisation, um nicht die gesamten Aufgabenstellungen im Kopf behalten zu müssen. So musste auch für z.B. Wiedervorlagen, Terminübersichten und Erledigungsnotizen eine professionelle Form entwickelt werden. Weitere Punkte waren Erreichbarkeit, Urlaub und andere Abwesenheiten. Auch waren Entscheidungen bezüglich der Einstellung von Mitarbeitern zu treffen.

Um fachliche Leistungsfähigkeit gewährleisten zu können, mussten folgende Angelegenheiten geregelt sein:

- die Pflege von Kontakten zu BerufskollegInnen, Behörden und Vormundschaftsgerichten,
- die Beachtung von Rechtswegen bei außerordentlichen Entscheidungen im Rahmen von Betreuungen, Vergütungsanforderungen und anderen rechtlichen Belangen sowie
- die Bezahlung von Tätigkeiten und Regelung von Zahlungsbedingungen für in Anspruch genommene Fremdleistungen.

(Landesgewerbeamt Baden-Württemberg 1998, S. 27)

2.2.2 Soziale Dienstleistungen für Familien

»Die Versorgungsqualität in einer Region (Kommune, Stadtteil, Quartier) setzt eine abgestimmte Bedarfs- und Sozialplanung voraus, an der alle relevanten Versorgungsanbieter, die Kostenträger, VertreterInnen der Kommunen, aber auch die BürgerInnen selbst und BürgerInneninitiativen, Selbsthilfegruppen, u. Ä. mitwirken sollten.« (Dankowski u.a. 1997, S. 225)

Soziale Dienstleistungen für Familien gehen von den konkreten Lebensbedingungen und Problemlagen der Familien aus, sie setzen sich parteilich für deren Interessen unter Nutzung aller Strategien zur Verbesserung ihrer Lebensverhältnisse ein. In derartigen Prozessen liegt die Rolle von SozialarbeiterInnen, sie orientieren sich im Wesentlichen daran, sozialpädagogische, methodische und aktivierende Funktionen wahrzunehmen. Die gegenwärtige Praxis kann nicht in ein einheitliches Bild gefasst werden: Nur wenige Projekte können sich zu Recht als progressiv im Sinne einer Wahrnehmung in neuen Organisations- und Rechtsformen begreifen (Deutscher Verein 1993, S. 393). Nachstehende Beispiele repräsentieren Teilbereiche der freiberuflichen Dienstleistungen für Familien, die keine Zusatzausbildung erfordern. Die Bandbreite möglicher Gründungen soll hierbei zum Ausdruck gebracht werden, wenngleich manche Berufsangehörige das Ausgreifen über sozialpädagogische Arbeitsfelder hinaus mit Skepsis beurteilen mögen.

⊠ *Beratungs- und Vermittlungsagenturen: Familienservice*

Hierbei steht die Vermittlung von Tagesmüttern, Kinderfrauen, Au-Pairs oder Babysittern, d.h. die Suche nach einer geeigneten Betreuung von Kindern, im Mittelpunkt der Leistungen. Inhalte der sozialen Dienstleistungen sind private und öffentliche Betreuungen, Ferienprogramme, Krabbelgruppen oder auch die Organisation von »Puzzlearrangements«, bei denen verschiedene Betreuungsformen kombiniert werden können. Die Kosten für die Betreuung tragen die Eltern (Vermittlungsgebühr: ca. 1.500 DM für Privatpersonen, ca. 1.250 DM bis 1.400 DM für Unternehmen; Kosten für eine Tagesmutter: 700 DM bis 1.200 DM im Monat). Die Zielgruppe sind meist Arbeitgeber, die insofern mit dem »Familienservice« zusammenarbeiten, als sie ein »Leistungspaket« einkaufen (F.A.Z., 6.12.1997, »Puzzlearrangements für die Kinderbetreuung«) Der Familienservice ist im Unternehmen präsent, indem er z.B. die Personalabteilung berät, Elternabende anbietet oder die Gründung von Elterninitiativen begleitet.

Dass sich immer mehr Firmen für eine Zusammenarbeit mit einer Vermittlungsgentur für soziale Dienstleistungen entscheiden, scheint finanzielle Gründe zu haben. So die Inhaberin der Münchner »Beratungs- und Vermittlungsagentur«, Gisela Erler: »Wir sind Teil der Sparprogramme der Unternehmen – globale Familienleistungen sind in letzter Zeit oft gekürzt worden.« (Stern 43/199, S. 20)

⊠ *Kinderbetreuung*

Der Verein als »*Private Krabbelstube*« (siehe auch den folgenden Abschnitt »Public Private Partnerships«): Im Rahmen einer Elterninitiative wird der Verein gegründet, Räume werden gesucht, ein Sofortprogramm entwickelt. Die Kinderbetreuung der Stadt verspricht Förderung, BetreuerInnen sind verfügbar. Es folgen Verhandlungen mit einem halben Dutzend Behörden zur Genehmigung der Maßnahme:

- das Landesjugendamt muss die Betreuungseinrichtung genehmigen,
- geeignete Gewerberäume (Brandschutz) müssen gefunden werden,
- die Bauaufsicht ist einzubeziehen (Nutzungsänderung),
- eventuell ist das Umweltamt zu konsultieren (Industriegebiet) und auch
- das Stadtschulamt ist zu beteiligen.

Meist geht die Gründung von neuen Kinderläden und Krabbelstuben problemlos vonstatten. Nicht selten wird die Genehmigung erst eingeholt, wenn die Anmietung erfolgt ist und`die Renovierungsarbeiten bereits im Gange sind. Dieses Risiko kann eingegangen werden, da die Genehmigung des Landesjugendamtes in der Regel reibungslos zu erhalten ist.

Tipps für KinderladengründerInnen gibt auch die *Landesarbeitsgemeinschaft Freie Kinderarbeit* in Frankfurt, Tel. 0611/442114 (Frankfurter Rundschau, 4.4.1992, »Mühsam von Amt zu Amt«).

Bei der Gründung eines »Kindergartenvereines« ist die Vorgehensweise eine ähnliche. In jedem Fall gilt: Eigeninitiative und Selbstständigkeit können Beschäftigungsmöglichkeiten erschließen. Private Kindergärten können bis zu 20% billiger sein als kommunale, obwohl oft nur die Hälfte an Zuschüssen einfließt. Die verbleibende Finanzierungslücke muss durch Einnahmen selbst erwirtschaftet werden (F.A.Z., 23.3.1996, »Millionenumsatz dank Kinderspiel«).

⊠ *Geschäftsidee: Kinderbetreuungsbörse*

Eigenkapital
0 DM bis 10.000 DM

Gewinnerwartung
10.000 bis 50.000 DM/Jahr

Firmenprofil
Wo bekommen Eltern auf die Schnelle einen zuverlässigen Baby-Sitter her? Die Kinder-Betreuungsbörse vermittelt erprobte Fachkräfte und übernimmt darüber hinaus die monatliche Abrechnung der aufgelaufenen Betreuungskosten sowie Versicherung der Baby-Sitter.

Standort

Eine derartige Börse lohnt nur in größeren Städten ab etwa 200.000 Einwohner. Die Dienstleistung kann von zu Hause aus erbracht werden und eignet sich am Anfang vor allem für den nebenberuflichen Einstieg. Besonders geeignet für erfahrene Mütter.

Ausstattung

Telefon mit Anrufbeantworter, Computer mit Drucker genügen völlig für den Einstieg. Eine der Hauptaufgaben besteht darin, zuverlässige Baby-Sitter zu finden, die dazu bereit sind, auch längerfristig bei den gleichen Eltern Kinder zu betreuen.

Kundenprofil

Die Dienstleistung lässt sich über zwei Schienen vermarkten. Zum einen über private Kunden-Eltern, die sporadisch einen Baby-Sitter brauchen. Zum anderen über gewerbliche Kunden, die für ihre Mitarbeiter Kindergartenplätze oder Tagesmütter suchen.

Sonstiges

Die Vermittlung für Privat-Personen ist meistens klubartig organisiert, d.h., die Kunden zahlen einen Jahresbeitrag, um die Vermittlung so oft sie wollen in Anspruch zu nehmen. Von den Baby-Sittern verlangt die Agentur Provision auf Stundenbasis.

(WISO-Geld-Tipps 1997)

⊠ *Public Private Partnerships*

»P. P. P.« begehen neue Wege zur Finanzierung öffentlicher Aufgaben wie der Bereitstellung von Kindergartenplätzen. Im Rahmen des Projektes »Wohnen und Kindergarten« in Herne etwa baut eine Grundstücksgesellschaft (GmbH) in kommunalem Auftrag einen Kindergarten und vermietet diese Einrichtung nach Fertigstellung an die Stadt. So werden Kindergartenplätze geschaffen, ohne den städtischen Haushalt mit Investitionen zu belasten. Allerdings ist umstritten, inwieweit die von den Kommunen zu leistenden Zahlungen den Vorteil der Investitionsvermeidung überwiegen.

Ungeachtet bestehender Vorbehalte ermöglicht die skizzierte Vorgehensweise die Realisierung von Projekten, die sonst an aktuell fehlenden Mitteln scheitern würden. Zahlreiche private Unternehmen gründen daher zusammen mit den Kommunen projektbezogene Entwicklungsgesellschaften, die von der ersten Konzeption bis zur Vermarktung eines neuen Gewerbegebiets verantwortlich sind (z.B. »Service- und Gewerbepark«).

Derartige Projekte funktionieren nur, wenn beide Seiten bereit sind, kalkulierbare ökonomische Risiken einzugehen. Gesellschaften müssen bereit sein, Bauinvestitionen für gewerbliche Nutzungen zu übernehmen, wenn konkrete Zusagen zukünftiger Nutzer vorliegen (F.A.Z., 18.11.1997, S. B9).

Der Weg der »P.P.P.« wird auch in der Kinderbetreuung beschritten durch die Gründung von Kindertageseinrichtungen (z.B. das »*Hokus Pokus Kölner Kinderhaus e.V.*« und die »*Hokus Pokus Kinderservice GmbH*« in Köln). Auf dem Wege der Kooperation mit privatwirtschaftlichen Unternehmen können auch private Kindergartenketten entstehen, deren Angebot sehr interessant für Menschen ist, die oft umziehen müssen, bzw. für Unternehmen, die großen Wert auf die Mobilität ihrer Angestellten legen.

Eine Idee besteht darin, über die traditionelle Kooperation zwischen freien und öffentlichen Trägern in der Jugendhilfe hinaus Wirtschaft, Unternehmen und Betriebe mit ins Boot gesellschaftlicher Verantwortung zu nehmen – dies aber nicht nur allgemein zu propagieren, sondern durch gezielte Einbeziehung von Firmen und Betrieben eine breite Basis für die dauerhafte Entfaltung dieser sozialen Dienstleistung zu schaffen.

In diesem Zusammenhang ist für die Wirtschaft der Umstand als besonders attraktiv zu erachten, dass die Aufwendungen für eine betrieblich geförderte Kinderbetreuungseinrichtung steuerlich als Betriebskosten geltend gemacht werden können (a.a.O., S. B5).

⊠ *Mütterzentren*

Die Mütterzentrumsbewegung begann Anfang der 80er-Jahre mit einem Forschungsprojekt des Deutschen Jugendinstituts in München. Heute gibt es bundesweit etwa 300 Mütterzentren. 1988 fand der erste bundesweite Mütterzentrenkongress in Langen statt, das Konzept für das erste Mütterbüro wurde erstellt.

Das Mütterzentrum in Langen bietet Mittagstisch, Kinderbetreuung, Fortbildungskurse für Mütter (z.B. über den Wiedereinstieg in den Beruf) und Ferienspiele für Grundschulkinder an. Eine Woche Ferienspiele kostet z.B. je Kind 50 Mark. Die Stadt bezuschusst dieses Angebot mit weiteren 50 Mark und erstattet einen Teil der Materialkosten. Grundsätzlich finanziert sich das Mütterzentrum über Eigenmittel sowie aus Zuschüssen von Land und Kommune (F.A.Z., 17.4.1996, S. 49).

⊠ *Mütter-Coaching*

So nennt sich das Pilotprojekt des »*Hessischen Mütterbüros Langen*« – eines bundesweit einmaligen Trainingsprogrammes, durch das Müttern die Chance gegeben wird, sich selbstständig zu machen. Kooperationspartner waren die Landeszentrale für politische Bildung sowie das Managerinnen-Kolleg in Köln. Gefördert wurde das »Mütter-Coaching« durch das hessische Frauenministerium und das hessische Umwelt- und Familienministerium. Im Rahmen dieser Initiative wurde ein ambulantes Dienstleistungsunternehmen gegründet. Haushalt und Familie werden nicht als Problemzone verstanden, sondern vielmehr als der Ort des Erwerbs vielfältiger Kompetenzen, die für eine spätere berufliche Selbstständigkeit von großem Nutzen sein können: Kommunikationsfähigkeit, Organisationstalent, Kreativität, Durchsetzungsvermögen, Belastbarkeit und schnelle Auffassungsgabe. Hier bietet sich grundsätzlich eine kostengünstige und dennoch sehr effektive und bedarfsgerechte Form des Einstiegs als »Teilzeitunternehmerin« in Verbindung mit der Möglichkeit der Vereinbarung von Familie und Beruf. Aber, so eine Gründerin in diesem Bereich: »*Das Geschäftsleben ist härter als ich dachte.*«

Exkurs: Die klassischen Arbeitsmarktprogramme werden nach Expertenmeinung oftmals der Situation vieler Frauen nicht gerecht. Zwar sei 1996 in den alten Bundesländern jedes fünfte Unternehmen von einer Frau gegründet worden, doch liege Deutschland im internationalen Vergleich deutlich zurück. Als wesentliche Gründungshemmnisse gelten mangelndes Startkapital, unzureichende Informations- und Weiterbildungsangebote sowie fehlende Unterstützung in der Familie. Ziel müsse daher die Motivation von Frauen sein, sich selbst Arbeitsplätze zu schaffen und Förderprogramme so zu verändern, dass auch Frauen und Mütter davon profitieren können *(Die Welt, 6.11.1998, »Für manche ist es wie eine Geburt«).*

⊠ *Frühförderung und Beratung*

Bernold Baumgartner, Diplom-Heilpädagoge, Gutach
Die Ausführungen gelten für HeilpädagogInnen und sind auf SozialpädagogInnen mit Zusatzausbildung und/oder Berufserfahrung übertragbar.

Gesetzliche Grundlagen und Finanzierung
Eine Grundlage für die Finanzierung einer heilpädagogischen Behandlung bietet die Eingliederungshilfe, wie sie das Bundessozialhilfegesetz (BSHG) in den §§ 39ff. beschreibt und darin die Aufgabe formuliert, eine »drohende Behinderung zu verhüten oder eine vorhandene Behinderung oder deren Folgen zu beseitigen oder zu mildern und den Behinderten die Teilnahme am Leben in der Gemeinschaft zu ermöglichen«. Anspruch auf heilpädagogische Hilfen und Förderung haben »Personen, die nicht nur vorübergehend körperlich, geistig oder seelisch wesentlich behindert sind …«.

In Baden-Württemberg werden bis zum Schuleintritt eines Kindes heilpädagogische Maßnahmen im Bereich der Frühförderung grundsätzlich als Eingliederungshilfe nach BSHG gewährt. Derzeit beträgt der Vergütungssatz für heilpädagogische Behandlungen bei freiberuflichen HeilpädagogInnen nach einer Empfehlung durch den Landkreistag Baden-Württemberg für die Einzelbetreuung 78,80 DM. Die Empfehlung für die Vergütungsregelung gilt für die HeilpädagogInnen, die einem Berufsverband angehören (BHP und DBSH) und die Anerkennungsurkunde für eine freie heilpädagogische Praxis besitzen.

Die *Klientel* unserer Praxen setzt sich zusammen vornehmlich aus Kindern im Vorschulalter mit den unten aufgeführten Diagnosen, seltener sind Kinder im Grundschulalter und vereinzelt nur Jugendliche mit seelischer Behinderung. Dies ist vor allem begründet in der Bewilligungspraxis des zuständigen Landratsamtes, das Maßnahmen nach dem KJHG und für Kinder, die zur Schule gehen, nur in seltenen Fällen befürwortet. Andere Kostenträger bewilligen im Unterschied zu unserem Kreis eher Maßnahmen über das KJHG, wieder andere finanzieren fast ausschließlich bestimmte Therapiemaßnahmen (z.B. Familientherapie). Die medizinischen Diagnosen für die Indikation der heilpädagogischen Behandlung lauten: geistige Behinderung, körperliche Behinderung, diverse Sinnesschädigungen, Aufmerksamkeitsdefizitsyndrom (ADS), Psychoorganisches Syndrom, Teilleistungsschwächen, soziale Deprivation, Hyperaktivität, Wahrnehmungsstörungen, Sprachentwicklungsverzögerungen/-störungen, allgemeine und spezielle Retardierung (zurzeit ca. 35 Kinder/45 Behandlungsstunden).

Antrags- und Genehmigungsverfahren
Die Eltern bemerken Auffälligkeiten in der Entwicklung und im Verhalten ihrer Kinder oder werden von der behandelnden Kinderärztin, einer Erzieherin im Kindergarten, Logopädin oder Krankengymnastin auf entsprechende Auffälligkeiten ihres Kindes aufmerksam gemacht. Die Kinderärztin berät nach gründlicher medizinischer Diagnostik bei entsprechender Indikation die Eltern über die Möglichkeit einer heilpädagogischen Behandlung.

Die Eltern wenden sich an die Heilpädagogische Praxis. Nach einem Erstgespräch in der Praxis stellen sie einen Kostenantrag beim zuständigen Sozialamt/Jugendamt. Die Kinderärztin, das Sozialpädiatrische Zentrum oder ein Kinderkrankenhaus füllen das Formblatt A aus, das als ärztliche Stellungnahme Voraussetzung für die Entscheidung des zuständigen Amtes ist. Das zuständige Sozialamt reicht die Unterlagen an das Gesundheitsamt weiter, wo ein Amtsarzt nochmals eine Untersuchung des betroffenen Kindes vornimmt und daraufhin dem Sozialamt eine Stellungnahme und Empfehlung über Dauer, Umfang und Art einer angemessenen Therapie abgibt. Die Eltern und durchschriftlich die heilpädagogische Praxis erhalten danach vom Kostenträger eine Kostenzusage für den Zeitraum von einem halben bis ein Jahr im Umfang von ein oder zwei Behandlungseinheiten pro Woche. Zum Ende des Bewilligungszeitraumes ist ein Entwicklungsbericht vorzulegen und bei Antrag auf Fortsetzung der heilpädagogischen Behandlung zusätzlich eine ärztliche Stellungnahme. Abgerechnet werden können die Behandlungsstunde und Elterngespräche. Kooperationsgespräche und Berichte können nicht gesondert in Rechnung gestellt werden. Die Durchführung der Heilpädagogischen Behandlung beinhaltet: Erstgespräch, Anamnese, Diagnostik, Behandlungsplan, Elternberatung und Kooperationsgespräche.

Räumlichkeiten, Lage und Einzugsbereich der Praxis

Die Heilpädagogische Praxis Gutach hat eine Größe von 90 qm und besteht aus vier Räumen: Spielraum, Bewegungsraum sowie Sprechzimmer für Team- und Elterngespräche mit Büroecke. Neben der heilpädagogischen Behandlung in der Praxis bieten wir auch ambulante Dienste wie Hausbehandlungen und Behandlungen in Kindergärten und in der staatlichen Schule für Sehbehinderte durch. Eine enge Kooperation mit (Kinder-)Ärzten, Logopäden, Förder- und Sonderschulen, Krankengymnasten, Beratungsstellen und Kindergärten bildet die Voraussetzung erfolgreicher heilpädagogischer Arbeit.

Personelle Besetzung und angewandte Methoden

Die Heilpädagogische Praxis Gutach ist eine Praxengemeinschaft, was bedeutet, dass wir vier – zwei Diplom-Heilpädagoginnen und zwei Diplom-Heilpädagogen mit Fachhochschulabschluss – steuer- und haftungsrechtlich jeweils eine eigene Praxis betreiben und nach Absprache die Räumlichkeiten gemeinsam nutzen. Die zwei Kolleginnen führen jede zwischen fünf und zehn Behandlungsstunden und die zwei Kollegen jeder fünfzehn Behandlungsstunden durch.

Wie nach den Annerkennungskriterien der Berufsverbände gefordert, können alle KollegInnen mehrjährige Berufserfahrung in verschiedenen heilpädagogischen Arbeitsfeldern wie Frühförderung, heilpädagogischem Hort, Heimsonderschule, Wohnheim für Behinderte, sozialpädagogischer Familienhilfe, familientherapeutischer Beratung nachweisen. Zusätzlich wurden qualifizierte Ausbildungen in Familientherapie, Gestalttherapie und -beratung, Psychodrama und Organisationsführung absolviert. Mit Anerkennung der heilpädagogischen Praxis verpflichtet sich jeder freiberufliche Heilpädagoge, an mindestens fünf Tagen fachspezifischer Fortbildung pro Jahr und an regelmäßiger Supervision teilzunehmen.

Angewandte Methoden in der heilpädagogischen Praxis: heilpädagogische Entwicklungsförderung, Spieltherapie, Rhythmik, Heilpädagogisches Werken/Gestalten/Musizieren, Wahrnehmungsförderung, Sprachanbahnung, Psychomotorik, Förderung der Motorik und Koordination, basale Stimulation, Einführung in Entspannungstechniken, Bezugsgruppenarbeit, Eltern-/Angehörigenberatung.

Wichtige Aspekte für eine Praxisgründung und -erhaltung sind: Standortanalyse, Wirtschaftlichkeit, steuerliche Aspekte, Haftung, Versicherungen, Altersvorsorge, Qualitätssicherung, kunden- und bedarfsorientiertes Handeln, Marktanalyse, Zusatzqualifikation und Praxisprofil.

Ausführliche Informationen und ein Handbuch mit allen wichtigen Aspekten zu einer Praxisgründung erhalten sie vom: Berufsverband der Heilpädagogen (BHP) e.V., Rudolf-Kinau-Str. 1, 24782 Büdelsdorf, Tel. 0433/31974.

⊠ *»Service Lebenshilfe«*

Ein Kurzinterview: »Diese Probleme absorbieren Energie und Zeit«
Dr. Gisela Erler bietet mit ihrem Service Lebenshilfe für alle großen und kleinen persönlichen »Katastrophen«.

Stern: Ihr Unternehmen bietet seit 1. Oktober eine neue Art Sozialservice für Firmen an. Was genau?

Erler: Wir bieten Mitarbeitern von Firmen, die unseren Service einkaufen, telefonische oder persönliche Beratung an. Zum Beispiel zum Thema Erziehung, Schule, schulisches Scheitern bei Kindern von Mitarbeitern. Also die Bereiche Eltern-Care, Erziehung, Partnerschaftsprobleme, Arbeitslosigkeit von Partnern, Sucht. Wir haben zum Beispiel Mitarbeiter, die geben Rat, wie das Kind besser lernen kann. Aber auch Hilfe bei Partnerschaftsproblemen, nach Scheidungen, Unterhaltsrecht und vieles mehr.

Stern: Wer fragt nach dieser Hilfe, die Firma für ihren Mitarbeiter oder Mitarbeiter selbst?

Erler: Die Firma kauft bei uns als Firma diesen Dienst und bezahlt ihn. Die Angehörigen des Unternehmens fragen dann kostenfrei direkt bei uns die Hilfe nach, auf Wunsch auch anonym.

Stern: Was haben die Firmen davon?

Erler: Bei Scheidungen etwa haben sie manchmal Mitarbeiter, die einfach nicht funktionieren. Durch diesen Service funktionieren die Betreffenden nicht auf Knopfdruck. Aber sie bekommen ihr Leben schneller in Ordnung.

Stern: Wie kamen sie auf die Idee, diesen Service anzubieten?

Erler: Ich bin im Frühjahr in den USA auf die Service-Idee »life balance« gestoßen. Dort wird also nicht mehr unterschieden zwischen Familie und Arbeitswelt. Die Synchronisation zwischen Leben und Arbeit haut aber oft nicht hin, auch auf der Führungsebene nicht. Diese Probleme absorbieren Energie und Zeit der betreffenden Mitarbeiter.

Stern: Haben sie schon erste Erfahrungen?

Erler: Wir stellen zum Beispiel fest, dass Beratungen über Schulden viel lieber am Telefon gewünscht werden, wo man dem anderen nicht in die Augen schauen muss. Die Analyse der Gesamtsituation ist genauso gut auf Distanz machbar.

Stern: Wie viel Firmen haben bei Ihnen schon gebucht?

Erler: Unter Vertrag haben wir bis jetzt drei Unternehmen: die LTU, eine Münchner Sparkasse und eine dritte Firma, die nicht öffentlich genannt werden will. In Verhandlungen sind wir mit weiteren fünfzehn. LTU und die Sparkasse sind die Pilotfirmen.

(Stern 43/1998, Interview: Edith Kohn)

2.2.3 Kinder- und JugendlichenpsychotherapeutInnen

Das Psychotherapeutengesetz bringt nicht nur eine Neuordnung von Berufszugang und -ausübung in der Psychotherapie in Gestalt eines neuen selbstständigen Heilberufes mit sich, sondern auch die Teilung eines bedeutsamen Marktsegmentes der gesundheitlichen Elementarversorgung. Geteilt wird aber auch der Prozess der Professionalisierung zwischen approbierten und nicht approbierten PsychotherapeutInnen. Auf der einen Seite sehen wir eine Berufsgruppe spezifisch Qualifizierter in Verbindung mit Zugangsregelungen und geschützten Berufsbezeichnungen für Ermächtigte und Zugelassene im Schutzraum eines regulierten Marktes, die andere Gruppe wird von Dienstleistern in freier Konkurrenz gebildet mit Aufgaben wie Beratung oder Prävention.

Das Gesetz über die Berufe des/r Psychologischen PsychotherapeutIn und des/r Kinder- und Jugendlichen-PsychotherapeutIn (Psyhotherapeutengesetz – PsychThG) bestimmt in §1 Berufsausübung, dass die Ausübung von heilkundlicher Psychotherapie unter der Berufsbezeichnung »Psychologische Psychotherapeutin« oder »Psychologischer Psychotherapeut« einer Approbation als Psychologische/r PsychotherapeutIn oder Kinder- und JugendpsychotherapeutIn bedarf. Prinzipiell gilt: Das PsychThG regelt nicht den gesamten Anwendungsbereich psychotherapeutischer Verfahren. Beratungsstellen etwa können ihre Aufgabe weiterhin wahrnehmen, solange sie keine heilkundliche Psychotherapie in Form einer Behandlung von psychischen Störungen mit Krankheitswert ausüben. Pädagogisch-therapeutische Hilfen wie die Jugendhilfe oder Erziehungs- und Familienberatung sind in dem Gesetz ebenso nicht geregelt wie andere Tätigkeiten außerhalb der Heilkunde. In Folge des PsychThG wird es somit auch zu einer Abwanderung in den »zweiten psychologischen Markt« kommen.

Nach vorliegenden Erkenntnissen sind in der Kinder- und Jugendlichenpsychotherapie vorwiegend weitergebildete SozialarbeiterInnen und SozialpädagogInnen tätig. Darüber hinaus finden sich in diesem Berufsfeld auch PädagogInnen und PsychologInnen. Kinder- und Jugendlichenpsychotherapeuten sind berechtigt, Patienten vor Vollendung des 21. Lebensjahres zu behandeln (mit Ausnahmen). Für ärztliche und psychologische Psychotherapeuten gilt diese Altersbeschränkung bei Patienten nicht.

Während die Nachqualifizierung einen häufig beschrittenen Weg in den Anwendungsbereich des PsychThG darstellt, scheint die Ausbildung weniger verlockend. AbsolventInnen müssen nach Abschluss einer »*staatlichen oder staatlich anerkannten Hochschule … in den Studiengängen Pädagogik oder Sozialpädagogik*« (Gesetzestext für den Regelfall, ohne die Nennung von SozialarbeiterInnen) mit einer anschließenden Ausbildungsphase von fünf bis sieben Jahren Dauer rechnen. Die Kosten hierfür werden mit rund 70.000 DM angenommen. In den letzten beiden Jahren kann etwa die Hälfte dieser Aufwendungen über die Erbringung psychotherapeutischer Leistungen kompensiert werden.

Im Rahmen der Qualifizierung ist die obligatorische Ableistung einer vollzeitlichen Tätigkeit in der Psychiatrie als schwerwiegendes Hemmnis zu sehen, da in dieser Phase in der Regel keine Einkünfte erzielt werden. Hinsichtlich des Einkommens nach der Approbation ist vor allem zu berücksichtigen, dass über von Quartal zu Quartal neu festgelegte Punktwerte erhebliche Umsatzschwankungen auftreten können. Grundsätzlich liegen die Einkommensprognosen eher auf einem moderaten Erwartungshorizont (Auskünfte: Dr. Alfred Walter, Augsburg).

Es ist fraglich, inwieweit Hilfesuchenden eine verbesserte Markttransparenz über die dreigeteilte Betrachtung des Marktes für psychotherapeutische Leistungen vermittelt werden kann. Während über das PsychThG der erste Markt mehr oder weniger klar definiert ist, sind weitere qualifizierte Angebote in einem zweiten Markt (vgl. Abschnitt 2.2.4) zu erfassen, während der dritte Markt wissenschaftlich nicht hinreichend fundierte bis hin zur fragwürdigen Methoden umfassen würde. Die Grenzen zwischen zweitem und drittem Markt sind als fließend zu betrachten, sowohl hinsichtlich der Qualifikation der Dienstleistungsanbieter als auch der Angebote für Hilfesuchende.

»Beraterische und seelsorgerische Aktivitäten sind als solche bisher nicht durch gesetzliche Bestimmungen konkretisiert, befinden sich in einem rechtsfreien Zustand. Doch sind die Übergänge in den therapeutischen Sektor fließend. Im Bereich der Psychotherapie sind jedoch zwei Gesetze von grundlegender Bedeutung.« (Baar/ Soldan 1998a, S. 1)

Heilpraktiker/Heilpraktikerin
Auswirkungen des Psychotherapeutengesetzes auf die Berufsausübung des Heilpraktikers

Seit 1.1.1999 ist das Gesetz über die Berufe des Psychologischen Psychotherapeuten und Kinder und Jugendlichenpsychotherapeuten vom 16. Juni 1998 in Kraft. Zwar ist die psychotherapeutische Behandlung durch die Heilpraktiker mit Erlaubnis weiterhin möglich, doch ist die Berufsbezeichnung Psychotherapeut/Psychotherapeutin ausschließlich nach dem Psychotherapeutengesetz berechtigten Berufsangehörigen vorbehalten.
Mit Wirksamwerden dieses Gesetzes gibt es einen dritten, selbstständigen Heilberuf neben dem Beruf des Arztes und des Heilpraktikers. Das Heilpraktikergesetz wird durch das Psychotherapeutengesetz nicht berührt. Heilpraktiker dürfen auch in Zukunft die Psychotherapie ausüben, wenngleich nur auf Antrag und mit eingeschränkter Erlaubnis. Die Erlaubnis ist mit einer entsprechenden Kenntnisprüfung, die einer echten Fachprüfung auf dem Gebiet der Psychotherapie entsprechen kann, verbunden. Die entsprechende Berufsbezeichnung ist auf Länderebene nicht eindeutig geklärt. Der Berufsverband der Freien Heilpraktiker geht von diesbezüglichen Rechtsverfahren aus.

(Gekürzte Fassung des Textes von Bernd R. Schmitt in ibv 34/1999; Bundesanstalt für Arbeit; Referat Ib 1, Nürnberg)

Dies gilt ebenfalls für die Ausübung von heilkundlicher Kinder- und Jugendlichen-psychotherapie unter der Berufsbezeichnung »Kinder- und Jugendpsychotherapeutin« oder »Kinder- und Jugendpsychotherapeut«. Gesetzlich ist die vorübergehende Ausübung jedoch aufgrund einer befristeten Erlaubnis zulässig.

Die durch das Psychotherapeutengesetz eintretenden Veränderungen wirken sich vor allem auf den Titelschutz und auf die Position des/r VetragstherapeutIn aus, der/die zukünftig alleine neben ÄrztInnen und ZahnärztInnen die Möglichkeit der Abrechnung mit Krankenkassen erhält. Das HeilpraktikerInnengesetz regelt ausschließlich die Frage der Heilkundeausübung. Die Verletzung dieser Gesetze ist mit strafrechtlichen und/oder wettbewerbsrechtlichen Konsequenzen verbunden. In anderen Gesetzen, seit neuestem auch im Psychotherapeutengesetz, ist die Frage des Titelschutzes geregelt.

2.2.4 Andere Therapieformen

Zunehmend wirken SozialarbeiterInnen/SozialpädagogInnen mit Fachhochschulabschluss und therapeutischer Zusatzausbildung selbstständig im Beratungs- und Behandlungswesen mit. Tätigkeitsfelder können in den Bereichen Sucht-, Familien- und Einzeltherapie oder auch in neueren Feldern wie der Fototherapie liegen und sind auf dem freien Markt angesiedelt, d.h., KlientInnen müssen die Therapiekosten selbst tragen.

⊠ *Therapeutisches Reiten*

Hier sind drei Anwendungsbereiche definiert:

● Hippotherapie,
● heilpädagogisches Reiten und Voltigieren sowie
● Behindertenreiten.

Die Übergänge zwischen diesen drei Teilbereichen sind fließend. Pferde werden immer häufiger auch von SozialpädagogInnen als Medium ihrer Arbeit eingesetzt, mit positiver Resonanz und viel versprechenden Erfolgen seitens ihrer KlientInnen. Die Berufsausübung in freier Praxis erscheint immer attraktiver, die doch lange in der Sozialpädagogik eine eher unbedeutende Rolle gespielt hatte. Die freiberufliche Tätigkeit fordert vielfältige Kompetenzen, Engagement, Durchhaltevermögen und vor allem geplantes Handeln *(Information des Arbeitskreises Nord/Ost Bayern, Nürnberg).*

⊠ Hilfe für Suchtkranke am Arbeitsplatz

Ein Beratungs- und Behandlungszentrum arbeitet seit zwölf Jahren in Koblenz. Suchtkranke Kollegen werden aus falscher Solidarität oder Kumpanei heraus zu lange gedeckt. Dass dies falsch ist, weiß Dieter Bercker. Vor zwölf Jahren gründete er in einer Privatinitiative das Beratungs- und Behandlungszentrum (bbz) in Koblenz für Abhängigkeitserkrankungen. Zahlreiche große und kleine Firmen, aber auch andere Organisationen sind seine Kunden. Deren Mitarbeiter können die Hilfe des bbz kostenlos in Anspruch nehmen.

Das Ganze funktioniert nach einer Art Versicherungssystem. Mit den Betrieben wird eine Vereinbarung getroffen – sie zahlen pro Monat für jeden Mitarbeiter pauschal drei Mark. Dafür können sie dann das gesamte Leistungsspektrum das Beratungs- und Behandlungszentrums in Anspruch nehmen. Am Anfang steht die Schulung und Aufklärung der Vorgesetzten im Betrieb. Sie werden befähigt, ein so genanntes Konfrontationsgespräch zu führen, bei dem es nicht darum geht, eine Diagnose zu stellen, sondern den Betroffenen Fakten wie Minderleistung oder Fehlzeiten vor Augen zu führen und damit gleichzeitig ein Hilfsangebot zu offerieren. Ziel ist es, dem Betroffenen seinen Arbeitsplatz zu erhalten und dem Betrieb die volle Arbeitsleistung zurückzugewinnen. Suchtkranke weiß Bercker, bringen 25% Minderleistung. Das ist neben dem sozialen auch ein riesiges ökonomisches Problem für die Betriebe.

Die Erfahrung zeigt, sagt der Psychotherapeut und diplomierte Sozialpädagoge, der früher auch Wirtschaftswissenschaften und Medizin studierte, dass die meisten Abhängigen etwas gegen ihre Sucht tun wollen. So kommen sie anonym in die Praxis. Hier stehen insgesamt vier Fachleute bereit, um Wege aus dem Teufelskreis der Sucht aufzuzeigen und diese mit den Betroffenen zu gehen. Grundlage ist ein mehrstufiges Programm. In der Psychotherapie werden Hintergrundproblematiken wie Phobien, Depressionen oder Suizidgefahren aufgearbeitet. Da gibt es neben den Einzelgesprächen eine Frauengruppe, zwei Männergruppen, die sich einmal in der Woche treffen. Die Anfangszeiten sind so gelegt, dass auch Schichtarbeiter zum Zuge kommen können. Eine Nachsorgegruppe für Leute, die drei bis vier Jahre trocken sind, gehört ebenso zum Programm wie die Angehörigenarbeit mit Familientherapie oder Paargesprächen.

Nach Angaben der Deutschen Hauptstelle gegen Suchtgefahren sind 5% der Gesamtbevölkerung in Deutschland behandlungsbedürftig suchtkrank. Von der erwerbstätigen Bevölkerung sind es 7%. 1990 wurden hier 2.359 Beratungsstunden geleistet, 1996 waren es bereits 4.872. Das gleiche Bild zeigt sich bei der Zahl Patienten. 1990 fragten 138 Hilfe nach, 1995 bereits 353.

Wie hoch ist die Erfolgsquote? Die Krankenkassen, so erläutert Bercker, sprechen von einem Erfolg, wenn nach der Beendigung einer Therapie der Betroffene fünf Jahre und länger beitragspflichtig beschäftigt ist. Die Erfolgsquote des bbz liegt bei etwa 80%. Auch Privatpatienten suchen Hilfe im bbz. Die Sucht geht quer durch alle Schichten. Menschen in medizinischen Berufen sind ebenso betroffen wie Selbstständige. 30% waren bisher Frauen, 70% Männer. Seit kurzem verkehrt sich das Bild. Die Zahl der suchtkranken Frauen nimmt zu. Behandelt werden im bbz alle Abhängigkeitserkrankungen stofflicher und nichtstofflicher Natur. Alkohol spielt eine große Rolle, aber ebenso Medikamenten-, Drogen- und Esssucht. Oftmals kommen mehrere Abhängigkeiten zusammen. In ganz Rheinland-Pfalz gibt es vier von den Krankenkassen, der Bundesanstalt für Versicherung und der Landesversicherungsanstalt als Fachambulanz anerkannte Einrichtungen. Das bbz ist eine davon. Natürlich arbeitet es mit einem Arzt zusammen. In den allermeisten Fällen gelingt die Abstinenz in der ambulanten Behandlung. Weniger als 10% des Klientels müssen in stationäre Behandlung, beispielsweise zur Entgiftung, eingewiesen werden. Das wohl deshalb, da wir die Leute früher auffangen, sagt der Leiter des bbz, der keinen Hehl daraus macht, dass er vor vielen Jahren selbst einmal Probleme mit der Droge Alkohol hatte. 24 Stunden, auch an Samstagen und Sonntagen sind er und seine Mitarbeiter für Suchtkranke erreichbar. Da wird die Nachtruhe öfters unterbrochen, sei es um ein Gespräch zu führen, dem Ruf nach dem Notarzt oder gar die Zwangseinweisung durchzuführen.

(Landesgwerbeanstalt Baden-Württemberg 1998, S. 35)

⊠ *Interview mit einer freiberuflich tätigen Sozialtherapeutin*

Wann haben Sie ihr Studium der Sozialpädagogik beendet?
1988, berufstätig als Sozialpädagogin seit 1989.

Wie lautet die Bezeichnung der Ausbildung, wie lange dauerte sie, wer bildete aus?
»Sozialtherapie«, eklektischer Methodenansatz; vierjährige, berufsbegleitende Ausbildung; ausgebildet wurde durch LehrtherapeutInnen an privaten Instituten.

Wann haben Sie die Zusatzausbildung begonnen und beendet?
1988–1992, finanziert über die abhängige Berufsausübung als Sozialpädagogin.

Was hat Sie Ausbildung gekostet?
20.000 DM.

Was waren die Gründe für die Zusatzausbildung?
Interesse, Erwerb persönlicher und beruflicher Kompetenz, Spezialisierung auf das Gebiet »Therapie«, Verbindung mit der Berufsausübung als Sozialpädagogin direkte Umsetzung in aktueller Stelle, Wunsch nach höherer Bezahlung.

Wie wirkte sich die Zusatzausbildung auf Ihren beruflichen Werdegang aus?
Zunächst hatte ich weiterhin eine Anstellung als Sozialpädagogin. Als Therapeutin fungierte ich im Rahmen der ausgeübten Tätigkeit. Nach einem Stellenwechsel 1992

habe ich eine Klientin nebenberuflich als Therapeutin übernommen. Ab Dezember 1996 war ich durch einen internen Stellenwechsel offiziell als Therapeutin mit höherer Bezahlung (BAT IVa) beschäftigt, seit 1992 nebenberuflich als Dozentin in der zweiten selbstständigen Nebentätigkeit).

Wollen Sie sich weiter eine freiberufliche Existenz aufbauen?
Die Selbstständigkeit wird zunächst nur nebenberuflich ausgeübt, da sie als Existenzgrundlage noch zu unsicher ist. Es wird auf absehbare Zeit bei mehreren Standbeinen bleiben (Freiberuflichkeit und Angestelltenverhältnis).

Was hält Sie vom Sprung in die Selbstständigkeit ab?
Aufgrund finanzieller Abhängigkeit hätten Rahmenbedingungen geändert werden müssen, wie die selektive Auswahl des Klientels nach Finanzkraft. Das Klientel hätte so nicht meiner angestrebten Zielgruppe entsprochen.

Was würden Sie als größtes Problem der Selbstständigkeit bezeichnen?
Die Marktabhängigkeit und die Auswahl der Zielgruppe nach Finanzkraft/Keine Einnahmen bei Krankheit, Urlaub, Fortbildung/Keine dauerhafte Existenzsicherung bzw. Unsicherheit durch Abhängigkeit von zahlungskräftigem und -willigem Klientel.

Nachteile der Selbstständigkeit?
Organisationsaufwand (Abstimmung mit anderen beruflichen Tätigkeiten und Zeitkapazitäten des Klientels), fehlende Einbindung in ein Team.

Vorteile der Selbstständigkeit?
Berufsausübung nach Interesse, Persönlichkeit, Neigung, Selbstbestimmung des Umfanges der Tätigkeit, Möglichkeit der Auswahl von KlientInnen.

Wie sehen Sie die Verdienstmöglichkeiten als Freiberuflerin?
Unterschiedlich, ein guter Verdienst wäre möglich, aber aufgrund persönlicher Grundeinstellung ist der durchschnittliche Stundensatz niedrig.

Welche Zielgruppe haben Sie?
Frauen im Alter von 17 bis 40 Jahren mit sexuellen Gewalterfahrungen, Beziehungs- Partnerschafts- und Leistungsproblemen.

Wie gewinnen Sie KlientInnen?
Durch Mundpropaganda und Dozentinnentätigkeit.

Wie lange dauert eine Behandlungseinheit?
Durchschnittlich 60 Minuten bei einer Gesamtdauer der Therapie zwischen 1,5 und 5 Jahren.

Wie viele KlientInnen haben Sie?
Durchschnittlich 2 bis 3.

Wie hoch sind die Kosten pro Einheit?
Preis nach Kalkulation zwischen 50 DM und 90 DM.

Wie rechnen Sie ab?
Privat – eine Kassenabrechnung ist nicht möglich.

(Interview vom 18.4.1999, die befragte Sozialtherapeutin möchte nicht namentlich genannt werden.)

⊠ *Besonderheiten*

SeelsorgerInnen, Christliche BeraterInnen (IACP = Igius Akademie für Christliche Psychologie) oder Christliche TherapeutInnen (IACP) dürfen sich ohne entsprechende Zusatzqualifikation z.B. nicht PsychotherpeutIn nennen. Der Begriff »Christliche Therapie« nach IACP kennzeichnet ein einer Seelsorge oder Beratung zugrunde liegendes Konzept, kann aber nicht als Ausübung der Heilkunde gewertet werden. In einer ähnlichen Lage befinden sich GesprächstherapeutInnen, GestalttherapeutInnen u.a. Die erlaubnispflichtige Ausübung der Heilkunde auf dem Gebiet der Psychotherapie kann beim zuständigen Gesundheitsamt beantragt und nach Ablegung einer entsprechenden Prüfung erworben werden.

Die Kooperation mit zwei und mehr ÄrztInnen wird empfohlen, an die Rat Suchende in kritischen Fällen verwiesen werden (können) und die mit Genehmigung des/r Rat Suchenden auch über dessen/deren Gesundheitszustand informieren können. Die Therapiekosten sind über Krankenkasse abrechenbar, das Klientel darf nach gesetzlicher Bestimmung maximal 21 Jahre alt sein. Eine Zusatzausbildung ist obligatorisch.

2.2.5 Supervision

Supervision ist ein – innerhalb einer bestimmten Zeit – kontinuierlich verlaufender Lernprozess, der in methodisch geführten Gesprächen zwischen SupervisorIn und SupervisandIn, bezogen auf fachliche soziale Praxis, sowohl auf rationaler als auch auf emotionaler Ebene abläuft. Supervision wird obligatorisch auf der Grundlage von einschlägigen Weiterbildungen ausgeübt.

Supervision meint in der sozialen Arbeit die »Meta-Perspektive«, d.h. einen Überblick der sozialpädagogischen Berufsvollzüge, in Form von Praxisanleitung und »berufsbezogener Beratung«, die auf die Erweiterung von Kompetenzen hinzielt (Pühl 1990, S. 3). Im Zuge der gegenwärtigen Amerikanisierung und Internationalisierung unseres Lebens geht der Begriff »Supervision« immer mehr in den Alltagsgebrauch über. Andere Berufsfelder und Arbeitszusammenhänge nutzen diese Beratungsform zunehmend für sich, sodass sich die Supervision weiterentwickelt.

Externe Supervision als freier Beruf: Ein fremde/r Fachfrau/-mann wird gegen Honorar zum Zwecke einer berufsbezogenen Beratung für einen zeitlich begrenzten Auftrag in die Organisation hineingeholt. Die meist nebenberuflich tätigen SupervisorInnen haben den Vorteil, dass sie nicht in die Hierarchie der Institution eingebunden sind, die Supervisanden können eher ein Vertrauensverhältnis zu ihnen und untereinander entwickeln. In rollenmäßiger Hinsicht nähert sich die organisationsexterne Supervision dem PsychotherapeutInnen-Modell.

Der Vorteil einer externen Supervision zeigt sich in folgendem Beispiel: Die Supervisorin kommt zu einem Team von ErzieherInnen in einer Wohngruppe, in dem Sprachlosigkeit herrscht. Die TeammitarbeiterInnen kommunizieren vor allem auf der indirekten Vorwurfsebene. Wenn über BewohnerInnen gesprochen wird, erfolgt das sehr verhalten und in einer abgesicherten Sprache, so als werde ein verbaler Angriff der KollegInnen erwartet. Die Supervisorin stellt fest, dass hier erst einmal »Beziehungsarbeit« zu leisten ist. Vorwürfe können klargestellt und hoffentlich ausgeräumt werden. Dann erst können sich die MitarbeiterInnen der Reflexion gemeinsamer Arbeit zuwenden. Vor allem deshalb, weil die Supervisorin nur auf begrenzte Zeit in der Wohngruppe tätig ist und keine Vorgesetztenrolle innehat, ist ein »Schutzraum« entstanden.

Die organisationsexterne Supervision folgt einem allgemeinen gesellschaftlichen Trend der Delegation von Spezialaufgaben an außen stehende Dienstleister (»Outsourcing«): Die Dienstleistung Supervision wird auf Zeit engagiert (Belardi 1998, S. 34f.). Sie wird nach vorliegenden Erkenntnissen meist nebenberuflich ausgeübt neben einer Festanstellung als SupervisorIn oder in einem anderen Bereich. Vereinzelt wagen Berufsangehörige den Schritt nach z.B. drei bis vier Jahren in die hauptberufliche Selbstständigkeit. In diesem Zusammenhang werden Fragen zunehmend relevant wie etwa: Wie sich am Markt etablieren, wie die Kosten berechnen, wie um Aufträge werben? Hierauf bereitet das Studium unzureichend oder nicht vor. Man kann sich im bereits vertrauten Umfeld aktiv um Akquisition bemühen und die Mundpropaganda fördern. Etwa zwei bis drei Sitzungen täglich sind eine gute Auslastung, wobei die Kürzungen bei öffentlichen und privaten Trägern zu spüren sind. Wo z.B. früher ein zweiwöchentlicher Rhythmus und 20 Sitzungen im Jahr Standard waren, wird jetzt oft auf das Minimum von nur 10 bis 12 Sitzungen im Jahr zurückgegangen. Die Leistungen werden entweder in eigenen Räumlichkeiten (Supervisionsraum) oder in auftraggebenden Einrichtungen durchgeführt.

2.2.6 Sozialberatung

Im sozialen Bereich werden unterschiedlichste Beratungen durchgeführt, wobei häufig auch kleinere Nischen erschlossen werden. Hier einige Beispiele:

- Ausländer-Beratung,
- Aussiedler-Beratung,
- Mobbing-Beratung,
- Schuldnerberatung,
- Sozialberatung (Betrieb),
- Suchtberatung,
- Sozialberatung für ältere Menschen,
- Trauerbegleitung.

Einige der Begriffe sind für die Leser sicherlich nicht hinreichend transparent. Die folgenden Beispiele sollen verdeutlichen, was unter Sozialberatung verstanden werden kann.

⊠ *Sozialberatung für ältere Menschen*

Eine Praxis für Lebens- und Sozialberatung – Beratungsgespräche zu allen Themen des Lebens, Naturseminare, Klärungswochenenden zur Entscheidungsfindung in wichtigen Lebensphasen, Coaching als Brücke zwischen Persönlichkeit und Unternehmenskultur, Zielgruppe: Einzelpersonen, Paare, Gruppen, Führungskräfte und MitarbeiterInnen.

Die Eröffnung einer eigenen Praxis als *Christliche Beraterin* erscheint relativ einfach. Doch mit dem Hinzufügen der entsprechenden Bezeichnung am Türschild und dem Ausharren der Ratsuchenden, die kommen, ist es nicht getan. Der Weg in die Selbstständigkeit ist ein Prozess, in dem Arbeits- und Freizeit, Kraft, Geld, Beziehungen etc. investiert werden müssen (Baar/Soldan 1998, S. 1).

(Monika Schmidt, Diplomsozialpädagogin, Referentin und Beraterin in 53359 Rheinbach-Wormersdorf, Lohestraße 41, Tel. 02225/946401)

Das folgende Beispiel zeigt, wie die berufeübergreifende Kooperation in einer größeren Unternehmung gestaltet sein kann:

⊠ »*Verband betrieblicher Sozialberatung (vbs)*«

Betriebliche Gesundheitsförderung, Suchtprävention, Organisations- und Sozialberatung GmbH – Beratungs- und Behandlungsstelle für Abhängigkeitsgefährdete und -kranke, ambulante Rehabilitation.
Leistungen sind:

- Sozialberatung für Klein-, Mittel- und Großbetriebe. Psychosoziale und Suchtberatung, Krisenintervention, psychosoziales Stresstraining, Gesundheitszirkel, Mobbingberatung, Schuldnerberatung.
- Seminare zum Thema. Alkohol-, Medikamenten- und Drogenabhängigkeit, MitarbeiterInnenführung, soziale Kompetenz, Mobbing.
- Mediation.
- Supervision und Organisationberatung.
- Beratung und ambulante Rehabilitation bei Alkohol- und Medikamentenabhängigkeit.
- Soforthilfe für Kleinbetriebe.

Bernd Finkelmeier, Geschäftsführer des vbs-Teams: »Zu keiner Zeit waren die Anforderungen an Unternehmen und ihre Beschäftigten so groß wie heute.« – »Ein unumkehrbarer und permanenter Veränderungsprozess prägt unsere Arbeitswelt. Sich mit neuen Produkten und Dienstleistungen den sich ständig wandelnden Marktanforderungen zu stellen ist die unternehmerische Herausforderung unserer Zeit.«
Das vbs-Team bietet seinen KlientInnen mit seinem *Konzept »Sozialberatung«* ein Bündel aufeinander abgestimmter Maßnahmen an, das die Gesundheit der Beschäftigten sichert, fördert und weiterentwickelt. Wesentliche Teile des Konzepts, das auf die besonderen Wünsche und Bedürfnisse jedes einzelnen Unternehmens abgestimmt wird, sind die psychosoziale Beratung für die Beschäftigten, das Führen von MitarbeiterInnengesprächen, Maßnahmen zur Senkung des Krankenstandes, Gesundheitszirkel, Schuldnerberatung, Umgang mit Alkohol, Drogen und Stress sowie die Entwicklung sozialer Kompetenzen der Beschäftigten.
Zusätzliche Angebote und Dienstleistungen wie die Mediation, Supervision von betrieblichen SuchtkrankenhelferInnen und eine von allen relevanten Kostenträgern anerkannte Beratungs- und Behandlungsstelle für Alkohol- und/oder Medikamentengefährdete und -abhängige sind ein wichtiger Teil der nun fast zehn Jahre erfolgreichen Tätigkeit.
Das Team des gemeinnützigen Dienstleistungsunternehmens besteht zurzeit aus 15 MitarbeiterInnen (Diplom-SozialpädagogInnen, Diplom-PsychologInnen, Diplom-PädagogInnen und Diplom-SoziologInnen mit Zusatzqualifikationen wie Sucht- und SozialberaterIn, PsychotherapeutIn oder SupervisorIn/OrganisationsberaterIn) und kooperiert mit 16 Unternehmen in Bremen und Norddeutschland.

(vbs-Adresse: Birkenstr. 16/17, 28195 Bremen, Tel. 0421/302223, Fax 0421/1654236)

⊗ *GESKOM: ein Outsourcing-Unternehmen im Bereich sozialer Betriebsberatung*

Hans-Joachim Birzele

Das Geskom-Institut bietet Institutionen und Firmen, die sich um die psychische Gesundheit der Mitarbeiter kümmern und präventive Gesundheitsarbeit umsetzen wollen, einen Beratungs- und Weiterbildungsservice an. Dabei sind das Themenfeld und die Aktivitäten des Instituts, dessen Name sich aus den beiden Wörtern Gesundheit und Kommunikation ableitet, aus der Arbeit des psychosozialen Dienstes in Ludwigshafen entstanden. Der Träger beider Einrichtungen ist ein typischer Träger aus dem diakonischen Bereich, die Evangelische Heimstiftung Pfalz.

Entwicklungsgeschichte
Das Tätigkeitsfeld von psychosozialen Diensten (PSD) nach §31 des Schwerbehindertengesetzes ist fester Bestandteil der bundesweiten psychosozialen Versorgung. Dieser Fachdienst für psychosoziale Hilfen im Arbeitsleben unterstützt psychisch kranke Menschen dabei, ihren Arbeitsplatz zu halten bzw. eine Arbeitsstelle zu erlangen. Die PSD müssen deshalb eng mit Betrieben zusammenarbeiten. Dabei wird oft eine Änderung der Arbeitsstellen im Sinne der Kranken angeregt, die auch von nicht psychisch kranken Kollegen/Kolleginnen positiv aufgenommen werden. Aufgrund dieser, die Arbeitszufriedenheit fördernden Erfahrungen haben viele Betriebe und Institutionen sich nach weiteren umfassenden und präventiven Beratungs- und Schulungsmöglichkeiten erkundigt.

Dies kann aber ein PSD, der an das SchbG gebunden und regional zuständig ist, nicht leisten. Deshalb wurde 1994 von der Ev. Heimstiftung Pfalz der innovative Schritt unternommen, ein neues Institut, das sich mit betrieblicher Gesundheitsförderung befasst, ins Leben zu rufen.

Sowohl sozialer Träger als auch marktorientiert: das Besondere an GESKOM
Die besondere Struktur: GESKOM ist ein Beratungsinstitut, das von Praktikern aus dem psychosozialen Arbeitsfeld gegründet wurde und sich mit seinem Angebot an betriebliche Praktiker (z.B. Personalleiter, Betriebsräte etc.) wendet. Das Beratungsangebot zielt vor allem auf die Implementierung gesundheitsfördernder präventiver Strukturen in Betrieben und Organisationen ab. Um diesem Anspruch gerecht zu werden, ist es wichtig, synergetische Effekte auszunutzen. Als Einrichtung der evangelischen Heimstiftung Pfalz unterhält GESKOM deshalb Kooperationsstrukturen mit einer Vielzahl von verschiedenen Einrichtungen (z.B. Suchthilfeeinrichtungen) und mit Fachleuten verschiedenster Arbeitsbereiche. GESKOM stellt je nach thematischer Anforderung aus seinem Dozentenstamm ein Fachteam gezielt zusammen. Als Unterscheidungsmerkmal von anderen Anbietern wird GESKOM von einem Fachbeirat unterstützt, der sich aus Wissenschaftlern und Wirtschaftspraktikern zusammensetzt.

Die Finanzierung

Schon bei der Konzeption von GESKOM wurde festgelegt, dass die Einrichtung sich auf Dauer rein aufgrund der Aufträge von Kunden selbst finanzieren sollte und nicht durch die im sozialen Bereich übliche Drittmittelfinanzierung. Unter dieser Prämisse war klar, dass ein professionelles Marketing notwendig wurde: Präsentation nach außen, Informationsmaterial und persönliches Auftreten müssen den Anforderungen des Marktes entsprechen.

Die Schwerpunkte von GESKOM: Beratung und Weiterbildung

Die betrieblichen Realitäten ändern sich in heutiger Zeit sehr rasch. Der Mensch muss – gerade in sozialen Einrichtungen – immer höheren und komplexeren kommunikativen Anforderungen gerecht werden, so bei Teamarbeit oder kooperativer Führung. Wo der PSD nur reagieren kann (Einzelfallberatung, wenn jemand bereits krank ist), geht GESKOM präventiv vor: GESKOM gestaltet zusammen mit dem Unternehmen betriebliche Strukturen so, dass Mitarbeiter, die z.B. Alkoholprobleme haben, sich nicht verstecken müssen, und dass Vorgesetzte sich sicher fühlen im Umgang mit suchtkranken Mitarbeitern.

GESKOM regt die Umgestaltung von betrieblichen Abläufen an, um die Entstehung arbeitsplatzbedingter psychischer Krankheiten zu verhindern. GESKOM initiiert eine Veränderung betrieblicher Rahmenbedingungen, damit Menschen, die psychosoziale Probleme haben, im Betrieb verbleiben können. Die Umsetzung erfolgt meist in Seminaren, Workshops oder Gesundheitszirkeln, auch durch Vorträge oder Prozessbegleitung. Darüber hinaus führt GESKOM auch wissenschaftliche Auftragsarbeit durch. So kooperiert GESKOM mit der Universität Landau im Bereich der Forschung zu Themen der Gesundheitsförderung.

(Landesgewerbeanstalt Baden-Württemberg 1998, S. 33)

2.2.7 Bildungsarbeit

Verzeichnisse von Bildungsangeboten, Tagungsstätten und Seminaren bieten einen Überblick zu der Vielzahl und Vielfalt an Fort- und Weiterbildungen, die auch von SozialpädagogInnen und SozialarbeiterInnen durchgeführt werden. Zusammenfassend können diese Bildungsangebote wie folgt dargestellt werden:

- DozentInnen als LehrerInnen bzw. Lehrbeauftragte an Bildungseinrichtungen wie Berufsfachschulen, Fachschulen, Fachhochschulen, Berufsakademien im Allgemeinen sozialen Bereich sowie
- freiberufliche LehrerInnen an Ausbildungsstätten für SozialarbeiterInnen/SozialpädagogInnen.

2.2.8 Jugend- und Familienhilfe

Knapp fünf Jahre nach der bayernweiten Erforschung des Arbeitsfeldes durch das Deutsche Jugendinstitut und sieben Jahre seit In-Kraft-Treten des Kinder- und Jugendhilfegesetzes (SGB VIII), in dem erstmalig sozialpädagogische Familienhilfe (SPFH) als Jugendhilfeangebot in den gesetzlichen Leistungskatalog aufgenommen wurde, ist es weiter notwendig, die Entwicklungen innerhalb der SPFH nicht aus den Augen zu verlieren, ihre Veränderungen zu konkretisieren und kritisch zu beleuchten.

Die Bestandsaufnahme der Landesarbeitsgemeinschaft sozialpädagogische Familienhilfe in Bayern e.V. bietet hierzu einen bayernweiten Überblick zu Strukturen und Rahmenbedingungen, unter denen SPFH angeboten wird. Sie dient als Anhaltspunkt für eine genauere Betrachtung örtlicher, regionaler und überregionaler Angebotsformen und Entwicklungen in der SPFH. Die in den öffentlichen Kassen zur Verfügung stehenden Mittel werden immer knapper, aber anderseits werden steigende Anforderungen an die Jugendhilfe bezüglich Qualitätssicherung und Einhaltung von Mindeststandards formuliert.

Beschäftigungsmodus der MitarbeiterInnen				
Regierungsbezirk	MitarbeiterInnen	Fest angestellte MitarbeiterInnen	Honorarkräfte	Keine Angaben/ Sonstige
Bayern (insgesamt)	375	266	107	1/1
In %		71,0	28,4	0,3/0,3
(Bestandsaufnahme/Adressenverzeichnis der Landesarbeitsgemeinschaft sozialpädagogischer Familienhilfe Bayern e.V., S. 74)				

⊠ *Hilfe für Gehörlose und Schwerhörige*

Heidi Breuckner-Bittner, selbstständige Diplom-Sozialpädagogin, arbeitet mit gehörlosen oder schwerhörigen Personen: Familien, in denen eine oder mehrere Personen hörbehindert sind, junge Erwachsene (evtl. hörbehindert) mit Kind oder Kindern und Familien mit oder ohne behinderte Angehörige. Da die Sozialisation von hörgeschädigten Personen sich häufig von der hörender Kinder unterscheidet (Kommunikationsprobleme), bedarf die Arbeit mit gehörlosen und schwerhörigen Personen einer fachlich fundierten Ausbildung (Kommunikationshilfen).

Frau Breuckner-Bittner hat Erfahrungen in psychosozialer Beratung; Frühförderung und sozialpädagogischem Fachdienst und besuchte Fortbildungen in klientenzentrierter Gesprächsführung, Einführung in die Familientherapie und Gebärdensprachen LBG und DGS.

⊠ *Freie Mitarbeiterin bei öffentlichen und freien Trägern der Jugendhilfe*

Interview mit Eva Neubeck
Frau Neubeck ist Diplom-Sozialpädagogin und arbeitet derzeit u.a. als freiberufliche Betreuerin in der Familien- und Jugendhilfe.

Welche Zusatzausbildungen haben Sie?
Familienberatung – systemisches Denken und Handeln (Dauer: 1 Jahr). Paar- und Familientherapie und systemisches Arbeiten (Dauer: 3 Jahre). Fortbildung in Familienaufstellung nach Bert Hellinger (Dauer: 1 Jahr, 6 Wochenenden). Ausbildung zur Tanzleiterin für Folkloretanz

Wann haben Sie ihr Studium beendet?
1983.

Wie waren Sie anschließend beschäftigt?
Als Honorarkraft und Kursleiterin bei einem sozialpädagogischen Verein (6 Jahre). Danach Familienpause (5 Jahre). Anschließend ABM-Stellen bei zwei verschiedenen Trägern, Konzeptentwicklung und -weiterentwicklung (2 Jahre). Seit 1997 bin ich freiberuflich tätig.

Wann haben Sie die Zusatzausbildung begonnen und wann abgeschlossen?
Familienberatung 1996 bis 1997. Familientherapie und Familienaufstellung habe ich 1999 begonnen. Die Ausbildung ist noch nicht abgeschlossen.

Wie haben Sie die Zusatzausbildung gestaltet und finanziert?
Nebenberuflich, da Beratungstätigkeiten Bestandteil der Ausbildung sind; Finanzierung durch freiberufliches Einkommen.

Wie hoch waren die Kosten der Zusatzausbildung?
Für Familienberatung 350 DM pro Monat, insgesamt etwa 5.000 DM. Familientherapie 350 DM pro Monat, insgesamt etwa 15.000 DM. Familienaufstellung 2.280 DM insgesamt. Die Kosten sind steuerlich absetzbar.

Was waren die Gründe für die Zusatzausbildung?
Erwerb des Handwerkszeuges für die Beratungstätigkeit (Kennenlernen verschiedener praxisorientierter Methoden); selbstständiges Arbeiten in Praxis für Familientherapie.

Planen Sie nach Abschluss der Zusatzausbildung als Sozialpädagogin weiterzuarbeiten oder als Therapeutin?
Das lässt sich nicht trennen, da ich bereits während der Ausbildung kurzzeitorientierte Beratungen durchführe und plane, Gruppenarbeit anzubieten.

Haben Sie noch eine Festanstellung oder sind Sie ausschließlich freiberuflich tätig?
Ich bin ausschließlich freiberuflich tätig, Betreuungstätigkeit mit derzeit zwei Arbeitgebern (Jugend- und Familienhilfe); kurzzeitorientierte Beratungstätigkeit für Privatpersonen.

Wie kamen Sie zur Selbstständigkeit?
Über die letzte ABM-Stelle mit anschließender freiberuflicher Übernahme der Betreuung.

Was würden Sie als größtes Problem der Selbstständigkeit bezeichnen?
Den Einstieg, d.h. das Bekanntwerden und das Finden von KlientInnen.

Welche Nachteile und welche Vorteile gibt es?
Die Nachteile sind: Arbeiten ohne Team; keine geregelte Arbeitszeit; kein Verdienst während Krankheit, Urlaub, Fortbildung; kein Weihnachts- und Urlaubsgeld: finanzielles Risiko. Die Vorteile: Selbstbestimmung der Arbeitszeit (u.a. Urlaub, Fortbildung, etc.); es macht Spaß, eigenständig zu arbeiten; Ideen, Planung und Koordination können ohne Umwege schnell umgesetzt werden.

Wo befinden sich ihre Büroräume?
Ein Büroraum und ein Praxisraum zu Hause auf dem Land; Planung der Anmietung eines zusätzlichen Raumes; zusätzlich ambulante Gruppenangebote in unterschiedlichen Räumen.

Wie beurteilen Sie ihre Verdienstmöglichkeiten?
Gut bis sehr gut in Abhängigkeit von der Auftragslage; Bezahlung nach Fachleistungsstunden und jeweiligen Vereinbarungen.

Wer sind Ihre Zielgruppen?
Fast alle Altersgruppen: Kinder, Jugendliche, Familien und SeniorInnen.

Welche Probleme haben die Ihnen anvertrauen Personen?
Lebenskrisen jeglicher Art (Paar- und familiäre Probleme, Verhaltensauffälligkeiten, Schulschwierigkeiten); Ausschlusskriterien: Personen mit Suchtproblemen, physisch und psychisch Erkrankte.

Wie kamen bzw. kommen Sie an Ihre KlientInnen, wer gibt den Auftrag?
Jugendamt und vorheriger Anstellungsträger; private Kontakte, Mundpropaganda; Planung einer Broschüre für Arztpraxen, Kindergärten etc.

Wie lange dauert eine Beratungseinheit?
Beratungseinheit: Kurzzeit, 5 bis 10 Sitzungen à 1 Stunde. Betreuung: längerfristig, 1 bis 2 Jahre, 2 Kontakte pro Woche à 1,5 bis 2 Stunden.

Wie viele KlientInnen haben sie durchschnittlich?
Familien und Privatpersonen.

Besuchen Sie Fortbildungen und Supervisionen?
Ja, Tagungen der Arbeitsgemeinschaft systemische Lösungen nach Bert Hellinger; Supervision durch KollegInnen der Ausbildung und innerhalb der Ausbildung.

Welche Kosten entstehen pro Beratungseinheit bzw. Betreuungsstunde?
Nach Absprache (keine näheren Angaben).

Wie werden Abrechnung und Versteuerung vorgenommen?
Rechnung an Auftraggeber und KlientIn; Buchführung über Steuerberater, Einkommensteuererklärung (keine Umsatzsteuererklärung aufgrund Befreiung).

Auf welchen gesetzlichen Grundlagen sind sie tätig?
Auf der Basis des KJHG bei bisherigen Betreuungen; bei Beratungstätigkeit gibt es keine gesetzlichen Grundlagen.

Wie erfolgt die zeitliche Abstimmung zwischen der Zusatzausbildung und den verschiedenen Tätigkeiten?
Durch die selbstständige Tätigkeit sind Termine mit der Zusatzausbildung gut koordinierbar.

Wie sehen Sie die Planbarkeit und Sicherheit der Beschäftigung?
Aufträge über Jugendämter und Freie Träger sind gut planbar. Momentan gibt es mehr Angebote als leistbar sind (Trend zu ambulanter Betreuungsarbeit, Rückgang von stationären Unterbringungen). Die Aufträge sind abhängig von Bekanntheitsgrad und Zufriedenheit des Klientels und der Auftraggeber.

2.2.9 Mediation/Konfliktmanagement

Mediation ist die Vermittlung in Konflikten durch unparteiische Dritte als Hilfe zur Selbsthilfe. Mancher Gerichtsprozess ließe sich wahrscheinlich vermeiden, wenn frühzeitig schlichtende Personen eingeschaltet werden würden. Anders als bei der Supervision oder Moderation bietet die Grundidee der Mediation ein Verfahren zur einvernehmlichen Konfliktlösung an.

Die Einsicht der alternativen Konfliktlösung verbreitet sich zusehends: MediatorIn heißt ein neues Berufsbild, das mittlerweile als Zusatzausbildung angeboten wird. Die Nachfrage ist groß, viele sehen im außergerichtlichen »Streitschlichten« ein zweites Standbein.

Im gesamten Bundesgebiet arbeiten inzwischen etwa 1.000 MediatorInnen – davon etwa zur Hälfte JuristInnen, zur anderen Hälfte SozialpädagogInnen, SozialarbeiterInnen und PsychologInnen. Themenschwerpunkte der Mediation sind Trennung und Erbstreitigkeiten innerhalb von Familien. Inzwischen hat sich Mediation aber auch bei Konflikten im Arbeitsrecht, Mitbestimmungsfragen in Unternehmen, Problemen mit Mobbing, Unternehmensübernahme, im Miet-, Umwelt- und Nachbarschaftsrecht einen Namen gemacht. »*Die Beteiligten können einen Kompromiss besser akzeptieren, an dem sie selbst mitgewirkt haben und der ihnen nicht von einem Richter aufgezwungen wird*«, so Barbara Heinz, Mitglied der Arbeitsgemeinschaft Familienmediation im Ruhrgebiet (Süddeutsche Zeitung, 25./26.6.1999, S. 4, »Trennung ohne Tränen«).

2.2.10 Der soziale Dienstleistungsmix

»Sozialpädagogische Gründungen« sind in einer Großstadt in vielerlei Ausprägungen zu finden. Hier einige Beispiele aus Nürnberg:

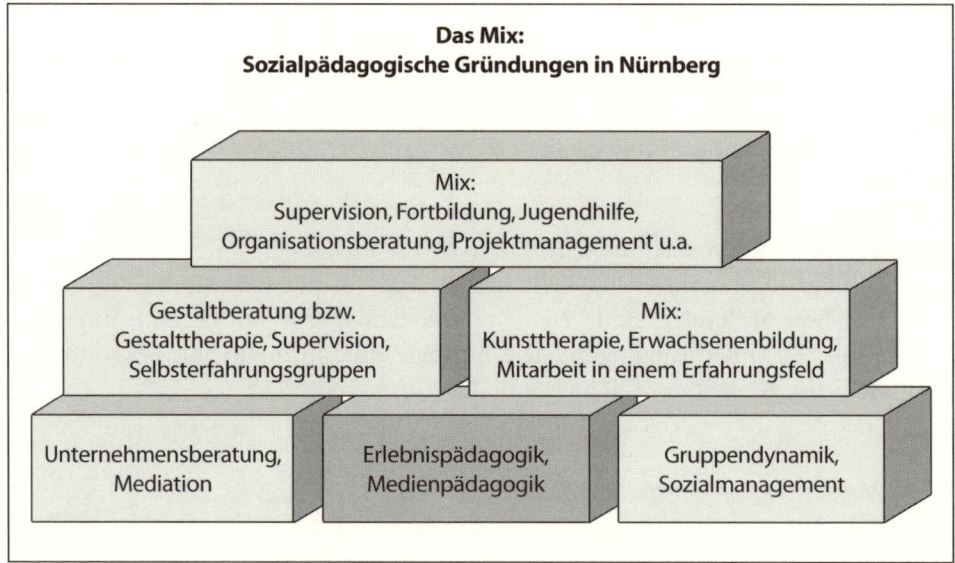

Das Mix:
Sozialpädagogische Gründungen in Nürnberg

Mix:
Supervision, Fortbildung, Jugendhilfe,
Organisationsberatung, Projektmanagement u.a.

Gestaltberatung bzw.
Gestalttherapie, Supervision,
Selbsterfahrungsgruppen

Mix:
Kunsttherapie, Erwachsenenbildung,
Mitarbeit in einem Erfahrungsfeld

Unternehmensberatung,
Mediation

Erlebnispädagogik,
Medienpädagogik

Gruppendynamik,
Sozialmanagement

Diese Darstellung ist vor allem mit zwei Erkenntnissen zu verknüpfen:

- Das Arbeitsfeld soziale Pädagogik und soziale Arbeit in seiner selbstständigen Ausprägung ist ebenso vielfältig wie unübersichtlich.
- Wer gründen möchte, kann seine Chancen gegenüber Konkurrenten häufig nur unzureichend über eine Durchsicht von Anbieterverzeichnissen oder ähnliche einfache Mittel näher bestimmen. Vielmehr ist eine differenzierte Untersuchung der Anbieterstrukturen vorzunehmen (siehe »Marketing für SozialpädagogInnen«, S. 87).

Nehmen wir als Beispiel den gemischtwirtschaftlichen Bildungsmarkt. Hier sind sowohl private Institute zu finden als auch von der öffentlichen Hand unterstützte gemeinnützige Einrichtungen sowie staatliche Bildungsanbieter. Hinzu kommt, dass dieser Markt stark expandiert und deshalb in seiner Dynamik nur schwer zu erfassen ist.

⊠ *Interview: Ein »sozialpädagogischer Mix«*

Angaben zur Tätigkeit

Geben Sie bitte eine kurze Beschreibung der Tätigkeit/Dienstleistung.
Mein Angebot besteht aus einem Mix von Intensiv-Seminaren zur Prüfungsvorbereitung für den kleinen Heilpraktiker-Schein; Selbsterfahrungsseminaren, in denen mit Percussion gearbeitet wird; Seminaren zur Körpererfahrung und Mediation; psychotherapeutischen Einzelberatungen; Motivation.

Welche Gründe waren ausschlaggebend für die Entscheidung, sich selbstständig zu machen?
Meine persönliche Lebenssituation, nämlich der Erziehungsurlaub, gab mir die Möglichkeit der Aufnahme der freiberuflichen Tätigkeit. Ich wollte gucken, ob es was für mich ist. Ich hatte verschiedene Ideen, die ich nicht länger für mich im stillen Kämmerlein behalten wollte, sondern die ich ausprobieren und unter die Leute bringen wollte. Ich wollte mein »Eigenes« machen, nicht länger im Clan eines Teams arbeiten. Mein Mutterdasein drängte mich nach einer neuen Betätigung. Ich habe meine freiberuflichen Angebote stets so empfunden, dass sie zu meinem Wohlbefinden beitragen und dass sie eher Energie geben als nehmen.

Persönliche und fachliche Qualifikationen

Welche persönlichen und fachlichen Eigenschaften und Fähigkeiten haben Sie mitgebracht?
Persönlich waren es meine Fähigkeiten zum strukturierten Vorgehen, eine gute Planung zu machen, sich nicht zu verzetteln und dass mir die selbstständige Arbeit einfach »liegt«. Ich stelle mich lieber Herausforderungen und bin immer auf der Suche, etwas Neues auszuprobieren.

Fachlich waren es das Studium der Sozialpädagogik, der kleine Heilpraktiker-Schein, die Gestaltausbildung, Erfahrungen im Joga, Erfahrungen mit Percussion-Instrumenten und insgesamt sehr vielseitige Erfahrungen. Durch den Erziehungsurlaub hatte ich einen gewissen finanziellen Freiraum; dies empfand ich persönlich als etwas ganz Wichtiges (s. S. 66).

Persönlich war es auch noch Flexibilität, die ich mitgebracht habe. Die Kunden von heute sind eher unverbindlich und daher musste ich ein großes Maß an Flexibilität mitbringen, was auch tatsächlich der Fall war.

Erfolgsfaktoren

Was sind Ihrer Meinung nach die wichtigsten Punkte, um in Ihrer Branche Erfolg zu haben? Erfolg ist hier in erster Linie in finanzieller Hinsicht gemeint, aber auch in persönlicher Hinsicht.
Strategisch gesehen war es, dass ich inzwischen eine Menge Hintergrundwissen und Informationen zu den Fragen der Heilpraktiker-Prüfung habe, dass ich mit meinem Angebot gerade in diesem Raum in eine Lücke gestoßen bin, meine Seminare ausbaufähig sind und ich mir einen Namen gemacht habe.

Persönlich ausschlaggebend war, dass in der freiberuflichen Tätigkeit ein sehr viel höheres Maß an Selbstdisziplin notwendig ist, als bei festen Arbeitszeiten. Dieses Maß an Selbstdisziplin ist bei mir vorhanden. Weiterhin wichtig ist, dass ich persönlich und fachlich in Bewegung bleibe, strukturiert planen und vorgehen kann, dass sich meiner Meinung nach durch meine Arbeit ein »roter Faden« zieht, und meine Fähigkeit, das Wesentliche vom Unwesentlichen zu trennen. Außerdem habe ich ein hohes persönliches Engagement …

Existenzgründungsberatung

Haben Sie eine Existenzgründungsberatung in Anspruch genommen? Waren weitere Personen, z.B. auch aus Ihrem Freundes- und Bekanntenkreis an Ihrer Entscheidung beteiligt bzw. haben Ihnen Rat gegeben?
Mein Lehrtherapeut hat mich beraten, da die Entscheidung für den kleinen HP-Schein eine doch sehr folgenreiche ist. Dadurch erhielt ich die Legitimation, offiziell Therapie anbieten zu können. Beratung fand auch im Freundeskreis und mit dem Ehepartner statt.

Wo sehen Sie grundsätzlich Beratungsbedarf?
Bei der Information darüber, was alles möglich ist. Es sollte die Möglichkeit geben, Leute kennen zu lernen, die unterschiedliche Sachen machen. Bei der Suche nach Ideen und Lücken. Als ich noch Studentin war, klang für mich das Thema Selbstständigkeit für SozialpädagogInnen als sehr exotisch. Wichtig wäre meiner Meinung nach, sich innerlich mit diesem Thema zu beschäftigen. Ich bezeichne meine freiberufliche Tätigkeit als ein »jahrelanges Zusammensuchen von Ideen und Informationen«.

Haben Sie Verbesserungsvorschläge/Empfehlungen für die derzeit praktizierte Gründungsberatung?
Nein.

Welche Perspektiven sehen Sie für die Selbstständigkeit/Existenzgründung im sozialen Bereich?

Ich finde es schwierig, diese Frage zu beantworten, aber ich sehe die Entwicklung weniger optimistisch. Ich denke, wenn man von der Freiberuflichkeit leben will, eventuell noch eine Familie zu ernähren hat, dann ist es sehr schwierig. Auf jeden Fall notwendig ist ein zweites Standbein. Ich finde es wichtig, den Zugzwang zu vermeiden, d.h. sich immer so viel Freiheit zu lassen, dass man Seminare absagen kann; ansonsten würde die Arbeit darunter leiden; besonders wichtig ist es in der Einzelarbeit, sich vorzuhalten, einen Klienten abzulehnen, wenn man mit ihm nicht arbeiten kann. Ich habe den Eindruck, dass immer mehr SozialpädagogInnen auf die Idee kommen, sich selbstständig zu machen. Ich meine, dass man gute Ideen braucht, um existieren zu können. In der Betreuung sehe ich eine Möglichkeit der Existenzgründung.«

(Schmidt 1998, Anhang)

⊠ *Praxis für Beratung, Sozialmanagement und Erwachsenenbildung*

Ille Prockl-Pfeiffer (Mutter von drei Kindern, Diplom-Sozialpädagogin und Med.-techn. Assistentin; Ausbildung in klientenzentrierter Gesprächsführung, Trainerin für das Effectivenesstraining nach Dr. Gordon [Familie und Frauen], Weiterbildungen in verschiedenen Therapieformen) in Herzogenaurach.

Das Angebot: Beratungen, Vorträge, Seminartage und Schulungen für Frauen, Firmen, Schulen, Kindergärten, Pfarrgemeinden und Gruppen mit Inhalten wie Gesundheitsvorsorge und Entspannung, pädagogische und gruppendynamische Begleitung bei Tagungen, Seminaren, MitarbeiterInnenschulungen, Incentivereisen, Elternabenden, Krisenintervention und Einzelgespräche, Sozialmanagement.

2.2.11 Gesundheitsdienste, -beratung und -pädagogik

Im Arbeitsmarkt des Jahres 2005 wird Jugendlichkeit einen weitaus größeren Vorteil bedeuten als im Jahr 1996. Im Zeitraum zwischen 1986 und 2000 ist (West-) Deutschland in der EU das Land, in dem die unter 35-Jährigen am stärksten abnehmen: um fast ein Viertel. Dieser Trend wurde bislang durch Rezession, deutsche Einigung und den Erwerbseintritt von geburtenstarken Jahrgängen (1958 bis 1967) überlagert. Nach 2000 wird die Zahl der Jüngeren, die das künftige Erwerbspersonenpotenzial stellen, nur noch geringfügig steigen. Das Arbeitsmarktgeschehen wird von einem Rückgang der mittleren Altersgruppe und dem Anwachsen der Älteren bestimmt sein.

Die skizzierten demographischen Entwicklungen sind nicht nur von arbeitsmarktpolitischer Relevanz, sie weisen darüber hinaus auch auf Nachfrageverschiebungen in den Gesundheitsdienstleistungen hin. Der Anstieg der Zahl älterer Menschen wird sich über die 90er-Jahre hinaus über die Jahrtausendwende fortsetzen. Die Gesamtbevölkerung der Bundesrepublik Deutschland wird bis zum Jahr 2010 etwa konstant bleiben und anschließend deutlich abnehmen. Im Rahmen dieser Entwicklung findet eine zunehmende Verschiebung der Altersstruktur statt. Die Zahl der Bundesbürger im Alter von 60 und mehr Jahren nimmt von 1990 bis 2010 um 26% zu, bis zum Jahr 2030 wird der Anstieg gar 50% betragen.

In vielen Gesundheits- und Pflegeberufen, einschließlich der Altenhilfe, zeichnet sich somit ein Gründungsboom ab. Besser als Rückzugsstrategien (Einsparungen bei Personal, Leistungen etc.) ist es, die Herausforderung aktiv mit der Entwicklung neuer Angebote und neuer Märkte anzugehen. In diesem Zusammenhang ist die wachsende Bedeutung von Prävention und Prophylaxe – in der Gesundheitsberatung im Allgemeinen und etwa in der Ernährungsberatung im Besonderen – besonders zu akzentuieren. Nach Aussagen des Bochumer Professors der Soziologie und Regierungsberaters Rolf Heinz gehe das Informationszeitalter zu Ende und der Wunsch nach möglichst langem, unbeschwertem Leben werde weltweit die nächste große Wachstumswelle auslösen (Wochenzeitung für das Pflegemanagement, 2.7.1999: »Fachleute: Gesundheitswesen gilt als die Zukunftsbranche«).

> »Gebremst würde dieser Trend, wenn die Kranken- und Pflegekassen den Gesundheitsboom allein finanzieren müssten. Sie müssten – die Krankenkassen noch eher als die Pflegekassen – höhere Beitrag verlangen. Doch das wäre ein schlechtes Signal für Wachstum und Beschäftigung, denn die Lohnnebenkosten würden steigen und die Arbeit verteuern. Sollen die PatientInnen von höheren Beiträgen und Zuzahlungen verschont bleiben, bietet sich nur ein Ausweg: Wachstum in den Bereichen, die nicht über die Gesetzliche Krankenversicherung und Pflegeversicherung finanziert werden. Differenzierte Angebote für gesundheitsbewusste SelbstzahlerInnen aus dem In- und Ausland sind folglich umso mehr gefragt.
> Wer nicht mindestens 20 Prozent außerhalb des staatlichen Systems verdient, ist in fünf bis sieben Jahren weg vom Fenster«, mahnt der Gelsenkirchener Unternehmensberater Roland Weigel, ein Spezialist für soziale Dienstleistungen, seine Kunden. Nachdem er in den Achtzigerjahren viele neue Pflegedienste bei der Gründung beriet, zählen nun neue Gesundheitsdienstleister vom Tanztherapeuten bis zum Ernährungsberater zu seinen Auftraggebern.« (Ebd.)

Die Überlappung herkömmlicher Berufsfelder ist auch hier konstituierendes Merkmal der Entstehung neuer Berufe. Ein besonders prägnantes Beispiel ist hier die Verbindung von Kunst, Medien und Therapie. Hier scheinen die Entwicklungsmöglichkeiten bei weitem nicht ausgeschöpft, wobei moderne Formen der Therapie in erheblichem Maße miteinander konkurrieren. Schwerpunkte in Bezug auf Wirksamkeit, Akzeptanz und entsprechende Nachfrage sind bislang nur schwerlich zu bestimmen.

⊠ *»Fasten, wandern, gesund fühlen«*
Diplom-Sozialpädagogin Brigitta Hoffmann ist Fastenwanderleiterin (FWV)

»Vor 280 Millionen Jahren begann die Entwicklung des Ginko. In Asien und Japan überlebte er als Tempelbaum. Dieses lebende Fossil, das seine apart gefächerten Blätter im Herbst abwirft, ist weder Nadel- noch Laubbaum. Er ist ein Mythos für ungebrochene Lebenskraft und ein Symbol für Erneuerung. In Hiroshima fing ein während des Atomangriffs beinahe völlig verbrannter Ginkobaum wieder an zu grünen.

Im Fasten – dieser Auszeit vom Essen – besinnen wir uns auf das Wesentliche. Wir erleben uns selbst und die anderen auf eine neue und intensivere Art, wir rücken unserem Kern näher, wir spüren plötzlich, welche Kraft doch in uns steckt.«

Frau Hoffmann möchte Menschen in die Schönheit und Fröhlichkeit des Fastens einführen. 1989 machte sie bei Christoph Michl, dem Initiator des Fastenwanderns in Deutschland, ihre erste Fastenwanderung – von Bozen nach Venedig. Sie reizte die Kombination von Fasten und Wandern, da sie einerseits eine zehnjährige Erfahrung im Alleinfasten hatte und andererseits eine begeisterte Bergwanderin war.

Das Fastenwandern ließ sie nicht mehr los. Sie versuchte jedes Jahr eine Fastenwoche einzuplanen, weil sie sich dadurch entlastet, gesund und froh fühlte. So entschloss sie sich 1997 für eine Zusatzausbildung zur Fasten-Wander-Leiterin, um anderen Menschen dieses Erlebnis zugänglich machen zu können.

Als Mitglied des Fasten-Wander-Vereins e.V. fördert und unterstützt sie die Ziele und Aufgaben des Vereins.

Seit 1994 gibt sie vegetarische Kochkurse, leitete im März 1998 ihr erstes Fastenseminar und führt Fastenwanderungen durch.

Frau Hoffmann vertritt die Meinung, dass sich nicht nur der Körper im Fasten entlasten und entgiften kann, sondern auch Seele und Geist bei Meditation, Mandala malen und Qi Gong zur Ruhe kommen können. Für den Intellekt gibt es Vorträge über Fastenthemen. Weitere Themen sind Aufbautage und Vollwerternährung.

(Kontaktadresse: Klötzlmüllerstraße 45c, 84034 Landshut, Tel. 0871/62912, Fax 0871/ 77115)

2.2.12 Tourismus, Freizeit und Sport

Im Jahr 1995 waren in der Bundesrepublik Deutschland im Freizeitbereich rund vier Millionen Personen erwerbstätig; lediglich ein Drittel dieser Erwerbstätigen war in der Warenproduktion tätig, zwei Drittel hingegen im Dienstleistungssektor. Die Sportverbände wiesen eine Mitgliederzahl von rund 25 Millionen aus (Foster/Adler 1996, S. 215). Es ist davon auszugehen, dass die zahlenmäßige Bedeutung dieses Beschäftigungssektors häufig noch nicht wahrgenommen wird.

Grundsätzlich sind folgende Entwicklungen zu beobachten, die den Stellenwert des Beschäftigungsbereiches Tourismus und Sport bestimmen und weiterhin erhöhen:

- neue Formen der Teilzeitarbeit bzw. Arbeitszeitverkürzungen;
- Zunahme beruflicher Reisetätigkeiten aufgrund der Internationalisierung der Märkte bzw. Wirtschaftsbeziehungen;
- Veränderung der Nachfrage nach Betreuung, Unterhaltung, Erlebnis und Kultur, insbesondere auf der Grundlage gestiegener Bildungsniveaus in der Bevölkerung (z.B. Erlebnispädagogik);
- Bewusstseinswandel in Teilen der Bevölkerung in Bezug auf Umwelt und Ökologie und damit verbundene Veränderungen des Freizeitverhaltens (z.B. »sanfter Tourismus«);
- die Situation auf dem Arbeitsmarkt stimuliert die Erfordernis der Bestimmung neuer Arbeitsfelder und Berufsbilder (a.a.O., S. 218).

Die berufliche Dimension der Freizeit ist noch nicht hinreichend erschlossen. Die herkömmliche Trennung von Freizeit und Beruf sowie die Strukturen der weitgehend ehrenamtlichen Wahrnehmung von Aufgaben haben ein zeitgemäßes Verständnis eines der größten Wachstumsfelder der letzten Jahre bislang nur in Ansätzen entstehen lassen. Zwar gibt es in diesem Bereich eine Vielzahl von Berufen mit langer Tradition (insbesondere im Beherbergungsgewerbe), doch sind im Zusammenhang mit der Ausformung von Massen- und Pauschaltourismus, Zunahme des Breitensports mit einer Vielzahl und Vielfalt neuer Ausprägungen sowie einer Ausweitung des sozialen und kulturellen Angebotes zahlreiche »junge« Berufe entstanden, wobei diese Entwicklung vielfach nicht mit der Gestaltung von Berufsbildern verbunden war.

Das Bundesinstitut für Berufsbildung führt seit 1995 ein Forschungsprojekt mit dem Thema »Grundlagen für die berufliche Qualifizierung in der Freizeitwirtschaft« durch. Das wichtigste Ergebnis der Arbeiten des BIBB ist darin zu sehen, »dass es sich hier angesichts der veränderten Beschäftigungs- und Ausbildungsstrukturen um ›neue‹ Beschäftigungsbereiche handelt und ein Bedarf nach qualifiziertem Personal sowohl seitens der einschlägigen Unternehmen, der kommunalen bzw. regionalen Stellen, der Bundesländer und der Non-Profit-Organisationen (Verbände, Vereine) vorhanden ist« (a.a.O., S. 213).

Daten und Informationen über die selbstständige oder gar freiberufliche Wahrnehmung einzelner Berufe im Freizeit- und Sportsektor liegen nicht vor. Nähere Angaben können zum derzeitigen Stand der Entwicklung nur über einzelberufliche Untersuchungen erschlossen werden.

Berufsfelder und Berufsbilder im Bereich Freizeit, Sport und Tourismus sind nicht nur von einer außerordentlichen Vielfalt der Ausformungen geprägt, sondern auch von einer deutlichen quantitativen Dominanz der primären Dienstleistungen. Freiberufliche Tätigkeiten sind vorwiegend bei den Reise- und Tagungsveranstaltungen, insbesondere auch unter den sozialpädagogischen oder pädagogischen Berufen im Tourismus zu vermuten.

2.2.13 Randzonen und berufsfremde Gebiete

Eine Grenzziehung zwischen genuinen Arbeitsfeldern und Berufsbildern von Sozial-pädagogInnen und SozialarbeiterInnen ist nicht möglich. Nach vorliegenden Er-kenntnissen haben zahlreiche Berufsangehörige herkömmliche Arbeitsgebiete verlas-sen oder sich in Randzonen angesiedelt. Nicht selten winken dort bessere Bezahlung und Aufstiegschancen. Was für abhängig Beschäftigte gilt, kann auch auf die Selbst-ständigen übertragen werden. Im Rahmen von Recherchen für dieses Buch wurden SozialarbeiterInnen und SozialpädagogInnen im Bereich IT, in der Kultur oder auch in der Gastronomie aufgespürt; aber auch der Freizeitbereich scheint eine zuneh-mende Anziehungskraft auszuüben. Auch hier gibt es kombinierte Dienstleistungen, wie etwa Medizin und soziale Pädagogik.

Was ist nun mit »Randzonen« gemeint? Darunter verstehen wir Arbeitsfelder, die neben der sozialen Pädagogik oder Arbeit auch andere Fachgebiete in erheblichem Maße mit einbeziehen. Hier einige Beispiele:

- Kulturmanagement,
- Evaluationsberatung,
- Qualitätsmanagement,
- Schuldnerberatung,
- Bewerbungstraining,
- Pflege, mobile soziale Dienste für Senioren oder auch
- Naturpädagogik, thematische Stadt- und Naturführungen und schließlich
- journalistische/publizistische Tätigkeit.

⊠ Geschäftsidee: Erledigungs-Service

Eigenkapital
0 DM bis 10.000 DM

Gewinnerwartung
10.000 bis 50.000 DM/Jahr

Firmenprofil
Sei es, weil ihr Job sie zu sehr beansprucht, sei es, weil sie krank sind und selber nicht aus dem Haus können – viele Menschen kommen nicht dazu, wichtige Dinge selbst zu erledigen. Der Erledigungs-Service springt ein und bietet Dienstleistungen aller Art an.

Standort
Als Standort kommen vor allem Großstädte infrage. Denn dort ist die Nachbar-schaftshilfe nur wenig entwickelt. Um die Betriebskosten so gering wie möglich zu halten, kann der Service von der Wohnung aus gestartet werden.

Ausstattung

Als Grundausstattung braucht der Existenzgründer ein Telefon mit Anrufbeantworter sowie ein Funktelefon. Denn für die Dienstleistung ist es besonders wichtig, jederzeit erreichbar zu sein. Notwendig ist darüber hinaus ein Computer, um Abrechnungen zu erstellen und Rechnungen schreiben zu können.

Kundenprofil

Als Kundengruppen kommen drei Zielgruppen infrage: Betriebe, die für außergewöhnliche Aufgaben Aushilfen suchen, Berufstätige, die für Besorgungen und Behördengänge keine Zeit haben, sowie Kranke und gehandikapte Menschen, die kurzzeitig Hilfe benötigen.

Sonstiges

Der Erledigungsservice muss flexibel sein. Denn das Spektrum der anfallenden Jobs ist groß: Es reicht von der Aktenvernichtung bis zur Kellerentrümpelung. Um größtmögliche Flexibilität bieten zu können, sollte der Service auch über freie Mitarbeiter verfügen, die kurzfristig aktiviert werden können.

(WISO-Geld-Tipps 1997)

⊠ *Relocation-Service*

Dieser Service bietet Führungskräften bei einem Start in einer anderen Stadt (als Beispiel hier Berlin) einen persönlichen Komplettservice an. Die Personalabteilungen und MitarbeiterInnen werden von Zeit raubenden Telefonaten mit WohnungsanbieterInnen, Besichtigungen, der Wohnungssuche generell und Behördengängen insbesondere entlastet. Zusätzlich übernommen werden Umzugsorganisation, die Suche nach Kindergärten, Ummeldung des Autos, aber auch Dinge wie Anmeldungen bei den Ver- und Entsorgungsunternehmen und Telefonanschluss oder Schulanmeldungen für Kinder.

Die Betreuung ermöglicht es den Führungskräften, sich sofort und weitgehend ungestört den eigentlich beruflichen Aufgaben widmen zu können. Ein durchschnittliches Dienstleistungsbündel kostet etwa 3.000 DM (F.A.Z, 16.12.1994, »Das aktuelle Thema«).

Bei der Entscheidung, einer selbstständigen Tätigkeit nachzugehen, sind verschiedene Dinge zu beachten. Grundsätzlich wird die Wahl des Feldes durch den vorhandenen Bedarf bestimmt. Ohne hier auf die einzelnen Bereiche näher einzugehen, lässt sich im engen Zusammenhang mit der gesellschaftlichen Entwicklung ein Anstieg des Bedarfs in verschiedenen Tätigkeitsfeldern prognostizieren – regional bzw. stadtteilspezifisch differenziert.

Der einzelne Sozialarbeiter hat letztendlich zu entscheiden, welches finanzielle Risiko er eingehen möchte. Grundsätzlich unterliegen die beschriebenen Gesetze ebenfalls Veränderungen, sodass Leistungsbereiche wegfallen, aber eben auch neu entstehen können.

Gerade in Teilbereichen des BGB und FGG ist ein die Finanzierung deckender Bedarf wahrscheinlich nur in Großstädten vorhanden. Sinnvoll ist es hier, in sich überschneidenden, verschiedenen Tätigkeitsfeldern zu arbeiten, z.B. Betreuungen nach § 1896 BGB und Verfahrenspflegschaften nach den §§ 67 und 70b FGG.

Auch bei vorhandenem ausreichenden Bedarf ist es sinnvoll die Selbstständigkeit nicht auf der Grundlage eines einzigen Leistungsgesetzes aufzubauen. Auch im Bereich von KJHG und BSHG bieten sich konzeptionell schlüssige Kombinationsmöglichkeiten an, z.B. der Erziehungsbeistandschaft nach § 30 KJHG und der Betreuung nach § 72 BSHG.

Die Wahl sollte vornehmlich auf die Felder fallen, die noch gar nicht oder nicht bedarfsdeckend von anderen freien Trägern besetzt sind. Falls der Markt bereits gesättigt ist, besteht natürlich auch die Möglichkeit, über einen entsprechenden Ortswechsel günstigere Voraussetzungen zu schaffen. Hier braucht es eine gewisse Anlaufzeit, sowohl einen direkten sowie einen institutionellen Zugang aufzubauen, eine volle Auslastung ab dem ersten Tag der Selbstständigkeit dürfte daher eher die Ausnahme sein.

Den Schritt in die Selbstständigkeit sollte man nicht übereilen, sondern aus einem gesicherten Angestelltenverhältnis heraus Kontakte knüpfen, den Bedarf einschätzen und die regionalen Besonderheiten kennen lernen. Weiterhin sollte dieser Schritt nicht in einem Zug, sondern – soweit möglich – eine langsame Reduzierung der Stunden beim Arbeitgeber bei gleichzeitiger Erhöhung der selbstständigen Tätigkeit angestrebt werden.

Auch diese Überlegungen zur Wahl des Feldes und der Gestaltung einer idealen Herangehensweise sollen nicht darüber hinwegtäuschen, dass die Voraussetzung aller langfristig erfolgreichen sozialarbeiterischen Selbstständigkeit eine qualitativ gute Alltagsarbeit mit all den dazugehörenden Kenntnissen und Fähigkeiten ist.

(Krüger/Schmitt o.J., S. 93)

2.2.14 Verdienstmöglichkeiten

Bei freien MitarbeiterInnen wird ein sehr unterschiedliches Honorar bezahlt, während Anstellungsverhältnisse im öffentlichen Dienst meist einheitlich nach dem BAT vergütet werden. Unterschiedlich ist auch das Einkommen bei privat-gewerblichen Trägern und bei den selbstständigen SozialpädagogInnen/SozialarbeiterInnen (Bundesanstalt für Arbeit 1997, S. 112).

Freiberufliche SozialpädagogInnen und SozialarbeiterInnen orientieren ihre Honorarforderungen meist an denen vergleichbarer Dienstleister (LehrerInnen, TherapeutInnen u.a.) oder sie bilden ihre Vergütungen nach Vereinbarung, also auf dem Wege individueller Vereinbarungen. Es gibt auf dem freien Markt keine verbindlichen Honorarordnungen. Ausnahmen sind bei Kinder- und JugendlichenpsychotherapeutInnen oder BerufsbetreuerInnen zu finden. Die Honorarfindung wird durch vermehrte Konkurrenz im sozialen Bereich erschwert: »Kampf ums Überleben«; »Dumpingpreise«. Zu berücksichtigen ist jedoch auch die allgemeine wirtschaftliche Lage, die zunehmend durch z.B. kommunale Haushaltskürzungen (niedrigere Pflegesätze und Fachleistungsstunden etc.) gekennzeichnet wird. Die Auswirkung externer Faktoren auf eventuelle Honorarforderungen sollte nicht unterschätzt werden, aber auch nicht in defensives Preisverhalten münden.

Honorare für SupervisorInnen etwa (siehe Abschnitt 2.2.5) schwanken beträchtlich, je nachdem, ob es sich um Einzel- oder Gruppensupervision handelt. Wer seine Dienste für unter 100 DM offeriert, wird leicht des Dumpings bezichtigt; 100 DM bis 120 DM werden für eine Einzelsitzung verlangt; bei 250 DM für eine Eineinhalb-Stunden-Sitzung mit einer Gruppe liegt etwa das Mittel der Stundensätze. In anderen Bereichen – beispielsweise beim Coaching oder in der Organisationsberatung – sind teilweise sehr viel höhere Verdienstmöglichkeiten gegeben.

2.2.15 (K)ein Exkurs: Franchising auch für SozialpädagogInnen

»Unter einem Franchise-Stystem versteht man eine Betriebsform, in welcher rechtlich selbstständige Unternehmer unter einem einheitlichen Organisations-, Beschaffungs- und Absatzkonzept am Markt auftreten.« (Herz 1997, S. 178)

Franchisenehmer sind grundsätzlich keine unabhängig Selbstständigen, da hier eine erhebliche Abhängigkeit von Franchisegebern vorliegt. Dennoch soll diese Variante der Gründung erläutert werden, da nach vorliegenden Erkenntnissen über Fast-Food-Ketten oder Bekleidungsunternehmen hinaus etwa auch im Bildungssektor zunehmend Franchising praktiziert wird (siehe Gründungsbeispiel »Computerschule für Kinder«).

In Deutschland gibt es seit etwa dreißig Jahren Franchise-Systeme. Sie haben sich seitdem in vielen Wirtschaftsbereichen etablieren können (Altmann 1996, S. 1). Die wirtschaftliche Bedeutung des Franchising nimmt unvermindert zu. Hierbei handelt es sich um eine vertikal-kooperative Organisationsform (d.h., die kooperierenden Unternehmen agieren in einem Über- bzw. Unterordnungsverhältnis, das auf der entgeltlichen Überlassung von Know-how und gewerblichen Schutzrechten des Franchisegebers an Franchisenehmer basiert). Die Kooperationspartner sind hierbei rechtlich selbstständig. Ihre vertragliche Zusammenarbeit erstreckt sich regelmäßig über mehrere Jahre.

Weitere Kennzeichen des Franchising sind:

● Kooperation rechtlich selbstständiger Unternehmen: Die Kooperationspartner arbeiten auf eigenen Namen und für eigene Rechnung. Auch die Franchisenehmer stellen rechtlich selbstständige Kaufleute dar, die das wirtschaftliche Risiko ihres Betriebes selber zu tragen haben.

- Vertragliches Dauerschuldverhältnis: Die Zusammenarbeit ist längerfristig angelegt. Die vertraglichen Leistungsverpflichtungen richten sich nach der Dauer des Vertragsverhältnisses.
- Einheitlicher Marktauftritt: Die Einheitlichkeit von Markennamen, -zeichen, -image und Dienstleistungsangebot sowie die Einhaltung des systemkonformen Verhaltens dienen der Bildung beziehungsweise dem Ausbau einer gemeinsamen Systemreputation, d.h. einer einheitlichen Wahrnehmung durch Verbraucher.
- Weisungs- und Kontrollsystem: Zur Sicherung des einheitlichen Marktauftritts ist der Systemgeber berechtigt, die ordnungsgemäße Führung der angeschlossenen Franchisebetriebe zu überprüfen und die strategische Ausrichtung des Gesamtsystems festzulegen.
- Arbeitsteiliges Leistungsprogramm: Es bestehen sowohl für den Systemgeber als auch für den Franchisenehmer vertragliche Leistungspflichten. Die Systemzentrale stellt im Rahmen des so genannten Franchise-Pakets seinen Franchisenehmern ein Beschaffungs-, Absatz- und Organisationskonzept sowie die Nutzung der Systemreputation zur Verfügung. Sie gewährt ein erprobtes Know-how und bestehende gewerbliche Schutzrechte, bildet ihre Vertragspartner aus und verpflichtet sich, diese aktiv und laufend zu unterstützen sowie das Franchisekonzept ständig weiterzuentwickeln. Der Franchisennehmer hat das Recht und die Pflicht, dieses Franchisepaket gegen Entgelt zu nutzen (Skaupy 1987, S. 4).

Im Zusammenspiel der dargestellten Charakteristika hebt sich das Franchising von anderen Kooperationsformen eindeutig ab. Wenngleich der jeweilige Umfang gegenseitiger Leistungsverpflichtungen zwischen den einzelnen Franchise-Systemen variiert, sind dennoch typische Leistungsbeziehungen zwischen den Kooperationspartnern festzustellen.

Leistungen des Franchisegebers:

- Unterstützung bei Planung, Aufbau und Einrichtung des Franchise-Betriebs: Hierunter fallen Leistungen wie Standortanalyse und -auswahl, vorvertragliche Ausbildung und Einarbeitung des Franchisenehmers, Hilfen bei Vertragsverhandlungen oder auch die Unterstützung bei Finanzierungsfragen und Aktivitäten in der Eröffnungsphase des Betriebs.
- Überlassung von Nutzungsrechten: Diese umfassen gewerbliche Schutzrechte wie Patente, Dienstleistungsmarken, Gebrauchsmuster, Waren-, Bild- und Wortzeichen sowie das systemeigene Know-how.
- Betriebswirtschaftliche Dienstleistungen: Die Bandbreite dieser Leistungen ist vielgestaltig. Das Leistungsangebot erstreckt sich über Buchführung und Rechnungswesen bis hin zur Unterstützung bei Werbeaktivitäten.
- Weiterentwicklung des Systems: Der Franchisegeber legt als Systemführer in den so genannten Richtlinien und Grundsätzen die strategische Ausrichtung des Gesamtsystems fest. Sein Leistungsprogramm umfasst die Entwicklung, Pflege und Anpassung der Marktstrategie, die Ausrichtung der Werbung u.a.

Leistungen des Franchisenehmers:

- Einhaltung der Systemstandards: Franchisennehmer verpflichten sich zur Abnahme des franchisierten Leistungsprogramms und zur Anwendung der Systemrichtlinien.
- Gebühren: Diese stellen die Vergütung für die übertragene Systemleistung dar. Sie sind in eine Eintrittspauschale und eine fortlaufend zu entrichtende Franchise-Gebühr zu unterteilen, die zumeist umsatzabhängig gestaltet ist oder als Aufschlag in den Preisen der gelieferten Vertragsleistungen berücksichtigt wird.
- Unternehmerisches Engagement: Franchisenehmer verpflichten sich, unter Anwendung der Systemkonzeption als Unternehmer ihre persönliche Arbeitskraft sowie ihre lokalen Kenntnisse und Erfahrungen in vollem Umfang einzusetzen und eine aktive Verkaufspolitik zu betreiben.
- Information: Ein Franchisenehmer übermittelt der Systemzentrale Informationen über lokale Marktentwicklungen und stellt ihr Betriebsdaten zur Verfügung (Wessels 1992, S. 118–137).

Dabei sind nicht detailliert dargelegte Leistungsinhalte bzw. ein konkreter Leistungsaustausch Gegenstand der vertraglichen Vereinbarungen. Beispiel für Franchising:

⊠ *Geschäftsidee: Computerschule für Kinder*

Eigenkapital
10.000 DM bis 50.000 DM.

Gewinnerwartung
10.000 bis 50.000 DM/Jahr.

Firmenprofil
»Profikids« – altersgerechte Heranführung von Kindern (4 bis 14 Jahren) an den Computer und ausgewählte Programme, Schulausstattung, Computer und Programme.

Standort
Mittlere bis große Städte.

Ausstattung
Räume mit einer Grundfläche zwischen 50 und 120 Quadratmeter; Schulausstattung, Computer und Programme.

Kundenprofil
Kinder und Jugendliche.

Sonstiges
Der Franchise-Geber ist Mitglied im Deutschen Franchise-Verband. Franchisegebühr ca. 17.000 DM, laufende Gebühr 8% vom Umsatz (siehe unten).

(WISO-Geld-Tipps 1997)

3. Bin ich ein(e) Unternehmer(in)?

3.1 UnternehmerInnen-Profil

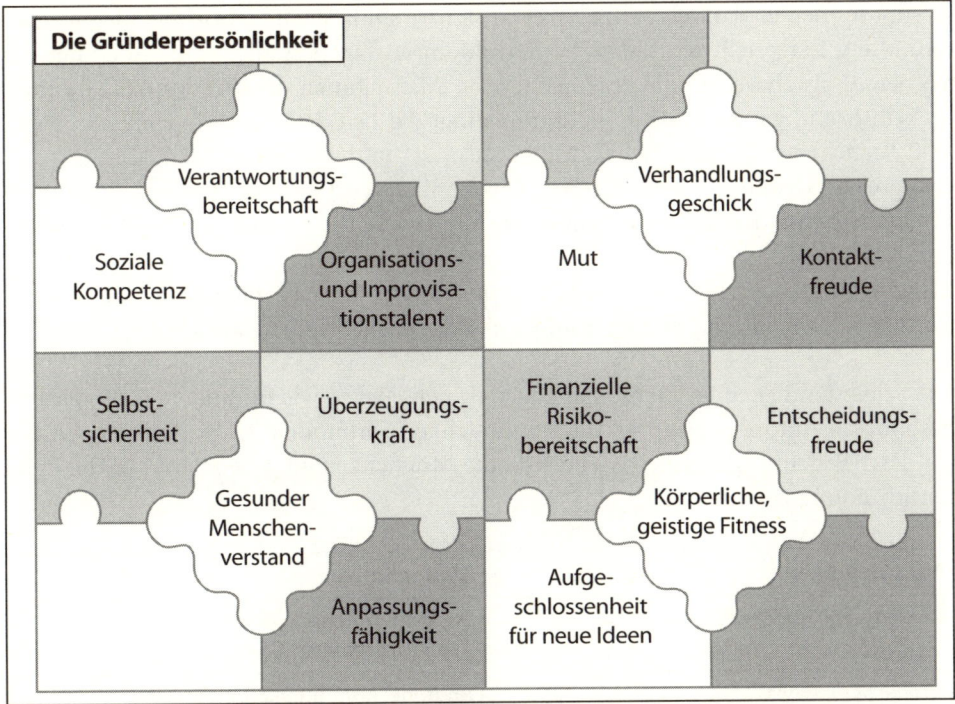

Der Erfolg eines Unternehmens hängt in erster Linie von der Person des Gründers ab, deshalb ist es wichtig, dass sich der potenzielle Gründer über seine Eignung zum Unternehmer im Klaren ist. Eine allgemein gültiges Profil für einen erfolgreichen Unternehmer gibt es nicht, aber ein Existenzgründer hat trotzdem bestimmte Punkte zu beachten:

Umfeld
Durch eine Existenzgründung ändert sich das Verhältnis des Gründers zu seinem Umfeld. Er hat im Allgemeinen weniger Zeit für seine Familienangehörigen und Freunde. Um spätere Konflikte zu vermeiden und vor allem um Unterstützung von-seiten des Umfelds zu erlangen, ist dieses schon frühzeitig in seine Pläne mit einzu-binden (vgl. Herz 1997, S. 13).

Überdurchschnittliche Leistungsfähigkeit

Vom Gründungswilligen wird eine überdurchschnittliche Leistungsfähigkeit gefordert. Diese umfasst sowohl die psychische als auch die physische Belastbarkeit des Gründers. Um die physische Belastbarkeit zu testen, ist es empfehlenswert einen Gesundheits-Check durchführen zu lassen. Die psychische Belastbarkeit beinhaltet u. a. die Eigenschaften Risikobereitschaft und Entscheidungsfreude.

Fachliche Voraussetzungen

Des Weiteren muss der Gründer bestimmte fachliche Voraussetzungen erfüllen. So ist zunächst zu klären, welche Abschlüsse, Zeugnisse oder sonstige Nachweise für die Ausübung der geplanten Tätigkeit erforderlich sind. Wenn schon bei Beginn der Gründung festgestellt wird, dass Weiterbildungsbedarf besteht, sollte unbedingt die Vorbereitungsphase für die entsprechenden Maßnahmen genutzt werden, da man als Selbstständiger am Anfang nicht unbedingt die Zeit dafür aufbringen kann. Auch sind Branchenerfahrung, mehrjährige Führungs- und praktische Erfahrung für eine erfolgreiche Gründung unabdingbar. Letztendlich wird auf gut fundierte kaufmännische/betriebswirtschaftliche Kenntnisse hingewiesen (vgl. Collrepp 1998, S. 6).

Erstellen Sie Ihr eigenes Persönlichkeitsprofil, indem Sie sich anhand des Rasters auf S. 80 selbst einschätzen, um Ihre Stärken und Schwächen besser zu erkennen.

Die Selbstständigkeit ist für SozialpädagogInnen ebenso wie für andere Gründer mit besonderen Anforderungen an die Persönlichkeit verbunden. Es ist deshalb von besonderer Bedeutung, dem eigenen »Ich« die Möglichkeit zu geben, sich auf die Existenzgründung vorzubereiten:

Anforderungen	Maßnahmen
Konflikt- und Stressbewältigung	Entspannungstechniken, Selbstsicherheitstraining
Soziale Kompetenz	Rhetorik, Kommunikationstraining, Konflikttraining
Management-Fähigkeiten	Teamarbeit, Zielfindung/Problemlösung, Organisieren und Planen, Führen und Kontrollieren
Erfahrungsaustausch, Fortbildung	Erfahrungsgruppen, Supervision, gezielte Fortbildung
Selbstbeobachtung und -analyse, Selbstevaluation	Selbsterfahrung, Selbstkonzept, Verhaltensänderung

Suchen Sie Kontakt zu anderen selbstständigen SozialpädagogInnen, besprechen Sie regelmäßig Ihre gemeinsamen Probleme und Erfahrungen!

Selbsteinschätzung (Die folgende Beurteilung funktioniert nach dem Schulnotenprinzip)	Note				
	1	**2**	**3**	**4**	**5**
Ich bin ehrgeizig					
Ich kann mich mündlich gut ausdrücken					
Ich kann schriftlich gut formulieren					
Ich besitze Organisationstalent					
Ich bin freundlich und hilfsbereit					
Ich habe gute Einfälle					
Ich bin entscheidungsfreudig					
Ich bin kontaktstark					
Ich besitze in starkes Durchhaltevermögen					
Ich bin kooperativ					
Ich behalte bei Stress den Überblick					
Ich übernehme gerne Verantwortung					
Ich arbeite gerne selbstständig					
Ich möchte mitgestalten					
Ich bin offen für neue Erfahrungen					
Ich bin für Veränderungen aufgeschlossen					
Ich kann mich ganz gut durchsetzen					
Ich ergreife öfter die Initiative					
Ich bin selbstsicher					
Ich sage offen meine Meinung					
Ich kann Fehler eingestehen					
Ich kann zuhören					
Ich komme mit anderen gut zurecht					
Ich vermeide Konflikte					
Ich bin lernbereit					

(List 1997, S. 45)

3.2   Prüfen Sie Ihre Eignung

Der entscheidende Schlüssel zum Erfolg oder Misserfolg Ihres Unternehmens liegt gerade bei der Gründung und in den ersten Jahren der Geschäftstätigkeit in Ihnen selbst. So sollten Sie nicht nur Ihr Konzept überprüfen, sondern vor allem auch Ihre persönliche Eignung, Ihre Fähigkeiten und Ihre Voraussetzungen einer kritischen Selbstanalyse unterziehen.

Das typische Profil eines erfolgreichen Selbstständigen lässt sich mit den folgenden Eigenschaften umreißen:

- hohe Leistungsmotivation; Wille, sich mit anderen zu messen,
- starkes Unabhängigkeitsstreben,
- Vertrauen in die eigenen Möglichkeiten, den eigenen Erfolg: »Ich schaffe das«,
- soziale Initiative, Geselligkeit, »soziale Kompetenz«,
- Begeisterungsfähigkeit für neue Ideen,
- hoher Individualismus, geringe Normenorientierung,
- Flexibilität, Spontanität,
- gesunder Menschenverstand,
- Systemdenken: Fähigkeit, komplexe Probleme auch auf Basis unzureichender Informationen lösen zu können,
- Kreativität: Entwicklung von Ideen, Visionen,
- körperliche Fitness, um über einen längeren Zeitraum hinweg ein hohes Arbeitspensum durchzustehen,
- Berufserfahrung, möglichst einschlägige Branchenerfahrung.

3.3   Noch Fragen? Die häufigsten Pleiteursachen

Hier finden Sie die sieben häufigsten Pleiteursachen aufgelistet. Bestimmen Sie die richtige Reihenfolge durch Zuordnung von Rangziffern (häufigste Ursache = 1):

Informationsdefizite	
Überschätzung der Betriebsleistung	
Familienprobleme	
Qualifikationsmängel	
Äußere Einflüsse	
Finanzierungsmängel	
Planungsmängel	

(Die Lösungen finden Sie im Anhang, S. 186.)

4. Idee und Konzept

4.1 Das Unternehmenskonzept

Trotz vieler Spezifika sind sozialpädagogische GründerInnen in vielerlei Hinsicht »normale Selbstständige«. Dies gilt vor allem in Bezug auf das Unternehmenskonzept. Ein schlüssiges Konzept ist die Basis für jedes erfolgreiche Unternehmen. Inwieweit das Konzept nur im Kopf strukturiert oder exakt und detailliert zu Papier gebracht wird, ist weitestgehend der Person des Gründers überlassen (Bornmann 1997, S. 18ff.).

Sobald Niederlassungswillige aber mit ihren Ideen an die Öffentlichkeit gehen, beispielsweise bei der Bank einen Kredit oder Fördermittel beantragen möchten, muss das Unternehmenskonzept in schriftlicher Form zur Einsicht und Bewertung vorgelegt werden. Dieses schriftliche Unternehmenskonzept ist ein wesentlicher Bestandteil einer Existenzgründungsberatung. Folgende zentrale Inhalte sind unbedingt zur Bewertung eines Gründungsvorhabens im Unternehmenskonzept zu verankern:

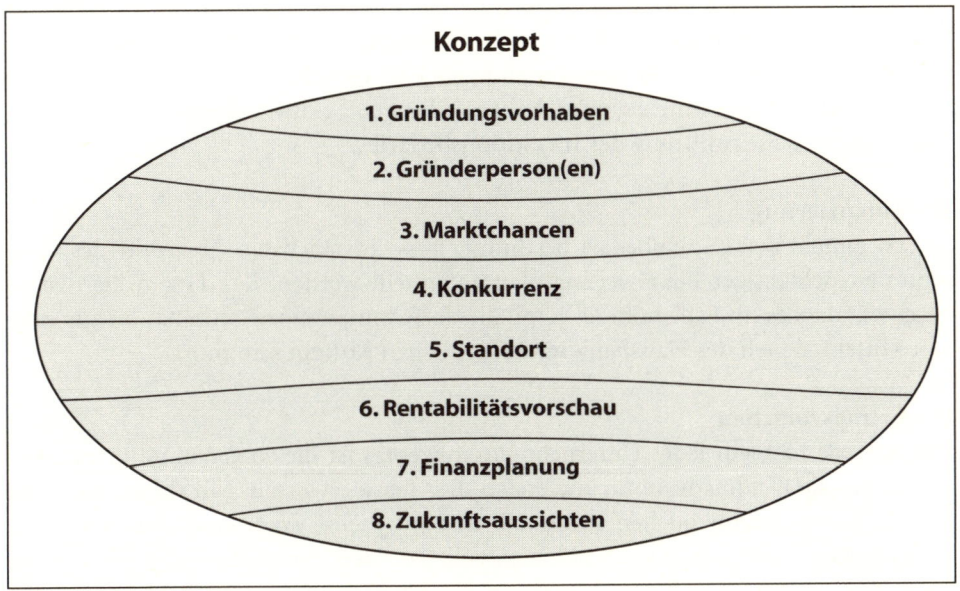

Die Gründungsidee

Zunächst muss die Gründungsidee beschrieben werden. Hierbei kommt es darauf an, möglichst exakt und verständlich die wesentlichen Elemente der zukünftigen selbstständigen Tätigkeit detailliert und genau darzustellen.

Die Person

Bei der Charakterisierung der Person des Existenzgründers ist die Frage zu beantworten, ob der Gründer die fachlichen, physischen und mentalen Voraussetzungen besitzt, um die beschriebene Gründungsidee überhaupt in die Tat umzusetzen zu können. Die nackte Auflistung des beruflichen Werdegangs lässt nur wenig Rückschlüsse auf unternehmerische Fähigkeiten zu. Wichtig sind Hinweise auf bisherige Führungserfahrungen, physische Belastbarkeiten, familiäre Unterstützung und ähnliche persönliche Einschätzungen. Allgemeine Anhaltspunkte zur Persönlichkeitseinschätzung erhält man häufig in vorbereitenden Seminaren für Existenzgründer.

Der Standort

In einem eigenen Abschnitt muss der Standort des Unternehmens beschrieben werden. Rund 80% der Existenzgründer beginnen ihre selbstständige Tätigkeit von zu Hause aus, insbesondere im Dienstleistungsbereich bzw. in den freien Berufen. Je nach dem Tätigkeitsfeld ist die Bewertung des Standortes sehr differenziert zu betrachten. Der Start aus der eigenen Wohnung heraus ist für diejenigen interessant, die nicht zu Beginn bereits mit verstärktem Besucherverkehr zu rechnen haben. Sobald das Unternehmen mit Öffentlichkeitsverkehr rechnen muss, sind die Standortfragen auf die Infrastruktur, die Verkehrsanbindung, die Parkmöglichkeiten usw. auszudehnen. Für die objektive Bewertung des Unternehmensstandortes sollte die Hilfe eines externen Beraters in Anspruch genommen werden. Derartige Spezialisten findet man in der Regel in den zuständigen Fachverbänden. Diese Berater helfen auch bei der für das Unternehmenskonzept dringend notwendigen Markteinschätzung und bei der Ermittlung des Investitionsbedarfes.

Die Finanzierung

Ist erst einmal der Kapitalbedarf bestimmt, muss im nächsten Abschnitt des Konzeptes ein schlüssiger Finanzierungsplan aufgestellt werden. Bei diesem Plan ist zu beachten, dass es im Falle höherer Kapitalbedarfe immer eine Kombination aus eigenen Mitteln, denen der Hausbank und öffentlichen Mitteln sein muss.

Die Ertragsvorschau

Das zentrale Element jedes Unternehmenskonzeptes ist die so genannte Ertragsvorschau, die die Geldinstitute für die ersten drei Jahre erwarten. Mit dieser Vorschau müssen alle Einnahmequellen vorgestellt und möglichst exakt beschrieben werden. Es genügt nicht, fiktive Umsatzzahlen aufzulisten. Jede Zahl sollte durch Vergleichswerte der Branche, durch Abschätzungen der Marktsituation, durch Maßnahmekataloge und individuelle Hinweise auf spezielle Aktionen nachvollziehbar werden.

Alle Kostenfaktoren müssen wertmäßig dargestellt und in wenigen Sätzen begründet werden. Anhand der Darstellungen in der Ertragsvorschau muss ein Gutachter die Tragfähigkeit des Unternehmenskonzeptes ableiten können. Aus den dargelegten Umsatzgrößen und Kostenfaktoren müssen bestimmte inhaltliche und organisatorische Maßnahmen zur langfristigen Stabilisierung des Unternehmens abgeleitet werden. Sie werden im Unternehmenskonzept als Maßnahmenplan aufgelistet. Diese Maßnahmen können beispielsweise Aktivitäten im Bereich des Marketing, der Personalführung, der Kundenbetreuung oder der langfristigen Investitionsziele sein.

Handlungsempfehlungen

Wenn das Unternehmenskonzept mit den beschriebenen Punkten erstellt ist, sollte jedes Element mit konkreten Handlungsempfehlungen spezifiziert werden. Diese Pläne können dann gleichzeitig der Fahrplan für den Existenzgründer sein, um in einem überschaubaren Zeitraum seine tragfähige Existenz zu erreichen.

4.2 Die Elemente des Gründungskonzeptes

Gründerperson	Lebenslauf Relevante berufliche Kenntnisse und Erfahrungen
Idee und Angebot	Unternehmenszweck und Dienstleistungsidee Marktbeschreibung und -entwicklung Problem der potenziellen Abnehmer von Dienstleistungen Ihre Dienstleistung als Problemlösung Geschäftssystem: Wie werden Erträge realisiert? Zukunftserwartungen
Dienstleistung	Exakte Beschreibung der angebotenen Dienstleistung
Rechtsform und evtl. Kooperationen	Rechtsformwahl mit Begründung (Haftung, Finanzierung, steuerliche Aspekte u.a.)
Markterschließung und Marketing	Marktgröße/-struktur, Marktchancen Kundenbedürfnisse Konkurrenzanalyse Bestimmung der Wettbewerbsvorteile Standortbestimmung Marketingstrategie, insbesondere Werbung Preisgestaltung Betreuung der Kunden
Realisierungsfahrplan	Zeitplanung, Bestimmung der Schritte und der Inhalte der Umsetzung
Bestimmung der Risiken	Wo sind die Schwachstellen? Welche Maßnahmen werden zu deren Behebung ergriffen?
Finanzierung	Finanzplan mit Erfolgsrechnung und Gesamtkapitalbedarf Liquiditätsplanung

Wie beurteilen Sie die Chance Ihrer Geschäftsidee?		
Fragestellung	untersucht?	positiv/ negativ/ neutral?
Existieren im Markt bereits ähnliche oder gleichartige Unternehmen?		
Was macht Sie so sicher, dass auch Sie es schaffen werden?		
Ist der Standort dafür grundsätzlich geeignet?		
Existiert die Zielgruppe für Ihr Angebot an diesem Standort?		
Hat die Dienstleistung wirklich einen Markt oder ist das nur Ihre Meinung?		
Reicht das Kaufkraftvolumen Ihrer Zielgruppe aus, die von Ihnen gewünschten Umsätze zu realisieren?		
Bieten Sie mindestens das gleiche Niveau wie Ihre dort ansässigen Konkurrenten?		
Wie ist in der betreffenden Branche die Entwicklung in den letzten Jahren verlaufen?		
Welche Marktprognosen gibt es und wie schätzen Sie die Entwicklung ein?		
Wie hoch müsste Ihr minimales, wie hoch Ihr maximales finanzielles Engagement sein?		
Welche Mittel benötigen Sie von Fremdkapitalgebern?		
Wie lange brauchen Sie, bis der Kapitaleinsatz wieder erwirtschaftet ist?		

(Erfolgreich selbständig. Handbuch für den erfolgreichen Unternehmensaufbau, Kapital 1. WRS, Planegg 1998)

5. Marketing für SozialpädagogInnen

5.1 Marketing?

Die sozialpädagogische Kleingründung als Regelfall sieht sich mit dem Dilemma konfrontiert, mit geringem Budget ein möglichst wirkungsvolles Marketing finanzieren zu müssen. Hier lautet die Devise: Nicht verzagen, kreativ handeln. So bietet die moderne Textverarbeitung viele Möglichkeiten der kostengünstigen Selbstdarstellung, von der Visitenkarte über den Briefbogen mit Logo bis hin zum Flyer, die über normale Drucker und Kopiergeräte erstellt bzw. vervielfältigt werden können. Damit haben Sie schon eine Grundlage, potenzielle Leistungsnehmer gezielt ansprechen zu können. Nutzen Sie darüber hinaus Wege der indirekten Ansprache wie Branchenverzeichnisse u. Ä., aber auch das Internet. Legen Sie eine Datenbank von (potenziellen) Auftraggebern an! Damit haben wir die Vielfalt des Marketings und der Werbung angedeutet, im Folgenden finden Sie eine systematische Darstellung.

Geben Sie Marketing im Allgemeinen und Werbung im Besonderen einen hohen Stellenwert in Planung und Ausführung!

Da Marketing kein Pflichtfach an sozialpädagogischen Hochschulen ist, folgt zunächst eine allgemeine Darstellung dessen, was sich hinter diesem Begriff verbirgt. Anschließend wird konkretisiert, wie Marketing für SozialpädagogInnen gestaltet werden kann.

5.2 Dienstleistungsmarketing

Das Besondere am Dienstleistungsmarketing liegt darin, dass die Dienstleistung eine

- abstrakte, immaterielle,
- nicht lagerfähige,
- nur in Ausnahmefällen transportfähige,
- oft individualisierte/einmalige,
- häufig personalintensive und eine
- schwer standardisierbare Leistung ist (Meffert 1986, S. 44).

Deshalb ist es außerordentlich wichtig, dass der Dienstleistungsanbieter es schafft, ein »intensives Vertrauensverhältnis des potenziellen Dienstleistungs-Nachfragers zum Dienstleistungsbetrieb« (Hilke 1989, S. 16) aufzubauen.

Darüber hinaus steht das Ziel der Kundenzufriedenheit im Mittelpunkt des Dienstleistungsmarketings. Um dieses Ziel, insbesondere bei Dienstleistungen an Menschen, zu erreichen, benötigen der Sozialarbeiter/Sozialpädagoge und seine Mitarbeiter neben der fachlichen Fähigkeit und der Bereitschaft, eine Dienstleistung zum gewünschten Zeitpunkt auszuüben, noch weitere Anforderungen (a.a.O., S. 28):

Kontaktfähigkeit
Der Sozialarbeiter/Sozialpädagoge muss in der Lage sein, auf den Kunden zuzugehen, ihm zuzuhören, und sich im zuwenden, um so eine emotionale Bindung aufzubauen.

Vertrauenswürdigkeit
Die personenbezogene Dienstleistung, die eine direkte und intensive Beziehung zum Kunden erfordert, reicht häufig in die Privat- und Intimsphäre des Kunden hinein und ist deshalb besonders wichtig.

> *»Basis für jedes Vertrauen ist neben fachlicher Kompetenz die Seriosität des Dienstleisters bezüglich Rat und Tat gegenüber dem Dienstleistungsnachfrager.«* (Ebd.)

Einfühlungsvermögen
Der Dienstleister sollte sich mit entsprechender Menschenkenntnis in die Situation des Dienstleistungsnachfragers hineinversetzen können.

Flexibilität
Der Sozialarbeiter/Sozialpädagoge muss auf die individuellen Wünsche des Kunden eingehen können (z.B. bezüglich Zeitpunkt, Dauer und Intensität des Dienstleistungsprozesses).

Improvisationsgabe
Weil der Kunde/Klient/Patient gewissen Schwankungen unterliegt (z.B. durch gesundheitliche Verfassung, Sorgen) muss der Dienstleistende zur situationsbezogenen Improvisation fähig und bereit sein.

Selbstbeherrschung
Der Dienstleistungsanbieter muss zwar Verständnis für die Launen seines Kunden aufbringen, darf sich selbst allerdings nicht gegenüber dem Kunden »gehen lassen«.

Werbung
Werbung ist dem Freiberufler grundsätzlich nur erlaubt, soweit sie über die berufliche Tätigkeit in Form und Inhalt sachlich unterrichtet und nicht auf die Erteilung eines Auftrags im Einzelfall gerichtet ist. Die Berufsordnungen der jeweiligen Berufe regeln weitere Einzelheiten. Wo dies nicht rechtlich normiert ist – wie bei sozialpädagogischen Gründungen –, sollte auf vergleichende oder gar »marktschreierische« Werbung verzichtet werden!

5.3   Die Umfeldanalyse

Die Umfeldanalyse (s. Bieberstein 1998) dient dazu, sich einen ersten Eindruck von seiner Umgebung zu verschaffen und zu klären, ob genügend Nachfrager für Ihr zukünftiges Angebot vorhanden sind. Hierbei sollten Sie folgende Punkte berücksichtigen:

Soziodemographische Faktoren
Die Entwicklung der generellen zukünftigen Nachfrage nach Dienstleistungen hängt wesentlich von zahlenmäßigen Strukturverschiebungen der Bevölkerung als potenzielle Nachfrager und von der verfügbaren Kaufkraft der Zielgruppe ab. Kriterien wie die nachfolgenden müssen in Ihre Analyse mit einbezogen werden:

- wachsende Zahl älterer Menschen,
- zunehmende Zahl von Personen mit höherer Bildung,
- zunehmende Zahl von Single-Haushalten,
- verstärkter Zuzug ausländischer Mitbürger,
- Zunahme der Doppelverdiener und »High Income Person« und eine generelle Polarisierung der Einkommensgruppen,
- wachsende Armut,
- anhaltende Langzeitarbeitslosigkeit.

Gesellschaftlich-kulturelle Faktoren
Empirische Untersuchungen zeigen, dass ein Wandel der Werte mit einer erheblichen Veränderung der Klientenansprüche an Dienstleistungsangebote verbunden sein kann. Folgende Punkte sind zu beachten:

- zunehmende Vielfalt der Lebensstile,
- fortschreitende Individualisierung der Werte,
- verstärktes Bedürfnis nach Selbstentfaltung.
- zunehmende Lust- und Genussorientierung,
- gesteigertes Kommunikationsbedürfnis,
- verstärktes Gegenwartsdenken statt Zukunftsorientierung,
- wachsende Komplexität der Lebenssituationen,
- wachsender Bildungs- und Beratungsbedarf,
- Deprivation,
- Entsolidarisierung,
- steigende Nachfrage nach Krisenintervention.

Die Abklärung dieser Punkte verhilft Ihnen zu einer besseren Einstellung und Reaktionsmöglichkeit auf die Nachfrage.

Politisch-rechtliche Faktoren

Veränderungen in der politisch-rechtlichen Umwelt können sich auch auf Ihr Marketing auswirken:

- Reduzierung der Tages-, Wochen- und Jahresarbeitszeit,
- rechtliche Vorschriften zum Schutz des Wettbewerbs,
- sonstige Vorschriften mit Marketingrelevanz,
- Normsetzungen mit unmittelbarer Auswirkung auf die Berufsausübung in Freien Berufen (Psychotherapeutengesetz, Partnerschaftsgesellschaftsgesetz, Novellierung von Berufsrechten u.a.).

Technologische Faktoren

Technologische Neuerungen führten in den letzten Jahren zu veränderten Markt- und Wettbewerbsbedingungen. Ohne eine angemessene Berücksichtigung des technischen Fortschritts kann kaum eine Verbesserung des Leistungsangebots erzielt werden. BerufsbetreuerInnen beispielsweise benötigen moderne Möglichkeiten zur Kommunikation und Datenverwaltung, insbesondere bei der Leistungserfassung und -abrechnung. Nur über die Nutzung zeitgemäßer Bürotechnik können dauerhaft wirtschaftlich tragfähige Sozialdienstleistungen in diesem und anderen Bereichen gewährleistet werden. Für Sie ist es von großem Vorteil, die Fortschritte in Ihrem Beruf zu kennen, zu analysieren und bei Ihrer Planung mit zu berücksichtigen. Ihr Marketingkonzept sollte diese Überlegungen beinhalten.

5.4 Die Konkurrenz- und Marktanalyse

Durchleuchten Sie den Markt für Ihre Dienstleistung genau. Analysieren Sie die Ertragslage und bringen Sie über Ihre Konkurrenten so viel wie möglich in Erfahrung.

Achten Sie zunächst auf die »Fünf Kräfte« im Markt:

- Marktmacht des Klienten: Je mehr Leistungsnehmer im Gesamtmarkt vorhanden sind, desto geringer ist Ihr Risiko, dass sie Ihnen beispielsweise die Preise drücken können.
- Marktmacht der Zulieferer: Je eher Ihre Zulieferer untereinander austauschbar sind, desto besser für Sie (für SozialpädagogInnen weniger relevant).
- Wettbewerbsintensität: Wenn sich auf einem stagnierenden Markt viele Wettbewerber drängen, die erhebliche Überkapazitäten haben, dann ist mit einem so starken Wettbewerb zu rechnen, dass es kaum mehr etwas zu verdienen gibt.
- Bedrohung durch neue Anbieter: Wenn Ihnen andere Anbieter schnell und ohne größere Kosten Konkurrenz machen können, ist der Markt wenig attraktiv.
- Bedrohung durch Ersatzleistungen: Je eher Ihre Dienstleistung durch Ersatzangebote gefährdet werden kann, desto mehr verliert der Markt an Attraktivität.

Viele Informationen über den Markt und seine Wettbewerber finden Sie in Fachzeitschriften, die auch Hinweise auf weiterführende Marktstudien und Literatur geben. Darüber hinaus geben die »Gelben Seiten« und Adressbücher erste Auskünfte über mögliche Konkurrenten an Ihrem Standort.

Zusätzliche Quellen sind offizielle Statistiken, z.B. von den Statistischen Landesämtern oder Veröffentlichungen von Forschungsinstituten. Im Bildungsbereich finden Sie interessante Angebote in »Sozial 2«, hrsg. von der Bundesanstalt für Arbeit in Nürnberg. Zu empfehlen sind auch bundesweite oder regionale und lokale Branchenverzeichnisse, die es auch in spezifischer Form für Frauen gibt.

Um möglichst viel über Ihre Wettbewerber zu lernen, führen Sie so viele Gespräche wie möglich, insbesondere mit Partnern, Klienten oder auch Vertretern von Berufsorganisationen. Verschaffen Sie sich ein realistisches Bild der Stärken und Schwächen Ihrer Wettbewerber und machen Sie das Gleiche für Ihr eigenes Unternehmen.

Das Stärken-Schwächen-Profil können Sie folgendermaßen gestalten:

Ressourcen/Beurteilung	++	+	0	–	– –
Image					
Service					
Erreichbarkeit					
Kosten					
Preis					
Klientenzufriedenheit					
Reibungslose Dienstleistungserbringung					
Zielgruppenansprache					
Werbe- und PR-Aktivitäten					
Lücken im Angebot					
Qualitätssicherung					
Nachahmung oder Kreativität					
Flexibilität					
Qualifizierungs- und Weiterbildungsmaßnahmen					
Eigenkapitalquote					
Kapitalreserven					

(Hohl 1998, S. 151)
Die Tabelle kann beliebig fortgesetzt werden.

Jede einzelne Ressource wird von »sehr gut« bis »sehr schlecht« beurteilt. Die Markierungen in der jeweiligen Spalte werden mit einem Strich verbunden, sodass für jeden einzelnen Anbieter ein charakteristisches Ressourcenprofil entsteht. Das Gleiche machen Sie mit Ihrem eigenen Unternehmen. Bei dieser Vorgehensweise können Sie bereits Marktnischen entdecken. Durch den Vergleich der Profile können Sie Ihre Chancen und Gefahren auf dem Markt erkennen. Wie bereits dargelegt, geben Branchendaten Hinweise auf die Stellung der Dienstleistung im Markt und die Qualität der Leistung. Auch Medien, insbesondere Zeitungen und Fachzeitschriften liefern Anhaltspunkte. Oft sind den Stellenanzeigen interessante Hinweise zu entnehmen. Darüber hinaus sind Fachinformationen, zu denen neben Unterlagen von Konferenzen und Messen sowie Vorträgen der Konkurrenten auch Patentrecherchen gehören können, wichtige Informationsquellen. Informationsquellen können sein:

- Fachverbände.
- Großbanken, die regelmäßig Branchenanalysen veröffentlichen.
- Sparkassen und Raiffeisenbanken/Volksbanken: Die Sparkassenorganisation verfasst so genannte »Branchenberichte« zur konjunkturellen Entwicklung einzelner Branchen. Sie enthalten Aussagen zu Strukturen und Trends der Branche, zur aktuellen Lage sowie zu den kurz- und mittelfristigen Aussichten. Kunden der Sparkasse erhalten die Berichte gegen eine Schutzgebühr von 30 DM. Die Volksbanken und Raiffeisenbanken bieten zwei Brancheninformationssysteme an: »Branchen-special« und »Branchen-Briefe«. Beide bekommen auch Nicht-Kunden. »Branchen-special« berichtet detailliert über die 100 wichtigsten Branchen der mittelständischen Wirtschaft und ist in der Regel kostenlos. Die »Branchen-Briefe« fassen spezielle Informationen für Existenzgründer in einer Branche zusammen. Derzeit sind »Branchen-Briefe« zu 152 Branchen verfügbar (Preis 10 DM pro Stück).
- Statistisches Bundesamt: http://www.statistik-bund.de
- Existenzgründungs- und Unternehmensnachfolgebörse der deutschen Industrie- und Handelskammer: Anbieter und Nachfrager sind in einer Bundesliste zusammengestellt. Außerdem führen IHKs eigene Marktuntersuchungen im Kammerbezirk durch.
- Berufs- und Branchenverbände: Sie stellen allgemeine Marktinformationen zusammen. Ein vollständiges Gesamtverzeichnis enthält das Nachschlagewerk »Behörden, Organisationen und Verbände« (Verlag Hoppenstedt, 365 DM auch als CD-ROM).
- Bundesstelle für Außenhandelsinformationen (BfAI): Verkauf von Informationen über Marktchancen und Branchenentwicklungen in über 100 Ländern der Erde.
- Genios: 500 Datenbanken mit Informationen über Konkurrenz- und Marktbeobachtung mit mehr als 750.000 Firmenprofilen.
- DATEV: Informationen zu konkreten Unternehmensprojekten. Ein Kontakt ist über Ihren Steuerberater möglich.

5.5 Die Standortanalyse

Für SozialpädagogInnen ist die Normalform der Niederlassung in und aus dem eigenem Wohnzimmer. Mit der Entwicklung der Selbstständigkeit kann die Erfordernis der Bereitstellung externer Büro- oder Praxisräume verbunden sein. Hier bieten vor allem Gründerzentren gute Möglichkeiten, die vom Gewerbepark zu unterscheiden sind. Die Standortanalyse spielt innerhalb der Konkurrenz- und Marktanalyse eine wesentliche Rolle. Über die Wahl des richtigen Standortes entscheidet eine Reihe von Gesichtspunkten: »Gibt es genügend Nachfrager in der Gegend?«, oder: »Wie stark ist die Konkurrenz?« usw.

Die Vielzahl von gewerbe- und baurechtlichen Verordnungen und Gesetzen ist zum Teil nicht bundeseinheitlich geregelt. Gründungswillige sollten bei der für sie zuständigen Gemeinde nachfragen, wie das Gebiet, in dem sie die Gründung ihrer Niederlassung planen, im Bebauungsplan ausgewiesen ist. Wer sich in einem Gewerbe- oder Industriegebiet ansiedeln will, stößt in der Regel auf keine Probleme. Liegt der geplante Standort hingegen in einem Wohn- oder Mischgebiet, muss man sich auf Auflagen oder gar Verbote gefasst machen. Bei einer Standortanalyse sollte auf folgende Fragen eingegangen werden:

- Wie groß ist der Ort?
- Für welche Region ist er als Zentrum anzusehen?
- Passt die Bevölkerungsstruktur zu Ihrem Leistungsangebot?
- Gibt es überregionale Behörden, Schulen, Heime, Krankenhäuser, Ärzte, Beratungsstellen usw.?
- Wie wird sich die Bevölkerung weiterentwickeln?
- Sind Neubaugebiete, Gewerbegebiete ausgewiesen?
- Ziehen junge Familien zu?
- Wie viele Mitbewerber gibt es?
- Angebotsdichte in der Umgebung?
- Wie ist die Angebotsdichte in vergleichbaren Gegenden?
- Welche Marktnische können Sie besetzen?

Der Standort ist mit entscheidend für den späteren Erfolg. In der sozialen Arbeit ist die Geschäftstätigkeit allerdings häufig weitgehend standortunabhängig. Diese Unabhängigkeit erlaubt es, die kostengünstigste Lage ausfindig zu machen.

Bei der Standortanalyse müssen neben klienten- und konkurrenzspezifischen Fragestellungen folgende Untersuchungsfelder beleuchtet werden:

- standortbezogene Kostenstruktur (Miete, Gebühren, Steuern, etc.);
- infrastrukturelle Überlegungen (Verkehrsanbindung, Laufzeit, Parkplätze);
- personelle Überlegungen (eine ausreichende Zahl von potenziellen Klienten muss erreichbar sein);
- behördliche Auflagen und Beschränkungen (politische Verhältnisse, regionale Besonderheiten).

Stehen mehrere Standorte zur Auswahl, hilft eine einfache Methode zur Bewertung: Jedem Standortfaktor, wie z.B. Klientennähe oder Verkehrslage, wird eine Gewichtungszahl von 1 bis 10 zugeordnet. Dabei ist 10 »besonders wichtig« und 1 »unwichtig«. Danach werden die Standortfaktoren der verschiedenen Standorte mit Noten bewertet. Eine 5 bedeutet hier »sehr gut« und eine 1 »sehr schlecht«. Diese Noten werden dann mit der jeweiligen Gewichtungszahl multipliziert und anschließend für jeden Standort aufsummiert. Der Standort mit der höchsten Punktzahl entspricht danach am besten den Anforderungen.

In einer Tabelle kann dieses Vorgehen noch einmal verdeutlicht werden:

Standort-faktoren	Gewich-tung (1–10)	Note Standort A (1–5)	Gesamt-punkte Standort A	Note Standort B (1–5)	Gesamt-punkte Standort B	Note Standort C (1–5)	Gesamt-punkte Standort C
Klienten-nähe	10	1	10	4	40	2	20
Verkehrs-lage	7	5	35	2	14	3	21
Raum-kosten	7	3	21	4	28	5	35
Gesamt-punkte			66		82		76

In diesem Beispiel wäre der Standort B zu präferieren.

Haben Sie den optimalen Standort gefunden, beginnt die Suche nach geeigneten Räumen. Erkundigen Sie sich beim örtlichen Amt für Wohnungswesen, regionalen Haus-, Wohnungs- und Grundeigentümerverein oder den ansässigen Maklern nach den ortsüblichen Mieten. Die Preise unterscheiden sich je nach Nutzungswert der Objekte erheblich. Bedenken Sie, dass Gründerzentren besonders günstige Bedingungen bieten! Eine Mietkostenübersicht für über 240 Städte der Bundesrepublik gibt der RDM-Preisspiegel. Adresse: Ring Deutscher Makler, Bundesverband e.V., Mönckebergstr. 27, 20095 Hamburg, Tel.: 040/3256480.

Beachten Sie bitte, was die Arbeitsstättenverordnung in Bezug auf Lichtverhältnisse, Raumhöhe usw. vorschreibt. Informationen dazu erhalten Sie vom Gewerbeaufsichtsamt und Ihrer Berufsgenossenschaft.

Für den Mietvertrag werden oft Einheitsmietverträge vom Haus-, Wohnungs- und Grundeigentümerverein benutzt. Unterschreiben Sie nicht alles kritiklos – Sie können verhandeln! Gehen Sie mit dem Vermieter durch die Räume und schreiben Sie die vorhandenen Mängel auf, damit Sie nicht beim Auszug dafür haften. Ein

Recht auf Minderung der Miete, wenn Mängel an den gemieteten Räumen auftreten, kann bei der Geschäftsraummiete vertraglich ausgeschlossen werden.

Folgende Fragen sollten Sie bei der Nutzung von Räumen beachten:

- Wie hoch ist die Miete?
- Wie hoch sind die Nebenkosten?
- Dürfen Sie Praxis-/Firmenschilder an der Fassade und im Hausflur anbringen?
- Gehören Parkplätze dazu?
- Gibt es einen Hausmeister?
- Sind Abstandszahlungen zu leisten?
- Müssen die Räume beim Auszug renoviert werden?
- Müssen Ein- oder Umbauten wieder entfernt werden?

Falls Sie in eigenen Räumen arbeiten wollen, klären Sie beim Bauamt oder Wohnungsamt ab, ob in Ihrer Stadt Veränderungen in der Wohnraumnutzung genehmigt werden müssen!

5.6   Klientenanalyse

Dieser Teil des Marketingplans wird Ihnen bei der Feststellung helfen, wer Ihre Nachfrager sind, wo sie zu finden sind und wie und warum sie Ihre Dienstleistungen in Anspruch nehmen. Ihre Nachfrager können z.B. anhand geographischer, demographischer (z.B. Alter, Einkommen, Geschlecht) und psychographischer (z.B. Lebensstil, Einstellungen) Merkmale analysiert werden. Je enger Sie Ihren Markt eingrenzen können, desto effektiver können Sie reagieren. Es ist wichtig, dass Sie Ihre Nachfrager kennen lernen. Folgende Fragen sollten Sie beantworten und in Ihr Marketingkonzept mit aufnehmen:

Zielgruppe: Personen bzw. Personengruppen (Brückner/Przyklenk 1999, S. 86ff.)

- Wer sind meine Nachfrager?
- Sind sie männlich, weiblich, verheiratet oder allein stehend, Arbeiter oder Angestellte?
- Welches Einkommen hat meine Zielgruppe?
- Welchen Bildungsgrad hat meine Zielgruppe?
- Welches Nachfrageverhalten besitzt meine Zielgruppe?
- Was erwarten meine Nachfrager von mir und wie unterscheidet sich das von dem, was ich für sie anbiete?
- Was muss ich tun, um diese Erwartungen zu erfüllen und zu übertreffen?
- Wie bringe ich meine Klienten dazu, mich neuen Klienten zu empfehlen?

Zielgruppe: Unternehmen

- Welche Branchen kommen infrage?
- Wer sind die Dienstleister?
- Welche Marktposition besitzen die Unternehmen?
- Welchen Umsatz haben die Unternehmen?
- Wer waren die bisherigen Auftragnehmer?
- Wie steht es mit der Zahlungsmoral?

Diese Fragen sollten Ihnen helfen, Ihre Klienten bzw. Auftraggeber besser kennen zu lernen. Sie können einige Klienten befragen, warum sie mit Ihnen in Geschäftsverbindung stehen und was Sie tun müssen, damit das auch so bleibt.

Im Rahmen der öffentlichen Fördermittel ist es möglich, dass Markterschließungskosten z.B. über die Deutsche Ausgleichsbank gefördert werden. Zu diesen zählen:

- erstes Werbekonzept,
- Anbahnung von Geschäftskontakten,
- Marktanalysen,
- Messen, Ausstellungen, Vorträge u. Ä.

5.7 Marketinginstrumente für SozialpädagogInnen

5.7.1 Die Entwicklung eines Marketing-Mix

Das Marketing-Mix enthält die von Ihnen angebotene Dienstleistung, die Kosten für den Kunden, den Ort, an dem Ihr Klient Ihr Angebot erhält und die Kommunikationstechnik, die Sie verwenden, um über Ihr Angebot zu informieren.

Weitere Faktoren, die Sie bei der Entwicklung Ihres Marketing-Mix berücksichtigen sollten:

- Positionierung Ihres Angebotes (z.B. höhere Qualität im Vergleich zu anderen Anbietern, Befriedigung eines unterversorgten Bedürfnisses in Ihrem Einzugsgebiet),
- Personen (Leute, die Ihre Dienstleistung vermitteln),
- Profit (Ihr erwarteter Gewinn).
- Politik (Regeln, die Sie auf Ihr Unternehmen anwenden),
- Service (Bedürfnisbefriedigung Ihrer Klienten, Übertreffen ihrer Erwartungen).

Bevor Sie nun Ihr Marketing-Mix zusammenstellen, müssen Sie noch Ihre Leistungsziele definieren:

- Was will das Unternehmen in diesem Jahr erreichen?
- Wie viel wollen Sie verdienen? Welche Gewinnspanne streben Sie an?
- Wer sind die Angehörigen Ihres Zielmarktes und was ist Ihrer Meinung nach Ihre Besonderheit?
- Gibt es bestimmte gesetzliche Bedingungen oder Erfordernisse in Bezug auf Ihre Dienstleistung?
- Wie sieht Ihr Zeitrahmen für die Erreichung Ihrer geschäftlichen und finanziellen Ziele aus?

Ein einfaches Hilfsmittel – der Marketing-Aktionsplan (MAP) – erleichtert Ihnen die Zusammenstellung Ihres Marketing-Mix. Er stellt eine übersichtliche Karte dessen dar, was Sie erreichen wollen und wie Sie vorgehen.

Folgende Vorgabe soll Ihnen helfen, Ihren MAP zu erstellen:

- Zweck,
- Ziel,
- Aktionen,
- vorläufige Kostenschätzung,
- Verantwortlicher,
- Bemerkungen.

5.7.2 Die Entwicklung eines Promotion-Mix

Nachdem Sie nun Ihr Marketing-Mix erstellt haben, muss noch der Promotion-Mix erstellt werden. Der Promotion-Mix setzt sich in der Regel aus vier Teilen zusammen:

- Werbung,
- Public Relations,
- persönliche und direkte Akquisition,
- Akquisitionsförderung.

Werbung
Der Werbeinhalt sollte den Nutzen für die Zielgruppe klar herausstellen. Die Werbeaussage sollte begründet werden und der Grundton der Werbung sollte ansprechend und freundlich sein.

Bei einer Werbeaktion ist auf folgende Punkte zu achten:

- Entwickeln von Werbezielen,
- Definition der Zielgruppe,
- Entwickeln der inhaltlichen Grundkonzeption,
- Auswahl der Werbemittel (z.B. schriftliche Information),
- Auswahl der Werbeträger (Beachtung der Kosten-Nutzen-Relation),
- Bestimmung des Werbeetats,
- Zeitplanung des Werbeeinsatzes,
- Gestaltung der Werbemittel,
- Verteilung und Streuung der Werbemittel,
- Kontrolle des Werbeerfolgs.

In freien Berufen ist Werbung grundsätzlich nur erlaubt, soweit sie über die berufliche Tätigkeit in Form und Inhalt sachlich informiert und nicht auf die Erteilung eines Auftrags im Einzelfall gerichtet ist. Die Berufsordnungen bestimmter Berufe regeln weitere Einzeleinheiten. Für SozialpädagogInnen gelten derartige Einschränkungen nicht, jedoch ist eine Beschränkung auf informierende Werbung zu empfehlen.

Public Relations
Ziel der Öffentlichkeitsarbeit ist der Aufbau einer positiven Grundhaltung gegenüber dem Dienstleistungsanbieter. Dies kann erreicht werden durch:

- Tage der offenen Tür, Einladungen,
- Informationen für Journalisten,
- Vorträge, Symposien, Teilnahme an Podiumsdiskussionen,
- redaktionelle Beiträge.

Der Öffentlichkeitsarbeit kommt auch in der sozialen Arbeit eine große Bedeutung zu, da auf diesem Wege auch das Ansehen des jeweiligen freien Berufes z.B. bei Ämtern und Behörden gesteigert werden kann. Public-Relations-Maßnahmen sollten insbesondere Informations-, Kontakt- und Führungsfunktionen erfüllen. Die SozialarbeiterInnen/SozialpädagogInnen sollten Wert darauf legen, dass das Image eines modernen, zuverlässigen und fachlich kompetenten Dienstleistungsbetriebes entsteht. Denn ein positives Image stellt einen enormen Wettbewerbsvorteil dar, da das Image wie ein Filter für die Marktkommunikation wirkt.

Zur Öffentlichkeitsarbeit gehört es auch, sich in Berufsverbänden und Vereinen zu beteiligen, da dies zum einen die Achtung bei den Kollegen verbessert und zum anderen den Bekanntheitsgrad des Sozialarbeiters/Sozialpädagogen erhöht. Ebenso können freie Vortragtätigkeiten hier wirksam sein.

Wenn Sie z.B. Seminare zum Thema Gesprächsführung halten, könnten Sie an einer ortsansässigen Schule einen Diskussionsabend anbieten zum Thema »Schüler,

Eltern und Lehrer – Kommunikationsprobleme lösen«. Den Schulleiter überzeugen Sie mit dem Argument, dass diese Aktion nicht nur für Ihr eigenes Image, sondern auch für das der Schule gut ist. Laden Sie die Presse ein. So kommt Ihr Name in den Veranstaltungskalender der Tageszeitung, Stadtzeitung oder das regionale Veranstaltungsblatt. Eine weitere attraktive Form der Öffentlichkeitsarbeit ist das Sponsoring. Machen Sie daraus eine Aktion, zu der Sie die Presse einladen können.

Persönliche und direkte Akquisition
Die gezielte Suche nach Ansprechpartnern innerhalb der Zielgruppe ist nicht nur eine kostengünstige, sondern auch vergleichsweise effektive Vorgehensweise.

Akquisitionsförderung
Darunter sind besondere Maßnahmen zu erstellen wie Präsentationen von sozialen Dienstleistungen.

5.8 Marketing-ABC für SozialpädagogInnen

- Anrufe ermöglichen die individuelle Ansprache von (potenziellen) Klienten.
- Anschlagtafeln, »schwarze Bretter« u. Ä. finden Sie an vielen Orten.
- Branchenverzeichnisse, Kontaktadressen-Pools können sehr effektiv sein, z.B. gibt es auch Frauenbranchenbücher.
- Broschüren, Prospekte, Informationsmappen vermitteln nicht nur Ihr Angebot, sondern auch Ihr Image; einfachere Formen sind Folder u. Ä.
- Dankschreiben, Referenzen, Empfehlungen können Sie von Institutionen oder Personen erhalten, die mit Ihrer Leistung zufrieden waren.
- Fachmessen sind für die Aussteller oft teuer, aber sie finden auch immer häufiger kostengünstige (Gründer-)Messen.
- Flugblätter, Informationsblätter sind billiger als Broschüren oder Prospekte; sie können aber auch eine erhebliche Wirkung erzielen.
- Image ist mehr als nur ein moderner Begriff – es ist eine Möglichkeit, Ihre Dienstleistung als spezifisches oder individuelles Angebot darzustellen.
- Informationsbriefe wie persönliche Briefe an potenzielle Klienten, in denen Ihre Dienstleistung präsentiert wird.
- Klientenpflege können Sie mittels Dankeschönschreiben u.a. betreiben.
- Leserbriefe können eine ebenso einfache wie kostengünstige und auch wirksame Möglichkeit Ihres Marketings darstellen.
- Logo ist die Bezeichnung für ein optisches Signal, mit dem Sie Ihr Unternehmen im Bewusstsein von (potenziellen) Nachfragern verankern können.
- Mundpropaganda bzw. persönliche Empfehlungen können Sie fördern, indem Sie um Unterstützung bitten.
- Publikationen fördern Ihren Bekanntheitsgrad.

- Rückkopplung, Klientenbefragung erreichen Sie über Nachfragen bei Klienten, wo sie von Ihnen gehört haben bzw. wer Sie Ihnen empfohlen hat; auf diesem Weg können Sie auch Informationen erschließen, die der Evaluation Ihres Dienstleistungsangebotes dienen. Die Klientenbefragung liefert Ihnen genauere Informationen.
- Trittbrettfahrer-Werbung können Sie bei Veranstaltungen betreiben, die sich mit für Ihr Dienstleistungsangebot relevanten Themen befassen.
- Visitenkarten sollten Sie immer zur Verfügung haben.

Bei einer schriftlichen Werbung sollte folgende Vorgehensweise beachtet werden: Definieren Sie zuerst Ihr Angebot und bestimmen Sie Ihre Zielpersonen. Dann schreiben Sie der Zielperson einen persönlichen Brief, der Folgendes beinhalten sollte:

- Man muss sich vorstellen und etwas über sich erzählen. Der Briefkopf allein reicht nicht aus.
- Es muss zum Ausdruck gebracht werden, was man will.
- Man muss einen glaubwürdigen Eindruck hinterlassen.
- Beschreiben Sie den Nutzen, den der potenzielle Klient durch Ihr Angebot haben kann.
- Es muss darauf geachtet werden, der Zielperson klar mitzuteilen, was zu unternehmen ist.
- Schicken Sie diesen Brief an so viele Zielpersonen wie möglich.
- Schicken Sie weitere Briefe an Ihre Zielpersonen.
- Nutzen Sie Absagen zur Einholung von Meinungen zur Verbesserung Ihrer Dienstleitung.
- Treffen Sie sich persönlich mit den Interessenten, machen Sie sich bekannt, lernen Sie die Zielperson kennen und präsentieren Sie Ihre Leistungen.
- Seien Sie darauf vorbereitet, eindeutige Aussagen über Ihren Preis zu machen.
- Verwenden Sie jeglichen Erfolg, den Sie aufgrund der bisher genannten Schritte erzielen konnten, in Ihrem nächsten Brief an Ihre Zielpersonen.
- Führen Sie genaue Aufzeichnungen über die zählbaren Teil- und Endergebnisse Ihrer Kampagne.
- Hören Sie nie auf, neue Adressen von Zielpersonen zu sammeln. Forschen Sie ständig nach neuen Möglichkeiten, um die Anzahl an Adressen von Zielpersonen zu vergrößern.

Eine ebenso einfache wie wirksame Möglichkeit zur Verbesserung des eigenen Dienstleistungsangebotes ist die gezielte Orientierung an »erfolgreichen« Konkurrenten – wie immer Sie diesen Erfolg definieren. Die Betriebswirtschaftslehre hält auch hierfür einen Fachbegriff bereit: »Benchmarking«.

5.9 »Benchmarking« für SozialpädagogInnen

Unter Benchmarking versteht man die Sammlung und Analyse von Outputs (Resultaten, Erfolgsfaktoren) der eigenen Niederlassung zum Vergleich mit den »besten Konkurrenten« und die Auswertung der Prozesse (Methoden, Praktiken), die diese positiv von der eigenen Geschäftseinheit unterscheiden.

Die Benchmarks (Eckpunkte) sind aus Erfahrung, von der Konkurrenz, vom eigenen Unternehmen oder auf Basis von Hypothesen (z.B. Plankostenrechnung) abgeleitet. Benchmarking hat seinen Ursprung im traditionellen Betriebsvergleich und stellt eine Weiterentwicklung zu einer kontinuierlichen Messung, Beurteilung und Verbesserung von Leistungen, Prozessen und Funktionsbereichen im Vergleich zu direkten Wettbewerbern oder den anerkannten Trägern von funktionalen Kernkompetenzen dar.

Das Motto, das hinter dem Benchmarking steht, lautet: Das Rad muss nicht immer neu erfunden werden, man kann viel voneinander lernen. Was auf den ersten Blick eher banal wirkt, hat bei genauerem Hinsehen erstaunliche Fassetten. Vom Vergleich mit den direkten Wettbewerbern erhofft sich das eine Unternehmen einen Rückschluss auf die eigenen Schwächen, das nächste jedoch lediglich eine Aussage über die nicht recht deutlichen, tatsächlichen Stärken des eigenen Unternehmens aus der Sicht anderer. Andere Selbstständige haben ein ganz konkretes Problem und suchen eine ganz konkrete Lösung – nicht unbedingt in der Branche, sondern durchaus einmal über diese Grenzen hinweg.

Benchmarking setzt explizit bei einzelnen Funktionsbereichen an, nicht beim Unternehmen insgesamt. Es ist ein Prozess, der verlangt, bei jeder einzelnen Funktion ein passendes »Vorbild« zu finden, nicht der globale Betriebsvergleich, sondern der spezifische Einzelvergleich steht also im Vordergrund. Der Ablauf erfolgt dabei in folgenden Schritten:

- Festlegung und Abgrenzung des Benchmarking-Themas und Auswahl des Funktionsbereichs,
- Identifizierung des Benchmarking-Vergleichspartners, horizontal in der gleichen Branche (Competitive Benchmarking), vertikal in einer anderen Branche (Generic Benchmarking),
- Bestimmung des Informationsbedarfs, Durchführung der Messung und Sammlung der relevanten Daten,
- Ermittlung der Unterschiede und Identifizierung möglicher, dabei zugrunde liegender Probleme (Schwachstellen),
- Projektion der Ziele durch Ableitung realistischer, weil praktisch bewiesener Lösungswege daraus mit der erklärten Absicht, diese in der eigenen Ablauforganisation zu implementieren,
- Information und Vertrauensbildung bei den »Betroffenen« über notwendige Veränderungen,

- Zielvereinbarung und Entwicklung von Aktionsplänen auf Basis operationaler Ziele,
- Umsetzung dieser Pläne und Fortschrittskontrollen über den Erfolg,
- Bewertung der Lösung und Feststellung der Zielerreichung.

Benchmarking führt erfahrungsgemäß zu einer besseren Akzeptanz selbst hoher Zielstandards und Prioritäten, weil ihnen von anderen Unternehmen bereits realisierte Leistungsstandards zugrunde liegen, womit der empirische Beweis dafür erbracht ist, dass sie erreicht werden können.

Zugleich werden die Prozesse anderer und die eigenen Prozesse bzw. deren Mängel richtig erkannt und verstanden. Die Übernahme bewährter, erfolgreicher Prozesse ist zudem meist schneller und risikoärmer als deren eigene Entwicklung.

Außerdem werden zusätzliche Ideen über das Benchmarking-Thema während der Auseinandersetzung generiert. Es wird damit eine Brücke von der reinen Leistungsanalyse zu selbstständigen Lernprozessen und eigenständigen Veränderungen geschlagen. Allerdings bedarf es einer genauen Absprache und Vorbereitung mit dem Benchmarking-Partner, was genau Analysethema ist und wie dieses voll ausgeschöpft werden kann (vgl. Mentzel 1999, S. 63ff.).

5.10 Kontrolle

Der Marketingprozess ist ständig zu optimieren. Die gesteckten Ziele müssen mit dem Erreichten verglichen werden. Wird eine Abweichung von den gesetzten Zielen ermittelt, gilt es, die Ursachen zu erforschen und festzulegen, was unternommen werden muss, um die Ziele zukünftig erreichen zu können.

5.11 Sozialsponsoring

>»Sponsoring: Planung, Organisation, Durchführung und Kontrolle sämtlicher Aktivitäten, die mit der Bereitstellung von Geld, Sachmitteln oder Dienstleistungen durch Unternehmen zur Förderung von Personen und/oder Organisationen im sportlichen, kulturellen und/oder sozialen Bereich verbunden sind, um damit gleichzeitig Ziele der Unternehmenskommunikation zu erreichen.«* (Manfred Bruhn, Lehrstuhlinhaber für Marketing an der EBS in Oestrich-Winkel)

>»Sponsoring ist ein Kommunikationsinstrument. Es zielt auf Imagetransfer zugunsten des Sponsors und dient der Mittelbeschaffung aufseiten des Gesponserten.«* (Definition in einem Gutachten der Hessischen Landesregierung)

>»Eine Spende ist kein Geschenk, Sponsoring ist ein Vertrag, ein Geschäft.«* (Bank für Sozialwirtschaft)

»Das klassische Mäzenatentum beinhaltet die Förderung von Projekten, Organisationen und Personen, ohne eine konkrete Gegenleistung zu erwarten. Aufgaben der Mäzene werden heute in großem Umfang von privaten oder Unternehmensstiftungen wahrgenommen.« (Internet-Auskunft der Bank für Sozialwirtschaft)

Grundsätzlich gilt: Sponsoring ist keine Spendentätigkeit, sondern ein Geschäft. Sozialsponsoring ist ein Instrument des Firmenmarketings. Organisationen, die Sponsorengelder erschließen wollen, müssen deshalb intern jede Zusammmenarbeit mit einem Sponsor vorab klären. Sponsoren bevorzugen innovative Projekte, die sich medienwirksam darstellen lassen.

Sozialsponsoring kann auch als Kooperation zwischen Wirtschaft und Sozialarbeit betrachtet werden, die häufig von einer schwer zu erzielenden und zu haltenden Balance geprägt ist. Glaubwürdigkeit spielt dabei eine zentrale Rolle. Ein Problem besteht vor allem darin, dass Unternehmen zu wenig über Ziele, Inhalte und Umsetzung von Sozialsponsoring wissen. Experten beobachten weitere Vorbehalte und Defizite bei Gesponserten und Sponsoren wie

- mangelnde konzeptionelle Vorbereitung,
- fehlende Erfahrungen mit Sponsering und Public-Relations oder auch
- unterschiedliche Denkweisen und Vorurteile (Schiewe 1995, S. 9).

Sozialsponsoring kann auch als neues Betätigungsfeld für SozialpädagogInnen/SozialarbeiterInnen betrachtet werden. Sie beraten soziale Einrichtungen oder tragen zur Entwicklung innovativer Projekte für ein Sponsoring bei. Zukunftsweisend sind Bildungsangebote zum Thema »Sozialsponsoring«. Sponsoring ist auch in anderen Bereichen wie Bildung und Wissenschaft oder jedem Gesundheitswesen von erheblicher und zunehmender Bedeutung.

Eine soziale Organisation, ihr Träger und ihre MitarbeiterInnen werden prüfen müssen, ob ihre Dienstleistungen langfristig gesichert oder verbessert werden können und es sozialpolitisch und fachlich vertretbar ist, wenn sie sich etwa mithilfe von Sponsoring der Instrumente und Methoden des Sozialmarketings bedienen.

Als persönliche Motive der Sponsoren oder unternehmerische Motive des Sponsors können angenommen werden:

- soziale Verpflichtung des Unternehmens;
- Sponsoring als Ausdruck von gesellschaftspolitischer Verantwortung;
- Hilfebedürftigkeit der Geförderten;
- Verbesserung der Darstellung von Unternehmen in der Öffentlichkeit;
- Herstellung einer Übereinstimmung von Sponsoring und »Corporate Identity«;
- niedrigere Kosten des Sponsoring im Vergleich zur Werbung (ebd.).

Beim Sozial-Sponsoring sind auch die Inhalte entscheidend: Emotionales, wie beispielsweise Kinder und Tiere, wird sowohl von der Wirtschaft als auch von privaten Spendern am meisten unterstützt. Randgruppen wie Drogenabhängige oder Obdachlose finden kaum Partner aus der Wirtschaft.

Wichtig ist es auch, dass sich alle Beteiligten mit dem Sponsorship identifizieren können, denn es geht um Glaubwürdigkeit und Vertrauen. Bei den Unternehmen fehlt es oft an langfristigen Konzepten für Sozialsponsoring.

(PRVA: newsletter 15/99 – Interview: Mag. Barbara Mann, PR-Verantwortliche bei CARE Österreich)

Die Entwicklung eines Sponsoring-Projektes kann wie folgt ablaufen:

Stufe 1	Situationsanalyse	Grundsatzentscheidung • Gibt es einen wechselseitigen Nutzen? • Gibt es eine Bereitschaft im Team? • Bleibt die Autonomie erhalten? • Nebenwirkungen auf die Öffentlichkeit Stärken-Schwächen-Analyse und Kostenkalkulation Beschreibung des Projektes und des Vorhabens
Stufe 2	Zielbestimmung	Eigene Ziele Ziele des Sponsors
Stufe 3	Grundsätze	Vorauswahl der Unternehmen (Größe, Standort etc.)
Stufe 4	Realisierung	Benennung einer zuständigen Kontaktperson Kontaktaufnahme mit Sponsoren Verhandlungen Vertragsabschluss
Stufe 5	Auswertung	Zielerreichung Fehleranalyse

(Winkler 1998)

Sozialsponsoring als neues Finanzierungsinstrument für soziale Einrichtungen liegt im Trend. Nach Sport-, Kultur und Ökosponsoring wird die Wirtschaft das Sponsoring sozialer Projekte für sich entdecken, so Expertenprognosen. Dabei muss sich Sozialsponsoring mit der Gemeinnützigkeit vereinbaren lassen. Fachleute schätzen das Gesamt-Sponsor-Volumen in Deutschland auf derzeit etwa 1,5 Mrd. DM. In den nächsten Jahren soll dieses Potenzial auf etwa 2,5 Mrd. DM anwachsen, wobei der Anteil für Sozialmaßnahmen von derzeit etwa 5% auf 10% steigen soll (Bank für Sozialwirtschaft 1999).

5.12 Fundraising

> **Fundraising: zwischen Staat und freiem Markt, Subventionen und Sponsoring**
> Unter Fundraising wird derjenige Teil des Beschaffungsmarketings einer Nonprofit-Organisation (NPO) verstanden, bei dem die benötigten Ressourcen ohne marktadäquate materielle Gegenleistung beschafft werden.
>
> *(Bank für Sozialwirtschaft 1999)*

Fundraising ist nicht nur ein Instrumentarium zur Beschaffung von Mitteln für soziale Bestimmungen, sondern auch ein Berufsbild: »Fundraiser unterstützen gemeinnützige Einrichtungen bei der Erschließung von Geldern zur Erfüllung ideeller Zwecke.« (Kräuter/Oberlander 1999, S. 183)

Die Unterstützung besteht in Form von Sach-, Geld- und Zeitspenden, Bußgeldern, Erbschaften, Zuschüssen der öffentlichen Hand, Sponsoring-Maßnahmen der Wirtschaft und anderen Quellen wie Dienstleistungen und Arbeitsleistungen (z.B. Ehrenamt und Secondment), Rechten (Schirmherrschaft, Ausnahmeleistungen auf besondere Werbezeiten) oder auch Informationen (z.B. aus kostenpflichtigen Datenbanken). Fundraising besteht auch in aktivem Werben bei potenziellen Erblassern um Zuwendungen aus letztwilligen Verfügungen. Grundsätzlich sind Fundraiser sowohl akquirierend als auch beratend tätig.

Die Berufschancen der Fundraiser werden positiv beurteilt. Wachstumspotenziale werden vor allem unter der Voraussetzung vermutet, wenn sich die Kultur des Gebens und Nehmens in Deutschland weiter nach dem angelsächsischen Vorbild entwickelt. So hat das Institute of Charity in Großbritannien 5.000 Mitglieder, die National Society of Fundraising Executives (USA) 19.000 Mitglieder. Die Zahl der hauptberuflichen Fundraiserinnen und Fundraiser dürfte jeweils das Eineinhalbfache bis Doppelte dieser Zahl betragen. Nach vorliegenden Schätzungen könnte die Zahl der hauptberuflichen FundraiserInnen in Deutschland von derzeit etwa 500 auf 5.000 Personen steigen.

Ein Berufsbild Fundraiser wurde in Deutschland allerdings erst in den letzten Jahren entwickelt. Professionelles Fundraising ist ein vergleichsweise junger Beruf; eine bestimmte, festgeschriebene Ausbildung gibt es nicht.

Handlungsempfehlungen für Fundraiser:

- individuelle Beziehung zum Spender aufbauen; z.B. Direktmarketing;
- Spenderpräferenzen erforschen;
- professionelles Beschwerdemanagement aufbauen;
- zukunftsträchtige Fundraising-Instrumente frühzeitig einbeziehen; ein Mix dieser Instrumente entwickeln;

- detaillierte Planungs- und Kontrollaktivitäten durchführen: Zielbestimmung, Situationsanalyse, Planung beeinflussender Rahmenbedingungen und der zur Zielerreichung verfügbaren Ressourcen; operative und strategische Planung; Kontrolle;
- ideelle Motivation der Fundraising-Mitarbeiter und -Führungskräfte fördern;
- kommunikative Schwerpunkte bezüglich des Förderzwecks der Organisation setzen;
- Umsetzung der Erfolgsfaktoren.

Gemeinschaftsstiftungen

Gemeinschaftsstiftungen stellen ein modernes Instrument des Fundraising vornehmlich in den Bereichen des Sozial- und Gesundheitswesens, der Wohlfahrtspflege und der Kirchen dar. Der Zweck dieser Gemeinschaftsstiftungen besteht darin, Vermögen auf Dauer einem bestimmten Ziel zu widmen. Die Erfüllung des Stiftungszwecks erfolgt meist aus den Erträgen des Stiftungsvermögens, das selbst ungeschmälert erhalten bleiben muss. Eine Stiftung wird als gemeinnützig anerkannt, wenn der Stiftungszweck in bestimmter Weise dem Gemeinwohl dient – sie kann auch gemeinnützige Arbeit einer anderen Einrichtung fördern. Mit der Gemeinschaftsstiftung kann eine Non-Profit-Organisation die finanzielle Basis für ihre eigene gemeinwohlfördernde Arbeit nachhaltig absichern und auf Dauer verbreitern. Die Erträge des Stiftungsvermögens fließen in der Regel stetig und relativ gleichmäßig. Durch diese Kontinuität entsteht auch eine besondere Planungssicherheit.

Die aufgrund von Fundraising-Aktivitäten gewonnenen Stifterinnen und Stifter erhalten die Gewissheit, dass ihr in die Gemeinschaftsstiftung direkt oder in eine von dieser verwalteten Stiftung eingebrachtes Vermögen erhalten bleibt und nachhaltig zur Erfüllung gemeinnütziger, mildtätiger oder kirchlicher Zwecke dient.

Leitfaden für Errichtung und Gestaltung einer Gemeinschaftsstiftung:

- Definieren Sie Ihre Ziele;
- entwickeln Sie eine Strategie;
- entwickeln Sie konkrete Überlegungen zur möglichen Errichtung und Entwickung einer Gemeinschaftsstiftung;
- befinden Sie über organisatorische Aspekte zur Errichtung und Gestaltung der Gemeinschaftsstiftung und deren »Betrieb«;
- stellen Sie einen Zeitplan auf
- entwickeln Sie das Stiftungsgeschäft und die Satzung der Gemeinschaftsstiftung.

(Bank für Sozialwirtschaft, 1999)

Organisationen als Informationsquellen für Fundraiser:

- Bundesarbeitsgemeinschaft Sozialmarketing (BSM) Deutscher Fundraising Verband e.V. (Bachstraße 10, 63785 Obernburg, Tel. (06022)681563, Fax 681561
- Deutscher Spendenrat e.V. (DSR), Simrockallee 27, 53174 Bonn, Tel. (0228)93557-28, Fax-99
- Deutsches Spendeninstitut Krefeld (DSK), Dießemer Bruch 150, 47805 Krefeld, Tel. (02151)555750, Fax 511448
- Deutsches Zentralinstitut für soziale Fragen (DZI), Bernadottestr. 94, 14195 Berlin, Tel. (030)839001-0, Fax -8314750

5.13 Noch Fragen? 10 Fragen zum Marketing

		Richtig	Falsch
1.	Marketing ist weitgehend mit Werbung gleichzusetzen.		
2.	Standortanalysen sind für Kleingründer unmöglich.		
3.	Das Erscheinungsbild meines Unternehmens muss vor allem zu mir passen.		
4.	Neue Dienstleistungen haben vergleichsweise schlechtere Erfolgsaussichten als eingeführte Angebote.		
5.	Bei negativen Reaktionen auf mein Dienstleistungsangebot sollte ich mich ausschließlich auf positive Rückmeldungen konzentrieren.		
6.	Es ist besser, Dienstleistungen über den Preis anzubieten als über den Nutzen.		
7.	Eine breite Nutzung von Werbemaßnahmen bringt in der Regel mehr als ein gezielter Einsatz einzelner Instrumente.		
8.	Auch Kleingründer können Konkurrenzanalysen durchführen.		
9.	Bei schriftlichen Informationen über meine Dienstleistung bringt die große Zahl den Erfolg.		
10.	Marketing ist für Freiberufler grundsätzlich weniger wichtig als für andere Selbstständige.		

(Die Lösungen finden Sie im Anhang, S. 186.)

6. Finanzen und Steuern

6.1 Über ein schwieriges Verhältnis: Sozialarbeit und Betriebswirtschaft

»Weite Kreise der Sozialarbeit, Sozialpädagogik und anderer sozialer Berufe stehen ökonomischen Fragestellungen, ja dem Ökonomischen überhaupt, zumeist fremd, wenn nicht gar misstrauisch und abweisend, nicht selten sogar ausgesprochen feindlich gegenüber.« (Gründger 1988, S. 34) Der zitierte Autor versah seine Überlegungen mit dem Untertitel: »Eine essayistische Aufforderung, das wirtschaftliche Denken als Hilfsmittel der sozialen Praxis zu entdecken.«

Die Grundlage der schwierigen Beziehung zwischen sozialer Arbeit bzw. Sozialpädagogik und Betriebswirtschaft mag in der scheinbaren Unvereinbarkeit von ökonomischem Denken und Handeln mit dem Berufsbild und dem Selbstverständnis von SozialpädagogInnen/SozialarbeiterInnen zu finden sein. In der beruflichen Praxis erfahren Angehörige sozialer Berufe eine tief greifende Abhängigkeit von wirtschaftlichen Vorgaben. Gerade in Zeiten zunehmend eingeschränkter Haushalte ist dies in der Regel mit der Verengung von Handlungsspielräumen verbunden.

Das Spannungsverhältnis zwischen Sozialpädagogik und Betriebswirtschaftslehre kann vor allem auch aus dem Umstand abgeleitet werden, dass viele soziale Probleme unmittelbar (Arbeitslosigkeit) oder mittelbar (Alkoholismus) als Folgen des kapitalistischen Systems identifiziert werden. Auf der anderen Seite besteht ein Konnex zwischen der Leistungsfähigkeit einer Volkswirtschaft und den verfügbaren Ressourcen für soziale Dienste (Begriffe wie »soziale Dienstleistungen« bringen die Ökonomisierung der Sozialpädagogik zum Ausdruck). Gleichwohl wird die Ambivalenz der uns hier beschäftigenden Thematik deutlich.

Vorbehalte gegenüber ökonomisch geprägter Berufsausübung können ideologisch geprägt sein, gleichwohl zeigen sich im Alltag – nicht nur – sozialer Berufe konkrete Erscheinungsformen wirtschaftlicher Strukturen und Mechanismen, die objektive Kritik stimulieren. Die Ökonomisierung beruflichen Handelns wird von SozialpädagogInnen/SozialarbeiterInnen nicht selten mit einer fundamentalen Veränderung der Berufsrolle gleichgesetzt, die vor allem mit Verlusten in der Klientenorientierung verbunden sei.

Es geht um eine Grundsatzentscheidung: Sollen SozialpädagogInnen/SozialarbeiterInnen versuchen, ein Gegengewicht zu jenen Kräften zu bilden, die soziale Arbeit und soziale Pädagogik zunehmend dem Diktat finanzieller Restriktionen unterwerfen? Oder sollen SozialpädagogInnen/SozialarbeiterInnen versuchen, betriebswirtschaftliche Kenntnisse zur Verstärkung ihrer beruflichen Kompetenz zu nutzen und damit eine bessere Balance zwischen betriebswirtschaftlichen Anforderungen und der Arbeit für Menschen in Problemlagen zu erreichen? Es macht keinen Sinn, der Beantwortung dieser Frage auszuweichen, denn: Sie ist oktroyiert!

»Sozialarbeit wird zunehmend entmündigt werden, wenn sie es den Ökonomen überlässt, ihre Wirksamkeit nachzuweisen, und dann auch noch versäumt, deren Denken verstehen zu lernen.« (Ebd., S. 47)

Die Annäherung zwischen betriebswirtschaftlicher und sozialpädagogischer Theorie und Praxis vollzieht sich auch über die Analyse konkreter Folgen sozialen Handelns. Grundsätzlich können nach Heiner (1988, S. 73) vier Dimensionen der Effektivitäts-analyse sozialer Pädagogik unterschieden werden:

- Effektivitätsanalyse mit der Prüfung von Zielerreichung,
- Effizienzanalyse im Rahmen betriebswirtschaftlicher Kosten-Nutzen-Relationen,
- Verträglichkeitsanalyse mit der Berücksichtigung möglicher Nebeneffekte und Spätfolgen sowie
- Qualitätsanalyse mit dem Ziel der Erhaltung und Verbesserung fachlicher Standards der Leistungserbringung.

In diesem Zusammenhang ist die Evaluation sozialer Dienstleistungen von besonderer Bedeutung, wobei zwischen Fremd- und Selbstevaluation unterschieden wird. Der Selbstevaluation sollte neben der Supervision eine besondere Berücksichtigung bei der Reflexion beruflichen Handelns zukommen. Hier zeigt sich eine zunehmende Annäherung oder gar Überschneidung betriebswirtschaftlichen und sozialpädagogischen Denkens und Handelns. Tatsächlich ist heute in der betriebswirtschaftlichen Ausbildung die Vermittlung sozialer Kompetenzen in wachsendem Maße relevant.

6.1.1 Sozialmanagement und Betriebswirtschaft

Sozialmanagement – mehr als ein Modebegriff?
Im angloamerikanischen Sprachgebrauch ist Management gleichzusetzen mit Zielfindung, Planung, Problemlösung, Organisation, Erfolgskontrolle und vor allem Führung. Umstritten ist, inwieweit die Effizienz, d.h. die Optimierung der Zielerreichung mit möglichst geringem Aufwand an personellen, finanziellen und anderen Ressourcen (in der BWL als »Finalrelation« bezeichnet), als Maxime des Handelns in sozialen Organisationen zu gelten hat. Die klientenorientierte SozialpädagogIn/SozialarbeiterIn mag sich diesem Diktat nicht unterwerfen. Einen Königsweg gibt es nicht, sondern die – nicht selten fiktive – Kompromisslösung einer Konzentration auf die Arbeit mit Menschen in psychosozialen Problemlagen unter den Vorzeichen des modernen Sozialmanagements. Das Umdenken kommt in dem Begriff der »so-

zialen Dienstleistung« zum Ausdruck, der auch das Dilemma des Sozialmanagements in sich trägt. Denn: Sozialmanagement und Betriebswirtschaftslehre sind weitgehend identisch, vor allem, weil auch das Sozialmanagement nicht dort aufhören kann, wo das Rechnen und Kalkulieren beginne. Dies gilt vor allem im Hinblick auf die Praxis der Veränderung sozialen Handelns in Organisationen. Soziales Management als Aktionsraum zwischen herkömmlichen – d.h. vor allem kameralistischen SozialpädagogInnen/SozialarbeiterInnen – und betriebswirtschaftlich geprägten SozialpädagogInnen/SozialarbeiterInnen ist folglich nicht realistisch. Vielmehr ist die Zusammenführung von SozialpädagogInnen/SozialarbeiterInnen und Betriebswirtschaftslehre in der oben beschriebenen Weise zu präferieren, weil nur sie SozialpädagogInnen und SozialarbeiterInnen in den Prozess der Modernisierung einbindet, sie gleichsam zu Mitgestaltenden macht und die Möglichkeit bietet, zur Verhinderung oder Minderung von negativen Entwicklungen beizutragen. In diesem Zusammenhang ist zu beachten: Zeitgemäße Betriebswirtschaftslehre ist gleichzusetzen mit der Erkenntnis, dass eine Optimierung der Organisationsziele über möglichst weit reichend emanzipierte und motivierte Mitarbeiter zu erreichen ist.

Beginnen wir unsere Annäherung an die BWL mit vertrauten Begriffen: CASE- und CARE-Management. Hier zeigt sich eine Entwicklung, die für die zunehmende Ökonomisierung der Sozialpädagogik bzw. Sozialarbeit von großer Bedeutung ist: das vermehrte Auftreten von Formen der ambulanten Wahrnehmung sozialer Dienste. Die steigende Zahl selbstständiger SozialpädagogInnen und SozialarbeiterInnen ist Beleg für diese Feststellung.

Case-Management

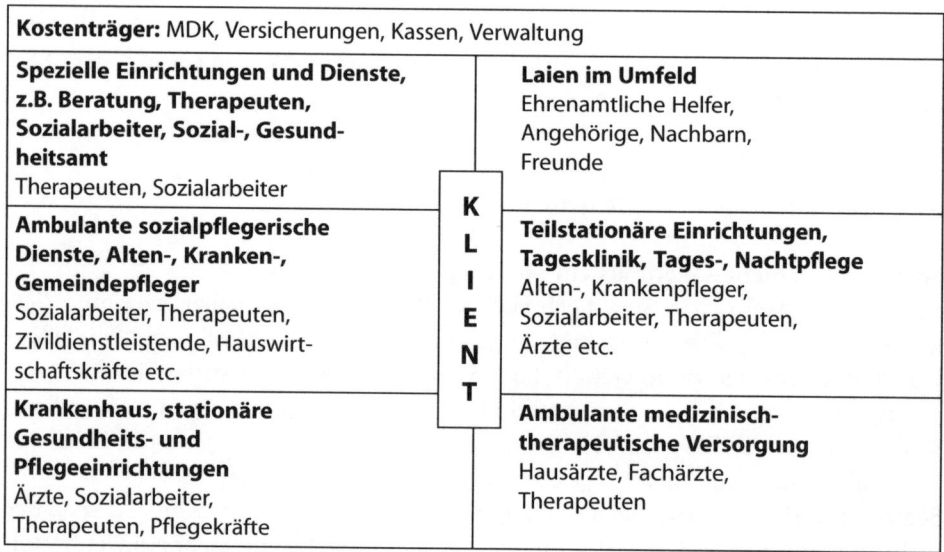

(*Damkowski u.a. 1997, S. 207f.*)

»Aufgabe des Case-Managements ist es, die einzelnen, notwendigen Dienstleistungen zu ermitteln, die Zusammenarbeit aller zu organisieren, zu begleiten und mit allen Beteiligten zu reflektieren bzw. zu bewerten.« (Damkowski 1997, S. 207f.)

Die Strukturierung des individuellen Case-Managements (Information über verfügbare Dienste, Situationsbestimmung, Planung, Vermittlung und Abstimmung, Kontrolle und Bewertung von Diensten) wird als Care-Management bezeichnet. Die wichtigsten Aufgaben des Care-Managements sind (Ebd., S. 209f.):

- Schaffung von Angebotstransparenz,
- Koordination des Angebotes sowie
- Bedarfsplanung und Entwicklung von Versorgungsstrukturen.

Ambulante Versorgungsdienste – etwa in Form von sozialen Verbundsystemen – sind in hohem Maße betriebswirtschaftlich orientiert. Aufgaben wie Qualitätssicherung, Planung oder Marketing sind unabdingbare Voraussetzungen für eine zeitgemäße Ausformung sozialer Dienstleistungen. In diesem Zusammenhang ist hervorzuheben, dass soziale Dienste in zunehmendem Maße von selbstständigen SozialpädagogInnen und SozialarbeiterInnen wahrgenommen werden. Für diesen Personenkreis sind betriebswirtschaftliche Verhaltensweisen obligatorisch.

6.1.2 Organisationsziele und Rechnungswesen

Die Betriebswirtschaftslehre benennt naturgemäß die Gewinnerzielung als Primärziel. Darüber hinaus gibt es eine Reihe weiterer Ziele, die ebenfalls von Bedeutung sind. Dies gilt etwa für die Liquidität, aber auch für Rentabilität, Kostenstrukturen, Produktivität, Effizienz und vor allem Qualität. Gewinnerhöhung kann durch Kostensenkung, aber auch auf dem Wege der Umsatzsteigerung erreicht werden. Die vorgegebenen Ziele der Organisation durchdringen in der modernen BWL alle Abteilungen einer Unternehmung, die zwar auf der einen Seite zunehmend autonomer werden, andererseits unmittelbarer in die Verpflichtungen zu wirtschaftlichem Handeln eingebunden sind.

Aufgaben des betrieblichen Rechnungswesens

»Unter dem Begriff betriebliches Rechnungswesen fasst man sämtliche Verfahren zusammen, deren Aufgabe es ist, alle im Betrieb auftretenden Geld- und Leistungsströme, die vor allem – aber nicht ausschließlich – durch den Prozess der betrieblichen Leistungserstellung und -verwertung (betrieblicher Umsatzprozess) hervorgerufen werden, mengen- und wertmäßig zu erfassen und zu überwachen (Dokumentations- und Kontrollaufgabe).« (Wöhe 1986, S. 865)

Rechnungswesen: Begriffe und Erklärungen	
Buchhaltung	Zeitrechnung, die im zeitlichen Ablauf alle Geschäftsvorfälle lückenlos aufzeichnet, die sich rechnerisch niederschlagen.
Jahresabschluss/ Bilanz	Gegenüberstellung von Vermögen und Kapital zu einem Stichtag. Das Vermögen umfasst – als Aktiva – die gesamten Vermögensgegenstände und Geldmittel, das Kapital ist – als Passiva – die Gesamtheit aller Verpflichtungen.
Gewinn- und Verlustrechnung	Zeitraumrechnung, in der Erträge und Aufwendungen gegenübergestellt werden. Aus der Differenz ergibt sich der Erfolg, der im positiven Fall ein Gewinn und im negativen Fall ein Verlust ist.
Kostenrechnung	Mit ihr wird – als Kosten – aller in Geld gemessener Verzehr an Gütern und Dienstleistungen ermittelt, der notwendig ist, um die betrieblichen Leistungen – als Erträge – zu bewirken. Sie kann eine Zeitrechnung oder Stückrechnung sein.
Statistik	Sie wertet neben anderen Unterlagen die Zahlen der Buchhaltung, der Bilanz, der Gewinn- und Verlustrechnung und der Kostenrechnung aus. Durch Vergleichen von betrieblichen Tatbeständen mithilfe von Kennzahlen gewinnt man zusätzliche Erkenntnisse.
Planungsrechnung	Sie stellt die mengen- und wertmäßige Schätzung der erwarteten betrieblichen Entwicklungen dar. Die betriebliche Planung wird in Form von Vorschlägen zu den zukünftigen Ausgaben und Einnahmen konkretisiert.

(*Olfert/Rahn 1997, S. 53*)

Aufgaben des betrieblichen Rechnungswesens		
Finanzbuchhaltung und Bilanz	Buchhaltung Inventar Jahresabschluss Zwischenbilanzen, Sonderbilanzen	
Kostenrechnung	Betriebsabrechnung:	Kostenartenrechnung Kostenstellenrechnung Kostenträger-Zeitrechnung Kurzfristige Erfolgsrechnung
	Selbstkostenrechnung (Kostenträger-Stückrechnung)	
Betriebswirtschaftliche Statistik und Vergleichsrechnung	Statistik	
	Einzelbetrieblicher Vergleich	Zeitvergleich Verfahrensvergleich Soll-Ist-Vergleich
	Zwischenbetrieblicher Vergleich	
Planungsrechnung		

6.2 Kapitalbedarfsplan

Mit der Aufstellung eines Kapitalbedarfsplanes sollen folgende Fragen beantwortet werden (BMWi 1997a, S. 1):

● Wie viel Geld brauchen Sie für die Unternehmensgründung?
● Wie hoch sind die laufenden Kosten?
● Wie teuer ist Gründung selbst?
● Wo können Sie sparen?

1. Investitionen zur Herstellung der sozialen Einrichtung (langfristig gebundenes Kapital)	
Grundstücke	.... DM
Gebäude	.... DM
Umbau- und Einbaumaßnahmen	.... DM
Maschinen und Geräte, Fahrzeuge	.... DM
Reserve für Folgeinvestitionen und Unvorhergesehenes	.... DM
Zwischensumme	.... DM
2. Betriebskosten (kurzfristig gebundenes Kapital)	
Personalkosten: ● Pädagogische Fachkräfte ● Verwaltung ● Praktikantin ● Fort- und Weiterbildung	.... DM .... DM .... DM .... DM
Sachkosten ● Verwaltung ● Miete inkl. Nebenkosten ● Betriebliche Versicherungen	.... DM .... DM .... DM
Zwischensumme	.... DM
3. Gründungskosten	
Beratungen (Rechtsanwalt, Steuerberater, Unternehmensberater)	.... DM
Anmeldungen/Genehmigungen, Notar	.... DM
Porto, Telefon, Fahrtkosten	.... DM
Mietkautionen, Maklergebühren	.... DM
Zwischensumme	.... DM
4. Kapitaldienst für Zins- und Tilgungskosten	
Zwischensumme	.... DM
5. Privatentnahmen für den Lebensunterhalt	
Reserve für Folgeinvestitionen und Unvorhergesehenes	.... DM
Zwischensumme	.... DM
Gesamter Kapitalbedarf	.... **DM**

(Mai/Matschke 1997, S. 159ff.)

6.3 Typische Finanzierungsfehler

Gerade bei der Finanzierung neuer Unternehmen werden häufig vermeidbare Fehler gemacht (vgl. Rasner u.a. 1996, S. 234f.):

- Eine nicht ausreichende Finanzierung kann sehr schnell zu Liquiditätsproblemen führen.
- Eine zu teure Finanzierung belastet die Ertragskraft des Unternehmens.
- Es wird mit zu wenig Eigenkapital geplant.
- Keine rechtzeitigen Verhandlungen mit der Hausbank.
- Es wird ein Kontokorrentkredit zur Finanzierung von langfristigen Investitionen in Anspruch genommen.
- Öffentliche Finanzierungshilfen werden nicht beansprucht.
- Die Planung des Kapitalbedarfs ist unzureichend.
- Kredite werden unkritisch aufgenommen.

All diese Fehler können unabhängig voneinander Ursachen für eine Insolvenz sein. Beachtung sollte jedem der Punkte geschenkt werden, hervorzuheben ist jedoch, dass die optimale Fremdfinanzierung im Mittelpunkt des Interesses eines jeden Existenzgründers bereits lange vor Existenzgründung zu stehen hat. Die typischen Kriterien für Finanzierungsfehler sind im Folgenden aufgelistet. Die regelmäßige Beachtung dieser Punkte hilft Finanzierungsfehler und damit Insolvenzen zu vermeiden.

Fragen zur Finanzierung:

- Liegt für Investitionen ein Festpreisangebot vor; sind die Kosten ausreichend kalkuliert worden?
- Sind alternative Finanzierungen (Auftragsvorfinanzierung, verlängerte Zahlungsziele) beachtet worden?
- Sind eventuell erforderliche flüssige Mittel für ungewisse Risiken kalkuliert worden?
- Sind Auftragsverluste finanzierbar?
- Stehen die eingeplanten Eigenmittel auch effektiv zur Verfügung?
- Ist Leasing eine geeignete Finanzierungsalternative (z.B. Kfz von BerufsbetreuerInnen)?
- Können von anderen Institutionen Zuschüsse oder zinsgünstige Sonderkredite beanspucht werden?
- Wurden die steuerlichen Aspekte mit einem Steuerberater besprochen?

6.4 Das Eigenkapital: Der Schlüssel zur Gründungsfinanzierung

Zwar sind sozialpädagogische Gründungen in der Regel mit relativ geringem Kapitalbedarf verbunden, doch soll im Folgenden auch auf weit reichende Vorhaben eingegangen werden. Die Eigenmittel haben folgende Funktionen:

- Reduktion des notwendigen Bedarfs an Fremdkapital.
- Sicherheits- und Risikopolster: Eine Mindestausstattung mit Eigenkapital stellt sicher, dass nicht schon geringe Verluste zu einer Zahlungsunfähigkeit oder Überschuldung und damit zum Konkurs führen.
- Kriterium für die Kreditwürdigkeit: Je mehr Eigenmittel eingesetzt werden und je höher der Eigenkapitalanteil an den gesamten Investitionen ist, desto besser ist die Verhandlungsposition mit einem Kreditgeber.

Eigenkapital gibt Sicherheit
Je mehr Eigenkapital, desto besser: Es verringert die Gefahr von Liquiditätsproblemen, die schon bei kleineren Abweichungen von den Plandaten auftreten können.

Eigenkapital macht unabhängig
Nur wenn Sie über ausreichendes Eigenkapital verfügen, können Sie auch schnell und flexibel auf erneuten Finanzierungsbedarf (z.B. Investitionen bei Marktänderungen) reagieren.

ERP-Eigenkapitalhilfe-Programm
Die Bundesregierung bietet Existenzgründern mit tragfähigem Konzept die Möglichkeit, mit dem ERP-Eigenkapitalhilfe-Programm (EKH) und – in den neuen Bundesländern – zusätzlich mit dem Eigenkapitalergänzungsprogramm (EKE) »haftende Eigenmittel« zu bilden.

Partner: Eigenkapital und Know-how
Eigenkapital kann auch durch Geschäftspartner ins Unternehmen fließen. In den neuen Bundesländern können Sie über die »Partnerschaftsvariante« zusätzlich Mittel aus der Eigenkapitalhilfe als Eigenkapital mobilisieren.

Kapitalbeteiligungsgesellschaften
Anstelle eines Partners können Sie eine öffentlich geförderte Kapitalbeteiligungsgesellschaft suchen. Diese investiert Beteiligungssummen ab 100.000,– DM in der Regel in Form einer stillen Beteiligung mit günstigen Konditionen.

Venture-Capital
Wenn Sie ein riskantes Gründungskonzept haben, das aber auch überdurchschnittliche Chancen birgt, so kommen auch private Kapitalbeteiligungsgesellschaften oder »Venture-Capital«-Gesellschaften in Betracht. Sie wollen meist deutlich höhere Summen einsetzen (ab 1 Mio. DM) – und erwarten entsprechend höhere Renditen. Ihr Vorteil liegt in ihrer hohen Finanzierungskompetenz und Finanzkraft.

> **Eigenes Kapital verhilft zu Fremdkapital**
> Das eingesetzte Eigenkapital gilt für Banken und Sparkassen oft als Messlatte für eine Ernsthaftigkeit eines Gründungsprojektes. Wenn Sie eigene Mittel in stärkerem Maße riskieren, können Sie allgemein erwarten, dass Sie andere leichter von Ihrem Vorhaben überzeugen und zur Kreditvergabe bewegen können.
>
> **Bürgschaften**
> Neben Eigenkapital verlangen die Kreditinstitute Sicherheiten. Wenn Sie keine oder nicht ausreichende Werte zur Absicherung von Krediten haben, dann bleiben die Bürgschaftsinstitute. Sie sind Selbsthilfeeinrichtungen der privaten Wirtschaft.
>
> **Geld gegen Transparenz**
> Wer Dritte davon überzeugt, dass es sich lohnt, gerade in sein Unternehmen zu investieren, der sollte den potenziellen Beteiligungsgebern vollständige und detaillierte Geschäftsunterlagen überlassen. Wichtig ist, dass Sie als Gründer aber auch persönlich überzeugen können.

(BMW: 1997a, S. 5)

Ihr Eigenkapital können Sie mithilfe der folgenden Aufstellung ermitteln:

Ersparnisse	+	DM
Aktien	+	DM
Festgeld	+	DM
Ersparnisse durch Eigenleistung	+	DM
Hypothek auf Haus- und Grundbesitz	+	DM
Sacheinlagen (z.B. Geschäftsausstattung)	+	DM
Erb-Pflichtteil	+	DM
Darlehen von Verwandten/Freunden	+	DM
Aufnahme von Gesellschaftern/Partnern	+	DM
Gesamtbetrag Eigenmittel	=	**DM**

Die folgenden Regeln sollten Sie unbedingt beachten:

- Mindestens 15% bis 20% der Investitionskosten sollten als Eigenmittel eingesetzt werden.
- Eigenleistungen können im Umbau- oder Ausbaubereich den Bedarf an Fremdkapital reduzieren, werden nach den Darlehensrichtlinien der Existenzgründung aber nicht als Eigenmittel anerkannt.

6.5 Fremdkapital

6.5.1 Grundregeln für das Kreditgeschäft

Jeder Unternehmer, der – aus welchen Gründen auch immer – den Gang zu einem Kreditinstitut antritt, sollte folgende Grundregeln beachten:

- Der Kreditnehmer ist *kein Bittsteller*. Bankiers sind Händler, Geld ist ihre Ware.
- *Nicht jedes Kreditinstitut ist geeignet*. Bei überregionalen Großbanken gilt man als einzelner Selbstständiger oft nur als »kleiner Fisch«.
- Man sollte sich seine *Bank oder Sparkasse immer »vor Ort«*, d.h. in der näheren Umgebung suchen.
- Es ist verhandlungspsychologisch günstig, *von sich aus* zu *agieren*, um auf diese Weise Vertrauen zu schaffen. Man sollte Informationen nicht nur geben, wenn die Bank sie fordert, sondern schon vorher, von sich aus.
- Kann eine *mittelfristige Unternehmensplanung* vorgelegt werden, macht dies einen guten Eindruck. Der Bankier, der über einen Kreditantrag entscheidet, hat dann nicht das Gefühl, der Unternehmer lebe »von der Hand in den Mund«. Kurzfristige Liquiditätsvorschau und Halb- bzw. Jahresfinanzplan sind absolut erforderlich.
- *Das Kreditgeschäft ist ein Verhandlungs- und Verkaufsgespräch*. Das gilt für beide Parteien. Man sollte nicht sofort jede angebotene Kondition akzeptieren. Nicht die Kunden sind die Angesehenen, die nicht handeln. Hartes Verhandeln beweist, dass man als Unternehmer sein Handwerk versteht.
- *Je umfangreicher und eindeutiger man Fragen beantworten kann, desto besser*. Die eigene Verhandlungposition verschlechtert sich, wenn Unterlagen nicht vorliegen oder nachgereicht werden müssen.
- *Je besser das Standing eines Unternehmens und seines Betriebes, desto niedriger der Zinssatz*. Viele Bankiers hören es nicht gerne und doch ist es eine Tatsache: Mit einem Guthaben auf dem Konto (z.B. Festgeld oder langfristigen Wertpapieren) oder anderen Sicherheiten (z.B. Immobilien) sind Verhandlungen wesentlich leichter zu führen. Je sicherer ein Unternehmen dasteht, desto geringer ist das Risiko für die Bank. Deren Zinssatz ergibt sich nämlich als Einstandspreis plus Gewinnzuschlag plus Risikozuschlag. Je besser ein Unternehmen dasteht, desto geringer der Risikozuschlag der Bank und damit der zu zahlende Zins.
- Man sollte die Konkurrenz im Kreditgewerbe nutzen und zu zwei oder drei Kreditinstituten, aber auch nicht zu mehr gehen und dabei die Gebühren der verschiedenen Institute vergleichen.
- Wichtig ist, *mit dem »richtigen Mann/der richtigen Frau« zu verhandeln*. Man sollte sich vergewissern, ob der Gesprächspartner Entscheidungskompetenz hat. Dies kann man i.d.R. annehmen, wenn der Partner der Zweigstellenleiter, der Filialdirektor, der Leiter der Sonderkreditabteilung oder der spezialisierte Kunden-

berater ist. Ansonsten kann man nie sicher sein, ob die vorgetragenen Argumente und der »gute Eindruck«, der hinterlassen wurde, auch »oben« angekommen sind.

- *Zur Vorbereitung auf jedes Kreditgeschäft gehört, dass man als Unternehmer bestimmte Unterlagen bereitstellt.* Kreditgebende Institute verlangen einen vollständigen Überblick über ihre potenziellen Schuldner und werden daher i.d.R. eine Kreditprüfung vornehmen, um deren Kreditwürdigkeit beurteilen zu können. Hat sich ein Kreditinstitut nach Prüfung der diversen Unterlagen grundsätzlich bereit erklärt, einen Kredit zu gewähren, sollte immer die *Frage nach der Effektivverzinsung* gestellt werden. Anhand der Effektivverzinsung ist es möglich, Kreditangebote verschiedener Banken miteinander vergleichen zu können.

- Es sollte vereinbart werden, dass *jede Tilgungsrate sofort von der zu verzinsenden Kreditschuld abgezogen* wird. Andernfalls wird monatlich oder vierteljährlich getilgt und die Bank zieht die Tilgungsbeträge erst am Jahresende in einer Summe von der Kreditschuld ab. Dabei zahlt man als Kreditnehmer zu viel Zinsen.

6.5.2 Vorbereitung des Bankgesprächs

Vorbereitung

Eine gründliche Vorbereitung auf das Bankgespräch ist unerlässlich, um das von Ihnen gesteckte Ziel – Existenzgründung – zu erreichen. Deshalb sollten Sie sich darum bemühen, ein ausgereiftes Konzept darzulegen. Dieses Konzept enthält die Investitions- und Rentabilitätsplanung sowie die Absatzplanung.

Termin vereinbaren

Vereinbaren Sie mit dem zuständigen Sachbearbeiter für Firmenkundenbetreuungen, Existenzgründungen oder ggf. öffentliche Förderprogramme einen Termin und erkundigen Sie sich, welche Unterlagen Sie zu dem Bankgespräch mitnehmen müssen.

Wichtige Unterlagen für das Bankgespräch
- Lebenslauf mit beruflichem Werdegang,
- Arbeits- und Prüfungszeugnisse,
- Unternehmenskonzept in Kurzfassung,
- Umsatz- und Kostenplan,
- Verträge,
- Nachweis über vorhandenes Eigenkapital,
- Liquiditätsplan mit voraussichtlichen Einnahmen und Ausgaben,
- Kapitaldienstrechnung,
- Rentabilitätsvorschau,
- Liste der Sicherheiten,
- Bericht über eine Existenzgründungsberatung.

Rentabilität darlegen

Der Banker muss von der Rentabilität Ihres Planes überzeugt sein. Dafür ist es erforderlich, dass Sie begründen, warum die geplanten Investitionen notwendig sind und welches Umsatz- und Ertragspotenzial dadurch geschaffen werden kann.

Berater mitnehmen

Natürlich können Sie einen Berater zum Bankgespräch mitnehmen. Ihnen muss nun klar sein, dass Sie das Gespräch führen werden. Es ist Ihre Aufgabe, die vom Berater erstellte Rentabilitätsrechnung bis ins Detail zu erklären. So zeigen Sie, dass Sie das Konzept verstanden haben.

Rollenverteilung klären

Für den Fall, dass Gründerinnen ihren Berater oder Partner mitnehmen, ist vorher die Rollenverteilung zu regeln. Sie müssen Ihrem Geldgeber zu verstehen geben, dass Sie die Hauptrolle in Ihrem Unternehmensprojekt spielen: Übernehmen Sie deshalb die Gesprächsführung!

Sicher auftreten

Sie treten bei der Bank nicht als Bittsteller auf, sondern als künftiger Geschäftspartner. Sie müssen sich dessen immer bewusst sein. So wird es Ihnen gewiss nicht schwer fallen, selbstsicher aufzutreten.

Probleme und Lösungen bedenken

Welche Probleme könnte die Bank sehen und welche Lösungen gibt es dafür? Machen Sie sich selbst Gedanken darüber und fragen Sie Ihre Bekannten. Werden Sie im Gespräch darauf angesprochen, wird es Ihnen leicht fallen, darauf zu antworten, und Sie zeigen gleichzeitig Kompetenz.

Öffentliche Fördermittel verlangen

Ihr erstes Ziel ist es natürlich, die Bank davon zu überzeugen, Ihr Vorhaben zu finanzieren. Sprechen Sie dann die Möglichkeiten der öffentlichen Fördermittel an. Falls Ihre Bank davon abrät, bleiben Sie hartnäckig!

Förderprogramme kennen

Falls Sie daran denken, Ihr Projekt mit öffentlichen Fördermitteln zu finanzieren, sollten Sie sich schon vor dem Bankgespräch über verschiedene Möglichkeiten informieren und diese dann beim Gespräch aufführen.

Von mehreren Stellen beraten lassen

Machen Sie sich bewusst, dass nicht jede Bank Ihr Vorhaben finanzieren will. Gehen Sie zu verschiedenen Banken. Ein Vergleich der Konditionen der Bankkredite lohnt sich.

Geschäftspartner suchen

Treten Sie mit möglichen Geschäftspartnern in Kontakt und lassen Sie sich eine Bestätigung des Interesses an möglichen Aufträgen geben. Ein Referenzliste führt ebenfalls zu einer positiven Bewertung des Projekts.

Konzept gegebenenfalls überprüfen

Wenn Ihr Plan abgelehnt wird, fragen Sie nach den Gründen. Dies bietet Ihnen Gelegenheit, Ihr Konzept zu überprüfen und zu verbessern.

Fristen einhalten

Für die Nutzung von Fördermitteln müssen Fristen eingehalten werden: Anträge sind vor der Investition zu stellen, die Auszahlung der Mittel kann mehrere Wochen dauern. Auch Ihre Hausbank braucht eine gewisse Bearbeitungszeit, die Sie einzuplanen haben (BMWi 1997a, S. 8f.).

6.5.3 Sicherheit beim Bankgespräch

Nochmals

Wenn Sie einen Bankkredit für Ihre Existenzgründung brauchen, haben Sie es nicht leicht. Schließlich können Sie noch keine Ergebnisse vorweisen, die Ihre Kreditwürdigkeit untermauern würden. Daher sollten Sie sich gut auf das Bankgespräch vorbereiten. Sprechen Sie vor dem Banktermin mit Existenzgründungsberatern über das Gründungsvorhaben, geplante Investitionen und voraussichtliche Kosten und Umsätze. Ein wichtiger Schritt in Richtung Bankkredit ist ein schlüssiges Konzept, das den Bankberater überzeugen muss. Bei der Erarbeitung des Konzepts hilft Ihnen Ihr Existenzgründungsberater. Vereinbaren Sie rechtzeitig einen Gesprächstermin mit Ihrer Hausbank und nehmen Sie Ihren Berater mit.

Ein häufiger Fehler

Viele Unternehmer kommen erst wenige Wochen vor Gründungsstart zu ihrem Kreditinstitut und können dann ihren Finanzpartner nicht überzeugen. Banken brauchen die Sicherheit, dass Sie Ihre finanziellen Verpflichtungen erfüllen können. Da Sie noch keine unternehmerischen Erfolge und Erfahrungen aufweisen können, muss sich die Bank auf Ihren guten Eindruck und auf Ihre überzeugenden Pläne verlassen. Beweisen Sie daher Ihre unternehmerische Kompetenz, indem Sie berufliche Qualifikationen vorlegen. Überzeugen Sie dabei den Banker von ihrer Geschäftsidee. Verhandeln Sie stets selbstbewusst und seien Sie offen im Gespräch. Denn ein Kredit ist Vertrauenssache.

Wenn das Finanzierungsgespräch erfolgreich verläuft, lassen Sie den Kontakt zu Ihrem Bankberater nicht abbrechen und pflegen Sie stets Ihre Beziehungen.

Was aber tun, wenn keine Bank oder Sparkasse Ihr Vorhaben finanzieren will?

- Überarbeiten Sie Ihr Konzept.
- Sprechen Sie mit den Wirtschaftsförderern Ihrer Kommune, des Landes, fragen Sie nach Zuschüssen, die die Eigenkapitalquote erhöhen.
- Bedenken Sie, dass Kreditinstitute Risikodiversifizierung anstreben und daher viele Engagements in einer Branche meiden. Die Konsequenz: Weitere Kreditinstitute ansprechen.
- Überprüfen Sie die Rechtsform (BMWi, 1997a, S. 10).

6.5.4 Darlehensangebote

Die Kosten eines Kredits werden beeinflusst von:

- Zinssatz,
- Auszahlungskurs,
- Laufzeit des Darlehens,
- Ratenhäufigkeit (Anzahl der Raten),
- Ratenfälligkeit (Tag, an dem die Rate bezahlt werden muss),
- Zinsverrechnung (Termin, zu dem die Höhe des Zinsanteils der Rate bestimmt wird),
- Tilgungsverrechnung (Zeitpunkt, an dem die Tilgung von der Restschuld abgezogen wird),
- Provisionen,
- Auslagen/Nebenkosten.

6.5.5 Überprüfen Sie Finanzierungsangebote

- Wie hoch sind Nominal- und Effektivzins?
- Für den Fall, dass Sie ein Disagio vereinbart haben: Wie hoch ist der Auszahlungssatz?
- Werden von der Bank Bearbeitungskosten berechnet?
- Welche Laufzeit hat das Darlehen?
- Über welchen Zeitraum haben Sie einen konstanten Zinssatz?
- Wie viele Jahre sind tilgungsfrei?
- Sind die Zinsen monatlich, vierteljährlich, halbjährlich oder jährlich zu leisten?
- Sind die Tilgungszahlungen monatlich, vierteljährlich, halbjährlich oder jährlich zu leisten?
- Findet die Verrechnung der Tilgungsraten monatlich, halbjährlich oder jährlich statt?
- Fallen noch anderweitige Kosten an, die mit dem Darlehen in Zusammenhang stehen? Z.B. Kontoführungsgebühren, Notariatsgebühren, Grundbuchkosten, Bereitstellungskosten, Verzugszinsen etc.

Diese Fragen sind bei jedem Finanzierungsangebot zu klären, damit Sie durch den anschließenden Vergleich das für Sie günstigste Angebot auswählen können.

6.6 Gewinnplan und Rentabilitätsvorschau

Durch die Erstellung eines Gewinnplans und einer Rentabilitätsvorschau soll sichergestellt werden, dass Sie auf Dauer ausreichend Gewinn machen und sich der Einsatz von Geld und Arbeit auch wirklich lohnt. Die aufzustellenden Pläne sollten dabei mindestens die ersten drei Geschäftsjahre umfassen, da mit dem Einsetzen von Tilgungszahlungen die finanziellen Belastungen sprunghaft ansteigen (BMWi 1997a, S. 22).

	Beispiel	Prozent	Ihre Zahlen
Erwarteter Umsatz	475.000,–	100	
– Wareneinsatz	250.000,–	53	
= Rohgewinn I	225.000,–	47	
Personalkosten Löhne/Gehälter Weihnachtsgeld Urlaubsgeld Vermögenswirks. Leistungen	90.000,–	19	
= Rohgewinn II	135.000,–	28	
Sachgemeinkosten Miete, Pacht, Heizung Gas, Wasser, Strom Versicherungen, Steuern, Beiträge Fahrzeugkosten Werbung, Reisekosten, Repräsentationskosten Instandhaltung v. Maschinen und Geräten Bürobedarf, Telefon Steuerberater, Buchführung Zinsen Abschreibungen	45.000,– 7.000,– 15.000,–	9 2 3	
= Jahresüberschuss	68.000,–	14	

Der Jahresüberschuss im Beispiel deckt genau die privaten Ausgaben. Nicht abgedeckt sind dabei Tilgungsbeiträge oder eine Reserve für Unvorhergesehenes. Ein wirklicher Gewinn müsste also deutlich höher als diese Summe sein.

6.7   Mindestumsatz

Die gründenden SozialpädagogInnen sollten näher bestimmen, welchen Mindestumsatz sie erzielen müssen, um eine wirtschaftlich tragfähige Niederlassung zu gestalten:

	Notwendiger Reingewinn/Unternehmerlohn	.... DM
+	Personalkosten inkl. Lohnnebenkosten	.... DM
+	Provisionen	.... DM
+	Mietkosten	.... DM
+	Werbekosten	.... DM
+	Verwaltungskosten	.... DM
+	Kfz-/Reisekosten	.... DM
+	Versicherungen/Beiträge/Gebühren	.... DM
+	Kreditbeschaffungskosten (Zinsen)	.... DM
+	Leasingrate	.... DM
+	Abschreibungen	.... DM
+	Sonstige Kosten (Steuerberater, Gewerbesteuer, usw.)	.... DM
=	Umsatz ohne MwSt	.... DM
+	MwSt	.... DM
=	Umsatz einschl. MwSt	.... DM

6.8 Liquidität

	1. Monat		2. Monat		3. Monat	
	Plan	Ist	Plan	Ist	Plan	
A. liquide Mittel						
Kassenbestand						
Bank und Barmittel						
Bankguthaben						
Summe						
B: Einnahmen						
Umsatzerlöse						
Darlehen						
Privateinzahlungen						
Sonstige Einnahmen						
Summe						
Verfügbare Mittel (A + B)						
C: Ausgaben						
Gehälter/Löhne						
Sozialabgaben						
Waren						
Mieten						
Verwaltung						
Vertrieb						
Steuern						
Versicherungen						
Zinsen						
Tilgung						
Sonstige Ausgaben						
Zwischensumme						
Investitionen						
Privatentnahmen						
Gesamtausgaben						
(+) Überdeckung						
(–) Unterdeckung						
Ausgleich durch Kontokorrentkredit						
Liquidität						

Mithilfe einer Liquiditätsrechnung soll sichergestellt werden, dass Sie auch zahlungs-fähig bleiben. Denn auch rentabel arbeitende Betriebe können illiquide werden, wenn z.B. einige Kunden später als erwartet bezahlen oder ein Kunde sogar ausfällt. Stellen Sie also Einnahmen und Ausgaben gegenüber und ermitteln Sie aus der Dif-ferenz den monatlichen Überschuss (Überdeckung) bzw. den monatlichen Fehlbe-trag (Unterdeckung). Um eine drohende Unterdeckung zu vermeiden, benötigen Sie ein effektives Kreditmanagement: Planen und kontrollieren Sie die Debitorenbestän-de (BMWi 1997a, S. 17)!

6.9 Preisfindung

Unter einem Preis versteht man den Gegenwert eines Artikels oder einer Leistung (Produkt), der in einer Rechnungseinheit (meistens Geld) ausgedrückt wird (Deut-scher Marketing-Verband 1998, S. 242).

Funktionen
Der Preis wird von Kunden oft als Anhaltspunkt für die Evaluation der Dienstleis-tung verwendet. Er wird gerade bei immateriellen Leistungen – wie es im sozialen Bereich nun mal der Fall ist – als *Qualitätsindikator verwendet.*

Für den Dienstleistungsnachfrager ist es nicht leicht, das Preis-Leistungs-Verhältnis des Dienstleistungsbetriebs zu beurteilen, sodass der Dienstleistungsbetrieb einen großen preispolitischen Spielraum hat. Dies liegt vor allem

- in der oberen bereits erwähnten Immaterialität der Dienstleistung und an der
- fehlenden Vergleichbarkeit von Dienstleistungen, wenn sie auf spezielle Nachfra-gebedürfnisse zugeschnitten sind.

Eine weitere Funktion des Preises im Dienstleistungsbereich ist der *Prestigeeffekt:* Der bezahlte Preis hilft dem Kunden, seinen sozialen Status zu demonstrieren (Bie-berstein 1998, S. 291f.).

Determinanten der Preisbildung
Die Preisbildung ist von mehreren Faktoren abhängig:

- betriebsspezifische Kosten,
- betriebliche Ziele,
- Nachfragesituation,
- Wettbewerbssituation,
- gesetzliche Bestimmungen (Bieberstein 1998, S. 292).

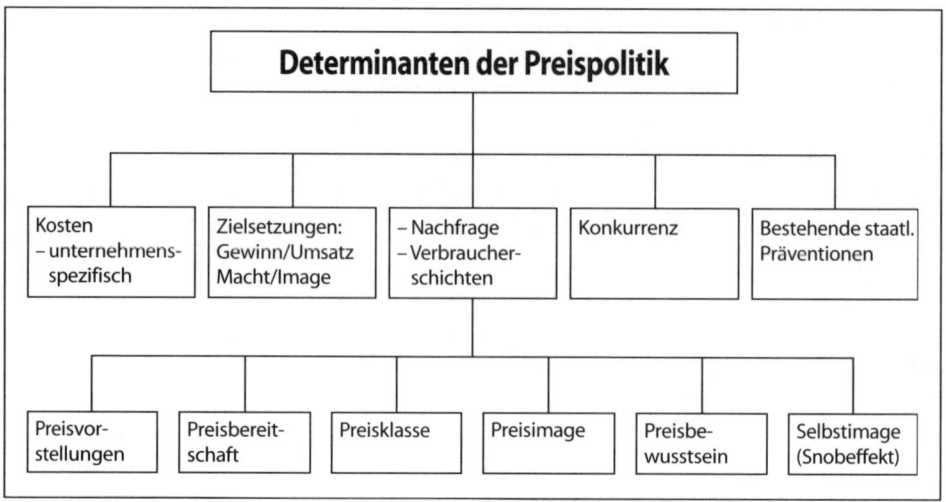

Im Folgenden wird aus dieser Vielzahl von Determinanten auf drei grundsätzliche Prinzipien der Preisbildung eingegangen:

Kostenorientierte Preisbildung
Grundlage der kostenorientierten Preisbildung sind kostenrechnerische Überlegungen. Der Preis wird auf der Grundlage der Kostensituation der SA/SP ermittelt. Dies kann entweder durch eine Voll- oder eine Teilkostenrechnung geschehen.

Nachfrageorientierte Preisbildung
Dieses Prinzip der Preisbildung orientiert sich an

- der Struktur der Nachfrageseite,
- den Preisvorstellungen der Nachfrager,
- den Preisklassen der Nachfrage,
- dem Einfluss von Qualität und Image.

Jedoch darf der Anbieter hierbei die kostenrechnerischen Überlegungen auf keinen Fall vernachlässigen (Weis 1999, S. 289).

Wettbewerbs-/konkurrenzorientierte Preisbildung
Die Preisbildung findet durch Ausrichtung an den Preisstellungen der Konkurrenten statt, ohne dabei die eigene Kostenstruktur oder Nachfragesituation mit einzubeziehen. Diese Form der Preisbildung findet man überwiegend auf oligopolistischen Märkten in den folgenden zwei Ausprägungen:

Orientierung am Branchenpreis	Orientierung am Preisführer
Der Preis kann ein wenig über oder unter dem Branchenpreis liegen	Der Preisführer ist derjenige Anbieter, an dem sich bei Preisänderungen die übrigen Anbieter anschließen.

(Weis 1999, S. 281)

Bei Neugründungen können die Stundensätze der Konkurrenz oftmals einen Anhaltspunkt für die eigenen Preise bieten. Höhere Preise lassen sich nur dann erzielen, wenn sich die eigene Dienstleistung vom Wettbewerb positiv abhebt, beispielsweise durch einen besseren Kundenservice. Ein weiterer wichtiger Aspekt ist die Wahl des richtigen Marktes, da auf Märkten mit harten Preiskämpfen und Verdrängungskonkurrenz meistens geringe Erträge erzielt werden.

Kostenorientierte Preisfindung

Als Faustregel gilt: Selbstkosten plus angemessener Gewinnzuschlag. Für Dienstleistungen, so auch für SozialarbeiterInnen und SozialpädagogInnen ist die Teilkostenkalkulation anwendbar:

	Erlös
–	Variable Kosten
=	Deckungsbeitrag
–	Fixkosten
=	Gewinn

Der Stundensatz ergibt sich aus Erlös dividiert durch die Anzahl der Stunden.

Ermittlung des Stunden-/Tagessatzes

Der Stunden-/Tagessatz ist die übliche Bemessungsgröße der eigenen Leistung. Angebot und Nachfrage bestimmen den Preis. Zur Sicherstellung der wirtschaftlichen Grundlage bei der Durchführung eines Auftrages ist es erforderlich, den persönlichen Mindestsatz zu kennen. Dieser wird hauptsächlich von der Höhe der Betriebsausgaben und dem Umfang der Privatentnahmen und damit Ihrem persönlichen Lebensstil bestimmt.

Neben den geschäftlichen Kosten, den privaten Entnahmen, dem Durchschnittssteuersatz und dem Zuschlag für das unternehmerische Risiko, muss noch die Arbeitsleistung realistisch geschätzt werden. Hier sollte man lieber von vorsichtigen Annahmen ausgehen und auch Urlaub, Krankheit und arbeitsfreie Zeiten und den »Bürotag« berücksichtigen (Hammesfahr/Bittner 1998, S. 52ff.).

Pro Jahr wurde von zwei auftragsfreien Monaten ohne Einnahmen ausgegangen. In den verbleibenden 44 Wochen wurden 4 Arbeitstage à 9 Stunden (44×4×9=1.484). Es ergeben sich somit ca. 1.500 liquidierbare Arbeitsstunden

Ermittlung Mindest-Stundensatz	A	B	C
Jahreskosten geschäftlich (ohne Spesen) in DM	4.000,–	12.000,–	14.000,–
Jahreskosten Privatentnahmen in DM	48.000,–	72.000,–	96.000,–
Durchschnittssteuersatz	35%	40%	40%
Steuermultiplikator	1,54	1,67	1,67
Privatanteil inkl. Steuer in DM	73.920,–	120.240,–	160.320,–
Mindesterlös in DM	77.920,–	132.240,–	184.320,–
Arbeitsstunden	1.500	1.500	1.500
Vorläufiger Stundensatz in DM	52,–	80,–	123,–
Zuschlag unternehmerisches Risiko	15%	15%	15%
Mindest-Stundensatz in DM	60,–	92,–	141,–

(Hammesfahr/Bittner 1998, S. 54)

Bei der Preiskalkulation sollte man zuerst für jede Dienstleistung eine Vollkalkulation aufstellen. Das Ergebnis sollte dann als unterste Preisgrenze gesehen werden. Es bleibt dann zu prüfen, wie hoch der momentane Wettbewerbspreis liegt. Nach dieser ersten Preisdefinition sollte mithilfe der Erfolgsrechnung ermittelt werden, ob sich das geplante Ergebnis mit diesem Preis erreichen lässt. Ist dies nicht der Fall, dann sollte man analysieren, in welchen Bereichen optimiert werden kann, und gegebenenfalls eine Preiskorrektur durchführen.

6.10 Beispiel: Die Basiskalkulation für SozialpädagogInnen

Angenommen, Sie erzielen einen UnternehmerInnenlohn von DM 78.000 pro Jahr; dies entspräche einem monatlichen Einkommen von DM 6.500. Die Verwendung dieser Summe könnte – und sollte – wie folgt aussehen:

Beispiel: So kalkuliert der/die sozialpädagogische Unternehmer/in ihr monatliches Einkommen	
Monatliches Einkommen brutto	6.500,– DM
./. Einkommensteuer	ca. 1.550,– DM
./. soziale Sicherung (sparsam gerechnet)	ca. 1.450,– DM
= Nettoeinkommen	ca. 3.500,– DM

Sie sehen, dass Sie auch als SozialpädagogIn durchaus stattliche Umsätze erzielen müssen, um im Rahmen einer ausreichenden Sicherung gegen Lebensrisiken ein verfügbares Einkommen zu erreichen, dass Ihrem hohen Engagement entspricht.

Kalkulieren Sie auf der Grundlage des Bruttoeinkommens Ihre Stundensätze! Sind diese Ansätze realistisch?

Wollen SozialpädagogInnen von ihrer Unternehmung leben, müssen die Aufwendungen für die Lebenshaltung gesichert sein. Die folgende Aufstellung zeigt, welche Positionen hier zu berücksichtigen sind:

Versicherungen und Privatausgaben								
	Jan.	Feb.	März	April	…	Nov.	Dez.	Summe
Krankenversicherung								
Rentenversicherung								
Lebensversicherung								
Sonstige Versicherungen								
Darlehen								
Miete inkl. Nebenkosten								
Telefon, Zeitungen								
Auto								
Kindergarten/Schule								
Beiträge und Gebühren								
Kleidung								
Lebensmittel								
Freizeit/Urlaub								
Anschaffungen								
Unterhaltszahlungen								
Private Entnahmen								
Sonstiges								
Summe:								
./. Sonstige Einnahmen								

(Benzel/Wolz 1998, S. 53)

6.11   Finanzamt

Für die Einkommensbesteuerung ist das Finanzamt zuständig, in dessen Bezirk Sie ihren Wohnsitz haben (§19 Abs. 1 S. 1 AO); für die Ermittlung der freiberuflichen Einkünfte und der Umsatzsteuer das Finanzamt, in dessen Bezirk das Unternehmen betrieben wird. Bei Großstädten mit mehreren Finanzämtern ist immer das Wohnsitz-Finanzamt zuständig.

Wenn Sie eine freiberufliche Tätigkeit aufnehmen, müssen Sie dies innerhalb eines Monats dem oder den Finanzamt/ämtern unmittelbar mitteilen. Grundsätzlich genügt eine formlose Anmeldung. Der persönliche Kontakt zur Finanzverwaltung ist jedoch zu empfehlen. Das Finanzamt schickt Ihnen dann einen Fragebogen zu (Angaben zur Tätigkeit, Rechtsform, Betriebseröffnung, Angaben zur Festsetzung von Einkommen- und Gewerbesteuervorauszahlungen, Lohn- und Umsatzsteuer). Aufgrund dieser Angaben prüft das Finanzamt, welche Steuererklärungen Sie in Zukunft abgeben müssen und ob Sie Vorauszahlungen auf die Einkommen-, Kirchen-, Vermögen- oder Gewerbesteuer zu zahlen haben. Schätzen Sie realistisch! Sie stellen schon hier die Weichen, durch zutreffende Vorauszahlungen Steuernachforderungen zu vermeiden.

Sie sind zur vollständigen Ausfüllung und Abgabe des Fragebogens gesetzlich verpflichtet. Das Finanzamt kann ansonsten Zwangsgelder festsetzen. Zusätzlich kann das Finanzamt ohne besondere Begründung eine Betriebsprüfung anordnen, die sich in der Regel mit der Gewinnermittlung und der Umsatzsteuer befasst und wodurch sich Änderungen bei der ursprünglichen Festsetzung ergeben können. Personengesellschaften müssen eine Erklärung zur einheitlichen und gesonderten Feststellung der Einkünfte, GmbHs eine Körperschaftssteuererklärung abgeben (Gretzinger 1998, S. 5f.).

Einkommensteuer
Gemäß Einkommensteuergesetz § 2 Abs. 1 Nr. 3 unterliegen Einkünfte aus selbstständiger Tätigkeit der Einkommensteuer. Zur Ermittlung der Einkommensteuer wird der Einkommensteuertarif nach § 32a EStG angewandt. Danach ist bis zu einem Grundfreibetrag (s.u.) keine Einkommensteuer zu zahlen.

Ertragsteuersätze
Als Hauptziel des Steuerentlastungsgesetzes 1999/2000/2002 vom 24.3.1999 gilt die rechtsformunabhängige Besteuerung aller Unternehmenseinkünfte. Hinsichtlich der geltenden Steuerspreizung bei den Spitzensteuersätzen bestehen verfassungsrechtliche Bedenken des BFH (Süddeutsche Zeitung, 2./3.6.1999, S. 25). Zur Vereinfachung des Steuerrechts soll dabei die Gewerbeertragsteuer wegfallen. Von Experten wird die Umsetzung jedoch bezweifelt.

Jahr	Privat		gewerblich
	Grundfreibe-trag in DM	Eingangs- und Spitzensteuersatz ab DM	Höchststeuersatz für gewerbliche Einkünfte
1999	13.067,–	23,9% – 53% ab 120.042,–	45%
2000	13.499,–	22,9% – 51% ab 114.696,–	43%
2001	13.499,–	22,9% – 51% ab 114.696,–	43%
2002	14.093	19,9% – 48,5% ab 107.568	35%

(Nach Haufe-Steuer-Office 1999)

Gewerbesteuer

Personengesellschaften wie GbR, KG und Partnerschaft brauchen keine Gewerbesteuer zahlen, soweit der nach den Vorschriften des Einkommensteuergesetzes zu ermittelnde Gewinn (=Gewerbeertrag) den Freibetrag von 48.000 DM nicht übersteigt (§11 Abs. 1 Satz 3 Nr. 1 GewStG) und der nach dem Bewertungsgesetz zu ermittelnde Einheitswert des Betriebes nicht über dem Freibetrag von 120.000 DM liegt (§13 Abs. 1 Satz 3 GewStG). Für eine grundsätzlich gewerbesteuerpflichtige Freiberufler-GmbH gilt der Freibetrag für den Gewerbeertrag nicht. Dafür mindert die Vergütung an die Gesellschafter hier den Gewerbeertrag.

Aufzeichnungspflichten und Gewinnermittlung

Gewerbebetriebe müssen alle Wareneingänge und -ausgänge aufzeichnen. Der freiberuflich tätige Unternehmer ist dagegen von diesen Aufzeichnungspflichten befreit. Daneben bestehen aber in einzelnen Bereichen besondere Aufzeichnungspflichten, z.B. für Anschaffungen beim Anlagevermögen (Möckershoff 1999, S. 58ff.). Auch wenn Sie von der Aufzeichnungsfrist befreit sind, sollten Sie Ihre Belege zeitnah sammeln, sortieren, abheften und auswerten.

Umsatzsteuerermittlung

Nach dem Umsatzsteuergesetz §2 Abs. 1 UStG ist, im Gegensatz zum Einkommensteuergesetz, Unternehmer, wer eine selbstständige und nachhaltige gewerbliche oder freiberufliche Tätigkeit ausübt sowie Einnahmen im Rahmen seines Unternehmens erzielt. Die Gewinnerzielung ist dabei unerheblich. Umsatzsteuerliche Unternehmer können demnach Einzelpersonen, Personen- und Kapitalgesellschaften sein.

Die Umsatzsteuer ergibt sich aus der Umsatzsteuer, die Sie in Ihren Rechnungen ausgewiesen haben, abzüglich der Vorsteuer, also der Umsatzsteuer, die Ihnen andere Unternehmer für Leistungen in Rechnung gestellt haben. Dabei können Sie die Vorsteuer von allen Wirtschaftsgütern und Leistungen, die Sie für Ihr Unternehmen bezogen haben, abziehen (§15 Abs. 1 UStG).

Das Besteuerungsverfahren ergibt sich aus §18 UStG Abs. 2: Wenn die so ermittelte Jahressteuer für das vorangegangene Kalenderjahr

- nicht mehr als 1.000 DM beträgt, müssen Sie keine Umsatzsteuer-Voranmeldung, sondern nur eine Jahreserklärung abgeben;
- nicht mehr als 12.000 DM beträgt, müssen Sie eine vierteljährliche Voranmeldung vornehmen;
- über 12.000 DM beträgt, müssen Sie eine monatliche Voranmeldung vornehmen.

Für diese Grenzen ist immer der Jahresumsatz entscheidend. Waren Sie nur während eines Teils des Jahres tätig, wird der Umsatz auf das Jahr hochgerechnet. Die Umsatzsteuer-Voranmeldung müssen Sie bis zum 10. des entsprechenden Folgemonats abgeben. Sie können jedoch eine Dauerfristverlängerung (ein Monat) beim Finanzamt beantragen.

Die Ermittlung der Vorsteuer:
Von seiner Umsatzsteuerschuld darf der Unternehmer die seinerseits gezahlte Umsatzsteuer (Vorsteuer) absetzen. Dies gilt nur, wenn für die erbrachten Leistungen im Wert von mehr als DM 200,– ordnungsgemäße Rechnungen vorliegen. Daraus müssen hervorgehen:

- Name und Anschrift des leistenden Unternehmers,
- Name und Anschrift des Leistungsempfängers,
- handelsübliche Bezeichnungen von Waren und Dienstleistungen, Mengen, Lieferdatum,
- Nettopreis und
- Umsatzsteuer.

Erfüllt eine Rechnung diese Voraussetzungen nicht, kann kein Vorsteuerabzug erfolgen. Bei Kleinbetragsrechnungen bis 200 DM muss der Leistungsempfänger nicht bezeichnet werden und auch der Umsatzsteuerbetrag muss nicht extra ausgewiesen werden, sondern kann durch Herausrechnen ermittelt werden
Beachten Sie die zum 1.4.1999 in Kraft getretenen Neuregelungen beim Vorsteuerabzug (§15 UStG) u.a. bei nichtabzugsfähigen Betriebsausgaben und Kosten der privaten Lebensführung.

Kleinunternehmerregelung
Kleinunternehmer, deren voraussichtlicher Umsatz (Ist-Umsatz) zuzüglich Umsatzsteuer im Eröffnungsjahr 32.500 DM und im laufenden Jahr 100.000 DM nicht übersteigt, brauchen ihre Umsätze nicht der Umsatzsteuer unterwerfen, sind dann aber auch nicht vorsteuerabzugsberechtigt und dürfen auch keine Umsatzteuer in Rechnung stellen. Die Verzichtserklärung bindet Sie außerdem für fünf Kalenderjahre (Gretzinger a.a.O., S. 8f.).

Beachten Sie dabei auch die Einhaltung der entsprechenden Fristen!

Monatlich (DIHT 1997)

- *Umsatzsteuervoranmeldung*
  Die Umsatzsteuervoranmeldung muss bis zum 10. des Folgemonats beim Finanzamt eingereicht werden. Gleichzeitig ist die entsprechende Zahlung fällig.
- *Lohnabrechnungen*
  Löhne und Gehälter müssen abgerechnet und die einbehaltenen Lohn- und Kirchensteuerbeträge an das Finanzamt abgeführt werden. Auch die Sozialversicherungsbeiträge müssen berechnet und entrichtet werden.

Vierteljährlich

- *Einkommensteuer*
  Die Einkommensteuer richtet sich nach der Höhe Ihres zu erwartenden Einkommens. Das Finanzamt setzt Vorauszahlungen fest, die vierteljährlich zu leisten sind. Notieren Sie sich Zahlung und Termine. Sollte die Festsetzung von Vorauszahlungen unterblieben sein, ist dringend zu raten, die voraussichtliche Einkommensteuerschuld zurückzulegen, um spätere finanzielle Überforderungen zu vermeiden.

Jährlich

Am Jahresende werden umfassende Abschlussarbeiten fällig. Dazu gehören insbesondere:

- Abstimmung und Abschluss der Buchführung,
- Gewinnermittlung (vereinfachte Methode oder Bilanz und Gewinn- und Verlustrechnung),
- Abschluss der Lohnkonten,
- Durchführen des Lohnsteuerjahresausgleichs,
- Ausfüllen der Lohnsteuerkarte.

Weiterhin ist

- die Umsatzsteuererklärung anzufertigen,
- die Einkommenjahressteuererklärung einzureichen.

Vergessen Sie nicht, einen Fachmann einzuschalten, wenn Sie glauben, den steuerlichen Anforderungen an Ihre Buchführung und Aufzeichnung nicht gewachsen zu sein. Schieben Sie Ihre Probleme nicht auf, wenn Sie sich vor bösen Überraschungen schützen wollen. Unordnung im steuerlichen Bereich hat schon manchen Jungunternehmer in große Schwierigkeiten gebracht (DiHT 1997, S. 79f.).

6.12   Steuerwegweiser für junge UnternehmerInnen

	Freie Berufe	Gewerbliche Berufe
Wer?	Hierunter fallen teilweise die selbstständigen nichtgewerblichen Berufe	Gemeint sind solche Tätigkeiten, für die gewerbliche Vorschriften wie Gewerbeordnung, Gaststättengesetz und Handwerksordnung gelten
Beispiele	Katalogberufe ähnliche Berufe Tätigkeitsberufe	Handwerksbetriebe Handelsgeschäfte Gaststätten/Hotelbetriebe Selbstständige Handelsvertreter
Anmeldung	Aufnahme der Tätigkeit Übernahme einer Praxis/eines Büros Eintritt in die Sozietät	Neugründung (Betriebseröffnung) Übernahme eines bereits bestehenden Unternehmens
Wo?	Beim Finanzamt, in dessen Bezirk Sie wohnen, sofern Sie dort auch Ihre berufliche Tätigkeit ausüben.	Beim Gewerbe-/Ordnungsamt der Stadt/Gemeinde, in deren Bezirk der Betrieb liegt. Die Behörde unterrichtet das für Sie zuständige Finanzamt
Wann?	Innerhalb eines Monats nach Aufnahme der Tätigkeit	Gleichzeitig mit der Eröffnung. Erkundigen Sie sich innerhalb eines Monats bei dem Finanzamt, in dessen Bezirk der Betrieb liegt, ob Sie steuerlich erfasst sind
Was?	Angaben zu den persönlichen Verhältnissen, zur Tätigkeit, Rechtsform, Betriebseröffnung, zur Festsetzung von Einkommen- und Gewerbesteuervorauszahlungen, zu Lohn- und Umsatzsteuer	
Hinweis	Schätzen Sie den voraussichtlichen Umsatz und Gewinn realistisch! Die Angaben werden benötigt, um Steuervorauszahlungen festzusetzen. Sie stellen schon hier die Weichen, durch zutreffende Vorauszahlungen Steuernachforderungen zu verhindern. Ihre Belege sollten Sie zeitnah sammeln, sortieren, abheften und auswerten	
Aufzeichnung und Gewinnermittlung	Beide Gewinnermittlungsarten sind zulässig: Gewinnermittlung durch Betriebsvermögensvergleich Oder Aufzeichnung der Geschäftsvorfälle im Rahmen einer Einnahme-Überschussrechnung: Gewinnermittlung durch Abzug der Betriebsausgaben von den Betriebseinnahmen	Gewinnermittlungsart entscheidet sich nach handels- und steuerrechtlichen Vorschriften. Bitte wenden Sie sich ggf. an Ihren Steuerberater

(Nach VBI 1996, S. 113ff.)

7. Selbstständige SozialpädagogInnen: Freier Beruf oder Gewerbe?

7.1 Sozialpädagogik als Freier Beruf?

SozialpädagogInnen mit Gründungsabsichten sind in der Regel potenzielle Angehörige der Freien Berufe. Der Gesetzgeber hat den Freien Berufen gegenüber dem Gewerbe eine Reihe von Privilegien zugewiesen, die besondere Aufmerksamkeit verdienen. Eine endgültige Zuordnung ist jedoch nur durch eine Einzelfallprüfung möglich. Aus diesem Grund wird der Frage der Freiberuflichkeit im Folgenden ein besonderes Augenmerk gewidmet.

7.2 Prüfen Sie selbst: Freier Beruf oder Gewerbe?

Die berufssoziologische Bestimmung der Freiberuflichkeit als Ergänzung zu unmittelbar steuerrechtlichen Beurteilungen folgt einer Reihe von Kriterien, die im Folgenden in Form von Fragen dargestellt sind. Diese Fragen können Ihnen als Grundlage für eine erste Einschätzung dienen.

Haben Sie eine oder mehrere der Fragen 8–11, in der Tabelle (S. 134), mit »Ja« beantwortet, können Sie steuerrechtlich einem »Tätigkeitsberuf« zugeordnet werden. Darüber hinaus sind die im Gesetz ausdrücklich genannten »Katalogberufe« zu beachten (die in Einzelfällen auch als gewerblich tätig eingestuft werden können). Schließlich sieht das Einkommensteuerrecht die Gruppe der den Katalogberufen »ähnlichen Berufe« vor. Hier ist häufig auf dem Wege der Einzelfallprüfung festzustellen, ob eine Zuordnung zu den Freien Berufen vorgenommen werden kann!

Der Freiberufler darf die Mitarbeit fachlich Vorgebildeter in Anspruch nehmen, solange er die fachliche Leitung der Tätigkeit dieser Mitarbeiter wahrnimmt. Darüber hinaus muss eine eigenverantwortliche Leistungserbringung durch die Freiberufler vorliegen, d.h., sie müssen uneingeschränkt die fachliche Verantwortung für die Leistungen der Mitarbeiter erbringen.

Angehörige der Freien Berufe sind in der Regel in Personengesellschaften tätig. Beachten Sie auch die Vorschriften zur Kooperation mit Berufsfremden.

	Ja	Nein
Sind Sie wirtschaftlich selbstständig?	○	○
Erfüllen Sie Ihre Aufgaben unabhängig von Weisungen?	○	○
Ist Ihre Arbeitszeit nach Dauer, Beginn und Ende durch Auftraggeber bindend festgelegt?	○	○
Sind Sie fest in den Arbeitsablauf und die Organisation von Auftraggebern integriert?	○	○
Tragen Sie das unternehmerische Risiko und die Kosten der Arbeitsausführung?	○	○
Besteht zu den Leistungsnehmern ein gegenseitiges und auf Dauer angelegtes Vertrauensverhältnis?	○	○
Ist dieses Vertrauensverhältnis auf einer freien Wahlentscheidung der Leistungsnehmer begründet?	○	○
Sind Sie wissenschaftlich tätig?	○	○
Sind Sie künstlerisch tätig?	○	○
Sind Sie schriftstellerisch tätig?	○	○
Sind Sie unterrichtend und/oder erziehend tätig?	○	○
Können Sie für Ihre Tätigkeit eine besondere berufliche Qualifikation nachweisen?	○	○
Erbringen Sie geistig-ideelle Leistungen?	○	○
Wie viele Mitarbeiter haben Sie? Welche fachliche Qualifikation haben diese Mitarbeiter?		
Wie verteilen sich die verschiedenen Tätigkeiten auf die Gesamtarbeitszeit (z.B. Planung, Beratung, Konzeptionierung, Schulung/Unterweisung und Verwaltung)?		
Erbringen Sie die Leistungen persönlich?	○	○
Sind Sie eigenverantwortlich tätig?	○	○
Sind Sie in Ihrem Unternehmen leitend tätig?	○	○
Arbeiten Sie fachlich unabhängig?	○	○
In welcher Rechtsform üben Sie Ihren Beruf aus?		
Bei Kooperationen: Welche Qualifikationen haben diese Partner bzw. welche Berufe üben sie aus?		

7.3   Was ist ein Freier Beruf?

Der Freie Beruf ist nach Auffassung des Bundesverfassungsgerichtes kein eindeutiger Rechtsbegriff, sondern ein (berufs-)soziologischer Terminus: Ein Begriff also, der von vornherein nicht eindeutig abgrenzbar erscheint, sondern bei dessen definitorischer Bestimmung jeweils auf die Tatbestandsvielfalt der beruflichen Wirklichkeit und ihren stetigen Wandel eingegangen werden sollte (BVerfG 10, 354, 364). Bis heute bestehen keine umfassend verbindlichen Anwendungs- und Zuordnungsregeln zur Abgrenzung des Begriffes »Freie Berufe«. Die Kategorisierung ist insofern problematisch, als die Zuordnung von Berufsgruppen dem Einzelfall häufig nicht gerecht wird.

Eine gesetzliche (Legal-)Definition findet sich einzig im Partnerschaftsgesellschaftsgesetz. Im §1 Abs. 2 PartGG heißt es:

> *Die Freien Berufe haben im Allgemeinen auf der Grundlage besonderer beruflicher Qualifikation oder schöpferischer Begabung die persönliche, eigenverantwortliche und fachlich unabhängige Erbringung von Dienstleistungen höherer Art im Interesse der Auftraggeber und der Allgemeinheit zum Inhalt.«*

Das Institut für Freie Berufe an der Universität Erlangen-Nürnberg hat im Jahre 1997 in einem Entwurf zur Berichterstattung der Bundesregierung zur Lage der Freien Berufe erstmals die SozialpädagogInnen explizit in die Liste der Freien Berufe aufgenommen. In der Praxis erfolgt die *steuerrechtliche Einstufung* einer gewerblichen Tätigkeit nach §15 und einer freiberuflichen Tätigkeit nach §18 Einkommensteuergesetz (EStG). Das Einkommensteuergesetz unterscheidet in §18 Abs. 1 Nr. 1 in *drei freiberufliche Tätigkeitsgruppen:*

- die selbstständig ausgeübten wissenschaftlichen, künstlerischen, schriftstellerischen, unterrichtenden oder erzieherischen Tätigkeiten (Tätigkeitsberufe),
- die selbstständige Tätigkeit der im Gesetz aufgezählten sog. Katalogberufe und
- die selbstständige Tätigkeit der den Katalogberufen ähnlichen Berufe (Analogberufe).

Abweichend von der Aufzählung im Einkommensteuergesetz erfolgt nun eine Beschreibung der einzelnen freiberuflichen Tätigkeitsgruppen anhand der Eindeutigkeit ihrer steuerrechtlichen Einordnung.

7.3.1 Die Katalogberufe

Prinzipiell zu den Freien Berufen gehören die im Einkommensteuergesetz (§18 Abs. 1 Nr. 1 S. 2) aufgezählten *Katalogberufe:*

- Die Heilberufe: Ärzte, Zahnärzte, Tierärzte, Heilpraktiker, Dentisten, Krankengymnasten.
- Die rechts-, steuer- und wirtschaftsberatenden Berufe: Rechtsanwälte, Patentanwälte, Notare, Wirtschaftsprüfer, Steuerberater, Steuerbevollmächtigte, beratende Volks- und Betriebswirte, vereidigte Buchprüfer und Bücherrevisoren.

- Die naturwissenschaftlichen/technischen Berufe: Vermessungsingenieure, Ingenieure, Handelschemiker, Architekten, Lotsen.
- Die informationsvermittelnden Berufe: Journalisten, Bildberichterstatter, Dolmetscher, Übersetzer.

7.3.2 Die ähnlichen Berufe

Die Rechtsprechung – in der Regel die des Bundesfinanzhofes (BFH) – hat zu einer Einbeziehung zahlreicher Berufe, den sog. Katalogberufen »ähnlichen Berufen«, im Sinne des §18 Abs.1 Nr. 1 EStG in den Kreis der Freien Berufe geführt. Die Anforderungen sind jedoch hoch und trotz der sich verändernden Berufsbilder sind die Abgrenzungskriterien des Bundesfinanzhofes, nach Ansicht von Juristen häufig starr. Aufgrund der Vielfalt von Arbeitsbereichen, Zielgruppen und Problemsituationen in der sozialen Arbeit ist deshalb in der Regel von der *Erfordernis einer Einzelfallprüfung* auszugehen.

Der ähnliche Beruf muss gemäß Rechtsprechung dem Katalogberuf *in allen wesentlichen Punkten entsprechen,* d.h. er muss die Wesensmerkmale eines konkreten Katalogberufes zumindest nahezu vollständig enthalten. So müssen Ausbildungen als Voraussetzung für die jeweilige Berufsausübung und die berufliche Tätigkeit selbst *vergleichbar* sein (BFH 12.10.1989, Az. IV R 118/87 und 119/87). Ist für die Ausübung eines der Katalogberufe eine amtliche Erlaubnis erforderlich, so gilt diese Anforderung auch für den ähnlichen Beruf. Sind diese Kriterien nicht erfüllt, so liegt in der Regel eine gewerbliche Tätigkeit vor. Die Rechtsprechung weicht jedoch in einer Reihe von Fällen von diesen Grundsätzen ab.

Umstritten ist auch, ob der jeweilige Beruf mit einem einzelnen Katalogberuf (**spezielle Ähnlichkeit**) oder mit mehreren **Katalogberufen (Gruppenähnlichkeit)** vergleichbar sein muss. In diesem Zusammenhang ist zu beachten, dass auch außerhalb der Rechtsprechung einzelne Berufe unter berufssoziologischen Aspekten den Freien Berufen zugeordnet werden können, wenn Berufsangehörige allen Anforderungen an die Freiberuflichkeit genügen (»potenzielle Freie Berufe« wie Umweltgutachter, Berufsbetreuer oder Sozialpädagoge).

Die folgende **Auswahl von ähnlichen Berufen in alphabetischer Auflistung** soll zur Orientierung in dem schwer überschaubaren Berufsfeld der Freien Berufe dienen. Bitte beachten Sie, dass diese Auflistung lediglich einen Überblick über die Rechtsprechung gibt. Eine abschließende Zuordnung einzelner Berufe zu den Freien Berufen ist daraus keinesfalls abzuleiten!

Den Katalogberufen ähnliche Berufe	
Beschäftgungs- und Ausdruckstherapeut/-in	den Heilberufen ähnlich; *BMF 6.1.1978, IV A 3 – S 7170 – 37/77, BStBl. 1978 I, S. 35*
Erzieher/-in	Tätigkeitsberuf, *s. Fach D PartGG 1.653*
Kinderheimbetrieb/-in	Freier Beruf, wenn erzieherischer Zweck im Vordergrund steht; *BFH 9.4.1975, I R 107/73, BStBl. 1975 II, S. 610*
Lehrer/-in	Tätigkeitsberuf (unterrichtende Tätigkeit); *s. Fach D PartGG 1.670*
Logopäde/-in	Freier Beruf (dem Krankengymnasten oder Heilpraktiker ähnlich), wenn Tätigkeit mit Erlaubnis nach dem Logopäden-Gesetz ausgeübt; *BFH 1.9.1988, V R 195/83, BFH/NV 1989, S. 201*
Psychologe und Psychotherapeut/-in	mit wissenschaftlicher Ausbildung; *FinMin NW 15.5.1981, S 2246 – 26 – VB 1, BB 1981, S. 956*
Trainer/-in	unterrichtende oder erzieherische Tätigkeit mit Menschen; *RFH 13.8.1941, VI 259/41, RStBl 1941, 678*

7.3.3 Die Tätigkeitsberufe

Wie wir gesehen haben, zählt das Einkommensteuerecht die Katalogberufe als Freie Berufe auf. Den Katalogberufen stellt die Rechtsprechung die ähnlichen Berufe gleich. Da sich die Berufsbilder, insbesondere durch technologische und gesellschaftliche Entwicklungen, im Lauf der Zeit ändern, entscheiden in den einzelnen Fällen vor allem Finanzämter und Finanzgerichte über die Freiberuflichkeit. Dabei orientieren sie sich wiederum an der Unterscheidung des §18 Abs. 1 Nr. 1 des Einkommensteuerechts in *wissenschaftliche, künstlerische, schriftstellerische, unterrichtende und erzieherische Tätigkeiten*. Im Zweifelsfall wenden Sie sich an die Oberfinanzdirektion bzw. an Ihr Finanzamt. Dort können Sie eine gutachterliche Einstufung Ihrer Tätigkeit erreichen (Feißt/Krieger 1998).

Wissenschaftliche Tätigkeit
Eine wissenschaftliche Tätigkeit ist gegeben, wenn Sie »grundsätzliche Fragen oder konkrete Vorgänge methodisch nach streng objektiven und sachlichen Gesichtspunkten in ihren Ursachen erforschen, begründen und in einen Verständniszusammenhang bringen« (BFH Urteil vom 30.3.1976, Az VIII R 137/75, BStBl. II 1976, S. 464). Sie sind also wissenschaftlich tätig, wenn Sie nicht nur schöpferische oder forschende Arbeit leisten, sondern auch das aus der Forschung hervorgegangene Wissen auf konkrete Vorgänge anwenden. Die bloße Anwendung wissenschaftlicher Grundsätze und Methoden reicht jedoch nicht aus (BFH 30.3.1994 I R 54/93, BStBl. 1994 II, S. 864).

Als wissenschaftliche Tätigkeit zählt auch die Erstellung von Gutachten sowie eine Prüfungs- und Lehrtätigkeit, wenn sie besonders qualifiziert ist. Voraussetzung dafür ist i.d.R. ein abgeschlossenes Studium.

»In bestimmten Berufsvollzügen sozialer Arbeit, zum Beispiel im Jugendamt oder bei freien Trägern der Jugendhilfe, müssen für Gerichte oder Behörden qualifizierte Äußerungen im Sinne von Gutachten abgegeben werden. Gutachten erfordern eine integrative Betrachtungs- und Handlungsweise, wie sie in der sozialen Arbeit immanent sind.« (Limbrunner 1998, S. 96)

Schriftstellerische Tätigkeit

Hierunter versteht man die schriftliche Niederlegung eigener Gedanken für die Öffentlichkeit. Qualitativ muss der Inhalt dabei weder wissenschaftlich noch künstlerisch wertvoll sein. Als schriftstellerische Tätigkeit zählt demnach auch die Erstellung von Werbetexten oder die Herausgabe eines juristischen Informationsdienstes (Feißt/Krieger, S. 19f.). Die Übersetzer von Allgemeintexten und Journalisten üben einen Katalogberuf i.S.d. §18 Abs. 1 EStG aus und sind auf dieser Grundlage den Freien Berufen zugeordnet.

Unterrichtende Tätigkeit

»Unterricht ist die Vermittlung von Wissen, Fähigkeiten, Fertigkeiten, Handlungsweisen und Einstellungen durch Lehrer an Schüler in organisierter und institutionalisierter Form« (BFH Urteil vom 13.1.1994, Az. IV R 79/92, BStBl. 1994 II S. 362). Der Begriff umfasst die Unterrichtserteilung unterschiedlichster Art und Sie benötigen dazu keine normierten Qualifikationen. Zu den unterrichtenden Tätigkeiten zählen daher auch Sport- und Gymnastikunterricht, Reitunterricht, sowie Tanzunterricht.

Ebenfalls zu den unterrichtenden Tätigkeiten zählen Seminare bei denen Sie eigenverantwortlich Kenntnisse vermitteln. Auch der Betrieb einer Schule kann nach §18 Abs. 1 Nr. 1 S. 3 EStG eine freiberufliche Tätigkeit sein, wenn Sie als Schulleiter über die entsprechenden Fachkenntnisse verfügen und Sie gegenüber den fachlich vorgebildeten Mitarbeitern leitend und eigenverantwortlich tätig sind.

Erzieherische Tätigkeit

Hier stehen die Bildung der Persönlichkeit und die Schulung des Charakters im Vordergrund. Sie müssen dazu keine besonders geregelte Ausbildung und keine fachliche Prüfung abgelegt haben (BFH Urteil vom 25.4.1974, Az. VIII R 166/73).

Dient die auswärtige Unterbringung bei einem Kinderheim dem Zweck einer planmäßigen körperlichen, geistigen und charakterlichen Formung junger Menschen und gibt diese erzieherische Tätigkeit der Gesamtleistung des Heims das Gepräge, so handelt es sich insgesamt um eine erzieherische Tätigkeit (BFH Urteil vom 27.8.1985, III R 198/81, Bundesfinanzhof/NV 1986, S. 358). Steht dagegen bei einem Kindererholungsheim die psychische und physische Erholung im Vordergrund und treten erzieherische Zwecke in den Hintergrund, so handelt es sich um einen Gewerbebetrieb. Tritt in einem Internat neben die erzieherische Tätigkeit auch die Beherbergung und Beköstigung der Schüler, so bilden Schule und Internat eine Einheit und es handelt sich dann ebenfalls um einen Gewerbebetrieb (BFH Urteil vom 23.7.1957, I 98/54 U, BStBl. 1957 III S. 323).

7.4 Gemeinsamkeiten zwischen Freiem Beruf und Gewerbe

Freiberufliche und gewerbliche Tätigkeiten haben jedoch die folgenden wesentlichen Merkmale gemeinsam:

- selbstständige und gleichzeitig nachhaltige Betätigung,
- mit der Absicht Gewinn zu erzielen und
- der Beteiligung am allgemeinen wirtschaftlichen Verkehr.

Selbstständige nachhaltige Ausübung der Tätigkeit

Zur Annahme einer freiberuflichen Tätigkeit im steuerrechtlichen Sinn ist es erforderlich, dass die Tätigkeit selbstständig und nachhaltig ausgeübt wird. Fehlt es an der Selbstständigkeit, liegen Einkünfte aus nichtselbstständiger Tätigkeit vor, die als Arbeitslohn der Lohnversteuerung unterliegen. Wird neben einer Haupt- noch einer Nebentätigkeit nachgegangen, so muss die Frage nach der Selbstständigkeit für jede Tätigkeit einzeln beurteilt werden (Feißt/Krieger 1998, S. 22f.).

Gewinnerzielungsabsicht

Im Sinne des §4 Abs. 1 EStG versteht man unter Gewinnerzielungsabsicht einzig die Absicht, eine *Mehrung des Betriebsvermögens* zu erzielen – es kommt nicht darauf an, ob ein Gewinn tatsächlich erzielt worden ist. Die Gewinnerzielung muss nicht einmal der Hauptzweck sein. Fehlt es an der Gewinnerzielungsabsicht, spricht man von *Liebhaberei* (meist bei schriftstellerischer, wissenschaftlicher oder künstlerischer Tätigkeit). Dies führt vor allem dann zu Problemen, wenn zu Beginn einer freiberuflichen Tätigkeit der Lebensunterhalt und/oder die laufenden Verluste durch eine Haupttätigkeit mit positiven Einkünften bzw. andere Einkunftsquellen abgedeckt werden. Ob eine länger andauernde Verlustphase zur Annahme einer Liebhaberei führt, ist jedoch vom Einzelfall abhängig.

Beteiligung am allgemeinen wirtschaftlichen Verkehr

Eine Beteiligung am allgemeinen wirtschaftlichen Verkehr ist grundsätzlich durch die Aufnahme einer selbstständigen nachhaltigen Tätigkeit, womit Einnahmen oder andere wirtschaftliche Vorteile erzielt werden und die über den Rahmen einer Ver-Vermögensverwaltung hinausgehen, gegeben (AO §14).

7.5 Besonderheiten bei der Zuordnung von SozialpädagogInnen zu den Freien Berufen im Gegensatz zum Gewerbe

Unter Gewerbe versteht man nach §15 EStG jede erlaubte, auf Erwerb gerichtete und auf gewisse Dauer berechnete Tätigkeit, soweit sie nicht dem land- und forstwirtschaftlichen Bereich oder den Freien Berufen zuzurechnen ist. Generell steht bei gewerblicher Tätigkeit der Einsatz von Kapital, bei freiberuflicher Tätigkeit der Einsatz der persönlichen Arbeitsleistung im Vordergrund, dies ist jedoch nicht hinreichend. Die berufssoziologische Einordnung der Freien Berufe ergibt sich aus einer Reihe von charakteristischen Merkmalen, für die jedoch »die Integration der Charakteristika zu einem Merkmals-Ganzen« (Taupitz 1991, S. 40) im Vordergrund steht. Als Abgrenzungskriterien der Freiberuflichen zur gewerblichen Tätigkeit dienen (Wotschofsky/Hüsing 1999, S. 326ff.):

● die erforderliche Ausbildung und Berufszulassung,
● die berufliche Tätigkeit.

7.5.1 Ausbildung und Berufszulassung

Die Regelungen für Berufszulassung und -ausübung umfassen vor allem die persönlichen und fachlichen Voraussetzungen, die erfüllt sein müssen, damit der jeweilige Beruf ausgeübt werden darf. Die persönlichen Voraussetzungen betreffen dabei im Allgemeinen die körperliche und geistige Gesundheit sowie die persönliche Unbescholtenheit und Zuverlässigkeit. In fachlicher Hinsicht ist die Berufsausübung an strenge Ausbildungsvoraussetzungen gebunden, um eine hohe fachliche Kompetenz der Berufsausübenden zu gewährleisten. Ist für die Aufnahme der freiberuflichen Tätigkeit eine Erlaubnis bzw. Zulassung entsprechend berufsrechtlicher Vorschriften als Voraussetzung unentbehrlich, so ist dies auch für die einkommensteuerliche Qualifizierung des ähnlichen Berufes notwendig.

Die Ausbildung auf höherem Niveau stellt eine weitere notwendige Voraussetzung einer freiberuflichen Tätigkeit dar. Bei fehlender Ausbildung kann der Nachweis auch durch praktische Tätigkeiten erfolgen (BFH Urteil vom 9.7.1992, Az. IV R 116/90, BStBl. 1993 II, S. 100). Der Steuerpflichtige muss jedoch dann den Nachweis führen, dass seine Arbeit auch in Tiefe und Breite dem Katalogberuf ähnlich ist und den Schwerpunkt seiner Arbeit bildet. Eine Spezialisierung auf einen Teilbereich ist nur dann möglich, wenn bereits entsprechend umfangreiche Kenntnisse (i.d.R. durch erfolgreichen Abschluss) nachgewiesen wurden (BFH Urteil vom 16.10.1997, Az. IV R 19/97, BStBl. 1998 II, S. 139). Die Ausbildung von SozialpädagogInnen erfolgt i.d.R. gemäß dem Hochschulrahmengesetz an Fachhochschulen bzw. Hochschulen und führt zur Diplomierung.

Berufsrechtliche Regelungen für Freie Berufe sind vor allem Ausdruck der besonderen Bedeutung dieser Berufsgruppe, die in folgenden Funktionen begründet liegt: Gewährleistung der medizinischen Versorgung, der Rechtspflege, unabhängiger steuerlicher und wirtschaftlicher Beratung, naturwissenschaftlich-technischer Dienstleistungen mit hohen Leistungs- und Sicherheitsstandards sowie die Bewahrung der kulturellen Identität.

Der Schutz dieser Gemeingüter machte diesbezügliche Normierungen erforderlich. Gleichwohl sind Berufsrechte prinzipiell nicht konstitutiv für die Freien Berufe. Die selbstständigen SozialpädagogInnen werden i.d.R. dem Kreis der neuen Freien

Berufe ohne berufsrechtliche Regelungen zugerechnet. Im Rahmen der Professionalisierung des Berufsstandes hat der DBSH auf Landesebene (Bayern) – als Modellversuch für andere Bundesländer mit dem Ziel einer Bundeskammer – die Einführung einer Berufskammer beantragt. Durch Schaffung einheitlicher Berufsregeln für den Berufsstand der DiplomsozialarbeiterInnen/-sozialpädagogInnen soll der Qualitätsstandard der beruflichen Ausübung als personenbezogene Dienstleistung von öffentlichem Interesse sichergestellt werden.

>*Soziale Arbeit orientiert sich dabei ebenso an den Bedürfnissen der Bürgerinnen/ Bürger wie den Interessen der Gesellschaft. Ihre Aufgaben liegen sowohl in der Prävention als auch in der Behebung von sozialen Benachteiligungen, im Angebot von adäquaten Bildungs- und Freizeitangeboten, sowie in einer politischen Einflussnahme zur Veränderung von gesellschaftlichen Rahmenbedingungen«* (Internetdarstellung des DBSH).

Entsprechende gesetzliche Regelungen bestehen i.d.R. für Angehörige der Katalogberufe. Daneben bestehen besondere Regelungen z.B. für Heilpraktiker. Berufsrechtliche Regelungen bestehen nach dem Gesetz über die Berufe des Psychologischen Psychotherapeuten und des Kinder- und Jugendlichenpsychotherapeuten (Psychotherapeutengesetz – PsychTG) vom 16.6.1998 für den Berufszugang bzw. Ausbildung von Pädagogen bzw. SozialpädagogInnen als Kinder- und Jugendlichenpsychotherapeuten (§§1, 5, 12). In den bis max. 2003 geltenden Übergangsvorschriften des §12 PsychTG werden den Abschlüssen als Pädagoge bzw. Sozialpädagoge die Staatsprüfung für das Lehramt an Sonder-, Grund-, Haupt- oder Realschulen sowie der Hochschulabschluss in Heilpädagogik gleichgesetzt. Die Tätigkeit als ErzieherIn und HeilpraktikerIn ist nicht ausreichend (BverfGe vom 28.6.1999, Az. 1 BvR 1006/99).

Die Tätigkeit als Berufsbetreuer ist abhängig von der Zulassung durch das Vormundschaftsgericht.

7.5.2 Die berufliche Tätigkeit

Die selbstständige Ausübung sozialer Arbeit erfüllt in der Regel die freiberuflichen Kriterien der persönlichen Erbringung von (ideellen) Dienstleistungen und Lieferungen. Nachfolgende Kriterien sind jedoch besonders zu beachten:

Leitende und eigenverantwortliche Tätigkeit
Als wesentliches Abgrenzungsmerkmal einer freiberuflichen gegenüber einer gewerblichen Tätigkeit zählt die persönliche Aufgabenerbringung. Sind Sie aufgrund eigener Fachkenntnisse leitend und eigenverantwortlich tätig, so führt auch die Mitwirkung von fachlich vorgebildeten Arbeitskräften, die womöglich ihrerseits freiberuflich tätig sind, nicht zu einer gewerblichen Tätigkeit.

Die leitende und eigenverantwortliche Tätigkeit muss sich auf die Gesamttätigkeit und nicht nur auf einen Teilaspekt der Berufspraxis erstrecken. Unter Leitung ist nicht nur die Festlegung der Grundzüge für Organisation und Durchführung der Tätigkeit, sondern die Entscheidung und Überwachung grundsätzlicher Fragen nach festgelegten Grundzügen, also die volle fachliche Verantwortung für jeden einzelnen Auftrag zu verstehen (BFH Urteil vom 20.4.1989, IV R 299/83, BStBl. II 1989, S. 727; BFH Urteil vom 21.3.1995, XI R 85/93, BStBl. II 1995, S. 732 (735); Möckershoff 1999, S. 38f.). Die Leitung und die Verantwortlichkeit darf einem Geschäftsführer oder Vertreter nur vorübergehend übertragen werden, wenn also der Berufsträger z.B. während einer Erkrankung, eines Urlaubs, der Zugehörigkeit zu einer gesetzgebenden Körperschaft oder der Mitarbeit in einer Standesorganisation seine Berufstätigkeit nicht selbst ausüben kann.

Die Frage der Eigenverantwortlichkeit ist wiederum vom Einzelfall abhängig. Insbesondere der Umfang der Arbeitsdelegation wird verschieden ausgelegt. Dabei kann eine hohe Anzahl von fachlich vorgebildeten Arbeitskräften als Indiz für eine gewerbliche Tätigkeit dienen. Der Einsatz von technischen Hilfsmitteln wie Computer beeinträchtigt die Freiberuflichkeit nicht (Möckershoff 1999, S. 52).

Besonderes Vetrauensverhältnis zwischen Freiberufler und Auftraggeber

Das besondere Vertrauensverhältnis ergibt sich aus dem Persönlichkeitsbezug der Leistungserbringung, da der Auftraggeber dem Freiberufler Einblick und Einfluss in seinen persönlichen Bereich gewähren muss. Konstitutiv für alle Freien Berufe ist jedoch die institutionelle Sicherstellung dieses Vertrauensverhältnisses als berufstypische Vertrauenssituation (Taupitz 1991, S. 52). Gemäß Bundesverfassungsgericht (BverfGE 33, 367, 380ff.) besteht dies jedoch nicht: »Der Sozialarbeiter sei i.d.R. entweder als Beamter oder als Angestellter im öff. Dienst oder bei einem Verband der freien Wohlfahrtspflege beschäftigt. [...] Das Vertrauen des Hilfsbedürftigen gelte weniger der Person des Sozialarbeiters als vielmehr der Institution, die hinter ihm stehe.« (Ebd., S. 508) Erst mit der Etablierung einer das Berufsbild der SozialarbeiterInnen/SozialpädagogInnen prägenden Berufsordnung und der damit einhergehenden institutionellen Sicherstellung des Vertrauensverhältnisses kann eine allgemeine, eindeutige – und nicht nur einzelfallbezogene – berufssoziologische Zuordnung von SozialpädagogInnen zu den Freien Berufen erfolgen.

Fazit

Der Anteil der Selbstständigen an der Gruppe der erwerbstätigen SozialarbeiterInnen/SozialpädagogInnen lag 1995 bei den Universtiätsabsolventen bei 10% und bei den Fachhochschulabsolventen bei 6%, mit steigender Tendenz (Institut für Arbeitsmarkt und Berufsforschung 1998, S. 26). Zwar sind selbstständige SozialpädagogInnen und SozialarbeiterInnen weder als Katalogberuf benannt noch durch die Rechtsprechung als ähnliche Berufe oder Tätigkeitsberufe anerkannt. Es ist jedoch davon auszugehen, dass die weit überwiegende Mehrheit der Berufsangehörigen aufgrund ihrer Ausbildung, der Arbeitsfelder und Berufsbilder berufssoziologisch den Freien

Berufen zuzuordnen ist; dies führt jedoch nicht zwangsläufig zu einer entsprechenden steuerlichen Zuordnung.

Im Bereich der Berufsbetreuung hat eine Erhebung ergeben, dass etwa die Hälfte der Antwortenden aus der sozialen Arbeit bzw. der sozialen Pädagogik kam. In diesem Personenkreis waren mehr als 90% von der Gewerbesteuer befreit (s. Kap. 2.2.1).

7.6   Die steuerlichen und beruflichen Privilegien

Die Abgrenzung des Einkommensteuerrechts zwischen nichtselbstständiger Arbeit (§19 EStG) und selbstständiger Tätigkeit, freiberuflicher Tätigkeit (§18 EStG) oder gewerblicher Tätigkeit, hat insbesondere steuerliche Auswirkungen auf die Einkommen-, Gewerbe- und teilweise sogar auf die Umsatzsteuer sowie auf Gewinnermittlung und Aufzeichnungspflichten.

7.6.1   Die Ertragsteuern

Gewerbesteuer
Angehörige der Freien Berufe können für sich die Gewerbesteuerfreiheit in Anspruch nehmen (§2 Abs. 1 GewStG). Das Privileg der Gewerbesteuerfreiheit wird mit dem Charakter der Berufstätigkeit, der Stellung und der Bedeutung der Freien Berufe und der längeren Ausbildungszeit gerechtfertigt.

Einkommensteuer
Inwiefern bei den Freien Berufen der gewerbesteuerliche Vorteil den einkommensteuerlichen Nachteil kompensiert, ist nur im Einzelfall zu unterscheiden.

Aufzeichnungspflichten und Gewinnermittlung
Grundsätzlich besteht für Freiberufler bei der Gewinnermittlung ein Wahlrecht zwischen Bilanzierung/Bestandsvergleich (§4 Abs. 1 EStG) und Einnahme-Überschussrechnung (§4 Abs. 3 EStG). Die Gewinnermittlungsart kann dabei aber nicht rückwirkend gewechselt werden. Ein Wahlrecht besteht auch für Gewerbetreibende bzw. Personengesellschaften mit einem Jahresumsatz bis DM 500.000,–, einem Betriebsvermögen bis DM 125.000,– und einem Gewinn bis DM 48.000,– .

Bei der Einnahme-Überschussrechnung ergibt sich der Gewinn aus dem Überschuss der Betriebseinnahmen über den Betriebsausgaben durch eine fortlaufende Erfassung von Einnahmen und Ausgaben. Hierbei gilt das Zufluss- und Abflussprinzip. Das bedeutet, dass die Betriebseinnahmen (z.B. Honorare) erst in dem Kalenderjahr der Einkommensteuer unterliegen, wenn sie dem Steuerpflichtigen zufließen, während die Betriebsausgaben erst erfasst werden, wenn sie abfließen. Kassenführung, Bestandskonten und Inventur sind nicht erforderlich. Der organisatorischen Aufwand ist geringer als bei der Bilanzierung und ihrer doppelten Buchführung. Bei der Bilanzierung ergibt sich allerdings ein größerer Spielraum.

Freibeträge, Freigrenzen und Pauschbeträge für Betriebsausgaben

Frei- und Pauschbeträge können angesetzt werden, unabhängig ob und in welcher Höhe Aufwendungen entstanden sind. Bei Freigrenzen entfällt der Steuervorteil insgesamt, wenn der Grenzwert überschritten wird. Insbesondere die Pauschalierung (§51 Abs. 1 Nr. 1c EStG) ist abhängig von der Berufsgruppe und von der Frage ob es sich um eine Haupt- oder Nebentätigkeit handelt. Je nach Tätigkeit können Sie einen bestimmten Prozentsatz der Betriebseinnahmen pauschal abrechnen. Höhere Betriebsausgaben müssen Sie im Einzelnen nachweisen. Hierbei ist jedoch mit der Abschaffung einzelner Vergünstigungen zu rechnen.

7.6.2 Die Umsatzsteuer

Umsatzsteuerermäßigungen

Für bestimmte Leistungen sieht der Gesetzgeber gemäß § 12 UStG eine Ermäßigung der Steuer auf 7 Prozent vom Umsatz vor. Für die selbstständig tätigen SozialpädagogInnen dürften folgende Leistungen relevant sein:

- Bücher und Zeitungen des grafischen Gewerbes (§12 Abs. 2 Nr. 1 in Verbindung mit Lfd. Nr. 49 der Anlage des UStG);
- Einräumung, Übertragung und Wahrnehmung von Rechten, die sich aus dem Urheberrecht ergeben (§12 Abs. 2 Nr. 7c UStG);
- Überlassung von Filmen sowie für die Filmvorführung (§12 Abs. 2 Nr. 7b UStG);
- Leistungen von Körperschaften, die ausschließlich und unmittelbar gemeinnützige, mildtätige oder kirchliche Zwecke verfolgen (§12 Abs. 2 Nr. 8a UStG).

Umsatzsteuerbefreiungen

Die Befreiungen von der Umsatzsteuer ergeben sich aus §4 UStG. Danach sind von der Umsatzsteuer befreit:

- Die Umsätze aus der Tätigkeit als Arzt, Zahnarzt, Heilpraktiker, Krankengymnast und Hebamme oder aus ähnlicher heilberuflicher Tätigkeit (§4 Nr. 14 UStG).
- Unter bestimmten Bedingungen Einrichtungen zur vorübergehenden Aufnahme pflegebedürftiger Personen und Einrichtungen zur ambulanten Pflege kranker und pflegebedürftiger Personen (§4 Nr. 16 UStG).
- Leistungen, die unmittelbar dem Schul- und Bildungszweck dienen, sowie Leistungen privater Schulen und anderer allgemein bildender Einrichtungen (§4 Nr. 21 UStG).
- Vorträge, Kurse und andere Veranstaltungen wissenschaftlicher oder belehrender Art sowie kulturelle und sportliche Veranstaltungen, wenn die Einnahmen überwiegend zur Deckung der Kosten verwendet werden (§4 Nr. 22 a und b UStG).

- Die Gewährung von Beherbergung, Beköstigung und der üblichen Naturalleistungen durch Personen und Einrichtungen, wenn sie überwiegend Jugendliche zu Erziehungs-, Ausbildungs- oder Fortbildungszwecken oder für Zwecke der Säuglingspflege bei sich aufnehmen (§4 Nr. 23 UStG).
- Bestimmte Leistungen der Träger der öffentlichen Jugendhilfe und der förderungswürdigen Träger der freien Jugendhilfe (§4 Nr. 25 UStG).
- *Ehrenamtliche Tätigkeiten*, die für juristische Personen des öffentlichen Rechts ausgeübt werden oder deren Entgelt lediglich in einem Auslagenersatz und einer angemessenen Entschädigung für Zeitversäumnisse besteht; dies gilt vor allem für Freiberufler mit ehrenamtlichen Tätigkeiten (§4 Nr. 26 UStG).

Die angeführten Steuerbefreiungen führen zum Vorsteuerausschluss, d.h., Sie dürfen keine Vorsteuer für diese Tätigkeiten geltend machen. Beim zuständigen Finanzamt erhalten Sie entsprechende Informationen und Vorlagen zur Umsatzsteuerbefreiung. Als Besonderheit (§23 UStG i.V.m. §69 UStDVZ, §70 Abs. 1 UStDV) für bestimmte Freie Berufe ergibt sich die Möglichkeit, sämtlich Vorsteuerbeträge nach Durchschnittssätzen (Vorsteuerpauschalierung) zu berechnen. Für 1999 gelten in Prozent des Umsatzes bei:

- selbstständigen Mitarbeitern bei Bühnen, Film, Funk, Fernsehen und Schallplattenproduzenten: 3,6%,
- Hochschullehrern: 2,9%,
- Journalisten: 4,8%; Schriftstellern: 2,6%.

Durchschnittssätze für einen Teil der Vorsteuerbeträge bestehen für wirtschaftliche Unternehmensberatung: 1,7%

7.6.3 Weitere Besonderheiten

Pflichtmitgliedschaften
Nur für Angehörige der sog. kammerfähigen Freien Berufe ist die Niederlassung mit einer Pflichtmitgliedschaft bei der zuständigen Kammer verbunden.

Gemischte und untrennbar gemischte Tätigkeiten
Von einer gemischten Tätigkeit spricht man, wenn Sie eine freiberufliche und eine gewerbliche Tätigkeit ausüben und zwischen beiden Bereichen ein gewisser sachlicher und wirtschaftlicher Zusammenhang besteht, die gemischte Tätigkeit aber in freiberufliche und gewerbliche Bestandteile getrennt werden kann, wenn z.B. (Möckershoff 1999, S. 40f.)

- ein Unternehmensberater als beratender Volks- oder Betriebswirt freiberuflich tätig ist und zusätzlich eine Gaststätte betreibt,
- ein Freiberufler Vermögensanlagen vermittelt oder Geldgeschäfte macht,
- ein Arzt- oder Tierarzt neben der Heilbehandlung Medikamente verkauft.

Für eine getrennte Behandlung ist es vorteilhaft, wenn

- eine getrennte Buchführung und
- getrennte Bankkonten vorhanden sind
- sowie die Räumlichkeiten der Betriebe oder mindestens die Warenvorräte getrennt sind.

Betriebsausgaben sind durch Schätzung aufzuteilen. Schwierigkeiten treten jedoch bei untrennbar gemischten Tätigkeiten auf, wenn sich also die Einkünfte aus verschiedenen Erwerbsquellen nicht trennen lassen, da sich die einzelnen Tätigkeiten gegenseitig bedingen (Maaßen 1996, S. 178). Letztendlich entscheidet hier das Gesamtbild der Tätigkeit ob es sich um eine gewerbliche oder freiberufliche Tätigkeit handelt (BFH Urteil vom 7.3.1974, IV R 196/72; BStBl. II 1974, S. 383). Dies bemisst sich nicht nach den Anteilen der Tätigkeiten am Umsatz oder Gewinn, sondern nach der Tätigkeit die der Gesamttätigkeit das Gepräge gibt (BFH, Urteil vom 24.4.1997, IV R 60/95, BStBl. 1997 II, S. 567). Eine gewerbliche Tätigkeit muss dann angenommen werden, wenn der Betrieb nach außen hin als eine Einheit auftritt und sich die freiberufliche Tätigkeit als Ausfluss der gewerblichen Tätigkeit darstellt oder wenn ein einheitlicher Erfolg bzw. Leistung geschuldet wird und in der gewerblichen Tätigkeit auch freiberufliche Elemente enthalten sind (BFH Urteil vom 15.12.1971, I R 49/70; BStBl. II 1972, S. 291). Handelt es sich bei den gewerblichen Leistungen aber um untergeordnete Hilfsleistungen im Sinne von unselbstständigen Nebenleistungen, so muss von einer insgesamt freiberuflichen Tätigkeit ausgegangen werden. Auf jeden Fall müssen Sie die jeweiligen Einkünfte getrennt aufzeichnen und erklären. Unter Umständen empfiehlt sich die Übertragung der gewerblichen Geschäfte auf eine Kapitalgesellschaft (z.B. GmbH).

Bei Zusammenschlüssen gelten hinsichtlich der steuerlichen Anerkennung teilweise verschärfte Anforderungen. Unabhängig von der Trennbarkeit führen gemischte Tätigkeiten in dieser Rechtsform grundsätzlich dazu, dass die gesamte Tätigkeit als gewerblich behandelt wird (Schreiben des BMF vom 14.5.1997, BStBl. 1997 I, S. 566).

8. Rechtliche Aspekte

8.1 Wahl der Rechtsform

Kooperationen und Spezialisierungen können die Erfolgswahrscheinlichkeit der Gründung erhöhen. Daneben ist die Wahl der Rechtsform auch im Hinblick auf die Wirtschaftlichkeit der Niederlassung von Bedeutung. Die Kooperation mit Berufskollegen oder auch mit Freiberuflern aus anderen Berufsgruppen dient der Marktbehauptung und Sicherung der Wettbewerbsfähigkeit. Die effektivere Nutzung personeller und materieller Ressourcen führt zu einer Kostensenkung, zum einen aufgrund der Lastenverteilung, zum anderen erleichtert eine breitere Kapitalbasis kostenintensive Investitionen. Weitere Vorteile sind (Glahn/Oberlander 1993, S. 129ff.):

- Risikoverteilung,
- Bündelung der Kompetenzen,
- Möglichkeit der Spezialisierung,
- gegenseitige Vertretung,
- stärkere Auslastung technischer Ausstattung,
- verbesserter Erfahrungsaustausch,
- Optimierung der Angebotsbreite und -tiefe.

Für die Wahl der Rechtsform ist Voraussetzung, dass Sie bereits entschieden haben, ob Sie in Ihrer Firma allein bestimmen wollen und damit auch die alleinige Verantwortung tragen oder ob Sie andere Personen an Ihrem Unternehmen beteiligen wollen, die Ihnen dafür haftendes Kapital zur Verfügung stellen, Risiko und Gewinn mit Ihnen teilen, aber u.U. im Geschäft mitreden wollen. Aber auch steuerliche Aspekte können bei der Wahl der Rechtsform entscheidend sein. Dazu sollte zweckmäßigerweise ein Steuerberater hinzugezogen werden. Grundsätzlich stehen Ihnen folgende Rechtsformen offen:

Rechtsformen				
Einzelunternehmen		Partner-Unternehmen		
Einzelfirma Einmann-GmbH	Gewerbebetrieb ohne Handelsregistereintrag	Personengesellschaften: OHG KG Partnerschaftsgesellschaft	Kapitalgesellschaften: GmbH (kleine) AG	Besondere Gesellschaften: GmbH & Co. KG EWIV BGB-Gesellschaft Stille Gesellschaft

Für Ihre Entscheidung mögen vier Faustformeln gewisse Hinweise geben:

Risiko der Gewinnerwartung niedrig:	Einzelfirma oder OHG
Risiko der Gewinnerwartung hoch:	GmbH & Co. KG
Vermögen der Gesellschaft klein:	GmbH
Vermögen der Gesellschaft groß:	Einzelfirma, OHG oder Mischform

8.2 Die Firma

Der Begriff der »Firma« ist ein handelsrechtlicher Begriff. Damit wird nicht ein Unternehmen als Ganzes bezeichnet, sondern lediglich der Name, unter dem ein Kaufmann sein Geschäft betreibt.

> §17 HGB: »Die Firma eines Kaufmanns ist der Name, unter dem er seine Geschäfte betreibt und die Unterschrift abgibt.«

Zweck der Firma ist vor allem auch, ein Unternehmen eindeutig identifizieren und von anderen Unternehmen eindeutig unterscheiden zu können. So fordert die Gewerbeordnung nach. §15b Abs. 1 GewO die Angabe des vollen Namens: »Gewerbetreibende, für die keine Firma im Handelsregister eingetragen ist, müssen auf allen Geschäftsbriefen, die an einen bestimmten Empfänger gerichtet werden, ihren Familiennamen mit mindestens einem ausgeschriebenen Vornamen angeben.« Die Firma ist deshalb auch ein zentrales Marketinginstrument.

Weitere Angaben

Auch Einzelunternehmen, Gesellschaften bürgerlichen Rechts oder Partnerschaftsgesellschaften müssen die Rechtsform, den Ort der Niederlassung, den Sitz des Registergerichts (sofern zutreffend) und die Registernummer angeben (gilt nicht für eintragsbefreite Unternehmen).

Kennzeichnungs- und Unterscheidungskraft

Mit der Reform des Handelsrechts sind zur Kennzeichnung von Unternehmen im Geschäftsverkehr alle Firmierungen denkbar, denen Kennzeichnungs- und Unterscheidungskraft zukommt und die nicht über wesentliche geschäftliche Verhältnisse irreführen. Gattungsbegriffe besitzen diese Eigenschaft in der Regel nicht.

Es sind grundsätzlich folgende Varianten zulässig:

- die Namensfirma; dabei muss der Name einer Gesellschaft nicht mit dem von Gesellschaftern übereinstimmen. Dies gilt auch für Einzelunternehmen, wobei ein Irreführungsverbot zu beachten ist;
- die Sachfirma, bei der die Namensgebung im Zusammenhang mit dem Unternehmenszweck stehen muss;
- die Fantasiefirma oder
- eine Kombination aus den genannten Arten.

Hinzukommen muss der jeweilige Rechtsformzusatz, der eventuelle Haftungsbeschränkungen erkennen lässt. Nach § 30 HGB muss sich jede Firma »von allen am selben Ort oder in derselben Gemeinde bereits bestehenden und in das Handelsregister oder in das Genossenschaftsregister eingetragenen Firmen deutlich unterscheiden«. Eine Prüfung bei der Handelsregistereintragung ist zum Ausschluss des Missbrauches oder der Irreführung nicht ausreichend, d.h., auch eingetragene Firmen können wettbewerbsrechtlich beanstandet werden (DiHT 1998a, S. 9ff.).

8.3   Rechtsformen freiberuflicher Tätigkeit

Unter den herkömmlichen Rechtsformen (vgl. Möckershoff 1999, S. 7ff.) freiberuflicher Tätigkeit in gemeinsamer Berufsausübung sind zunächst zwei Grundvarianten zu unterscheiden:

Grundformen freiberuflicher Kooperation	
Berufsausübungsgemeinschaften	Betriebsgemeinschaften
Sozietät, Gemeinschaftspraxis	Büro-, Praxis-, Apparate-, Laborgemeinschaften

Bei der Entwicklung neuer Rechtsformen in den Freien Berufen ist grundsätzlich zwischen der nationalen und der überstaatlichen Normsetzung zu unterscheiden. In der Bundesrepublik Deutschland sind in diesem Zusammenhang zu beachten:

- die Erschließung der GmbH z.B. für Rechtsanwälte auf der Grundlage der Rechtsprechung;
- die so genannte »kleine Aktiengesellschaft« (seit dem 10. August 1994) sowie;
- die seit dem 1. Juli 1995 zugängliche Partnerschaftsgesellschaft (PG).

Der Wandel bei den Formen der Kooperation zwischen Freiberuflern findet auf der Grundlage einer besonderen Tradition statt. So dominierte im Selbst- und Fremdbild der Freien Berufe in Deutschland die Einzelpraxis als Rechtsform der freiberuflichen Berufsausübung. Zusammenschlüsse zwischen Berufskollegen wurden meist in der Form von Betriebsgemeinschaften und Berufsausübungsgesellschaften gestaltet. Ein weit reichendes Verbot von fachübergreifenden Zusammenschlüssen und überörtlichen Sozietäten wurde durch einen nur in Ausnahmefällen durchbrochenen Rechtsformzwang ergänzt.

Für Freiberufler, bei denen kein berufsrechtlicher Vorbehalt besteht, sind grundsätzlich alle Rechtsformen zugänglich, also auch für SozialpädagogInnen. Ein Vorbehalt besteht hinsichtlich des Übergangs von der Freiberuflichkeit zum Gewerbe.

8.3.1 Berufsausübungsgemeinschaft

Berufsausübungsgemeinschaften ermöglichen Angehörigen der Freien Berufe die gemeinsame Berufsausübung im Rahmen eines gemeinsam getragenen wirtschaftlichen Risikos. Die regelmäßige Organisationsform hierfür ist die Gesellschaft bürgerlichen Rechts (GbR). Eine GbR besitzt keine eigene Rechtspersönlichkeit in Form einer juristischen Person, vielmehr sind die Gesellschafter gesamthänderisch verbunden. Die Gründung erfolgt durch den Abschluss eines Gesellschaftsvertrages.

Die überörtliche Sozietät ist ebenso wie die örtliche eine echte Sozietät. In Deutschland ist unter den Freien Berufen die Gründung überörtlicher Sozietäten lediglich bestimmten rechts-, steuer- und wirtschaftsberatenden (Katalog-)Berufen erlaubt. Dabei sind Möglichkeiten supranationaler Kooperation vorgesehen. Bei den Angehörigen der verkammerten freien Heilberufe ist die Zweitpraxis als weitere Variante nur in Ausnahmefällen zulässig.

8.3.2 Betriebsgemeinschaft

Bei der Gesellschaft bürgerlichen Rechts (§§705ff. BGB) handelt es sich um die Grundform der Personengesellschaft. Die einfachste Form eines freiberuflichen Zusammenschlusses bilden Bürogemeinschaften, Praxisgemeinschaften sowie Apparate- und Laborgemeinschaften. Sie beschränken sich zur Kosteneinsparung auf die gemeinsame Nutzung von Büro- und Praxisräumen einschließlich deren Einrichtungen und die gemeinsame Beschäftigung von Mitarbeitern. Die beteiligten Freibe-

rufler üben ihren Beruf selbstständig aus und müssen dies durch separate Praxis-
schilder und Geschäftspapiere nach außen darstellen.

Die häufigste Form der gemeinsamen Berufsausübung ist die auch als Gemein-
schafts- oder Gruppenpraxis bezeichnete Sozietät. Wesentlich ist hierbei die gemeinsame Außendarstellung durch einheitliche Bezeichnung und Geschäftspapiere bis
zur gemeinsamen Auftragsannahme, -durchführung und Vereinnahmung der Honorare. Grundsätzlich haften die Gesellschafter der GbR als Gesamtschuldner, d.h.,
sie haften nicht nur mit dem persönlichen Anteil am Gesellschaftsvermögen, sondern auch mit dem privaten Vermögen. Die Firmierung als »GbR-mbH« ist nicht
ausreichend, um eine rechtswirksame Haftungsbeschränkung zu begründen. Es
scheint noch nicht hinreichend geklärt, inwieweit Bezeichnungen wie »GbR ohne
persönliche Gesellschafterhaftung« oder »GbR mit beschränkter Gesellschafterhaftung« eine vorgenommene Haftungsbeschränkung verdeutlichen. Im Falle einer Sozietät von Rechtsanwälten hat das RG Düsseldorf entschieden, dass eine Haftungsbeschränkung nur auf dem Wege vertraglicher Vereinbarung mit Mandanten zulässig
ist. Dieses Urteil wurde in der Entscheidung des Bundesgerichtshofes vom
27.09.1999 bestätigt. »Eine GbR mbH ist nicht mehr allein durch gesellschaftliche
Regelungen, sondern allein durch Einzelverträge, zu vereinbarende Haftungsaus-
schlüsse möglich.« (Deutsches Steuerrecht, S. 1965ff.)

Bei der »klassischen« Sozietät handelt es sich um den Zusammenschluss von natürlichen Personen desselben Berufes. Darüber hinaus gestattet der Gesetzgeber bis
dato nur den Angehörigen verwandter Freier Berufe einen Zusammenschluss (sog.
intraprofessionelle Kooperation). Eine Sozietät z.B. bei den freien heilkundlichen
oder bei den freien rechts- und wirtschaftsberatenden Berufen ist also möglich, aber
nicht zwischen diesen – also auch nicht zwischen Angehörigen der freien rechts-
und wirtschaftsberatenden und den freien technischen Berufen (sog. interprofessionelle Kooperation). Durch die Anpassung an veränderte Anforderungen bezüglich
der Erbringung komplexer Dienstleistungen ergibt sich jedoch hier eine Öffnung
der Berufsrechte mit der Tendenz zur »gemischten« Sozietät.

8.3.3 Freiberufliche Kapitalgesellschaften

Bei einer *GmbH* handelt es sich um eine Kapitalgesellschaft mit beschränkter Haftung, die als juristische Person eine eigene Rechtspersönlichkeit darstellt und somit
Eigentum erwerben, aber auch klagen und verklagt werden kann. Die Haftungsbeschränkung tritt aber erst mit Eintragung in das Handelsregister ein. Für Schadens-
ersatzleistungen haftet die GmbH aus eigenem Verschulden. Der Geschäftsführer einer GmbH haftet für unerlaubte Handlungen persönlich. Die Haftungsregelungen
sind sehr komplex und umfangreich. So kann etwa ein Geschäftsführer gegenüber
der GmbH schadensersatzpflichtig werden.

Die Gründung einer *Freiberufler-GmbH* war bisher nur Architekten, Bauinge-
nieuren, sonstigen freiberuflichen Ingenieuren, Steuerberatern und Wirtschaftsprü-

fern gestattet. Seit 1.3.1999 gestattet der Gesetzgeber die Gründung einer GmbH auch für Rechtsanwälte und die Rechtsprechung hat sich zugunsten einer Zahnheilkunde-GmbH (BGH-Entscheidung, Urteil vom 25.11.1993, BGHZ 124, S. 224) ausgesprochen. Mit ähnlichen Entscheidungen bei anderen Freien Berufen (insbesondere für Ärzte, »Heilbehandlungs-GmbH«) ist trotz standesrechtlicher Bedenken zu rechnen.

Die Vorteile liegen zuallererst in der Haftungsbeschränkung und in der steuermindernden Geltendmachung von Freibeträgen (z.B. Pensionsrückstellungen). Die Nachteile bestehen in dem höheren organisatorischen Aufwand der sich durch die im GmbH-Gesetz vorgeschriebenen Strukturen ergibt, wie in der Pflicht zur Erstellung einer Bilanz, der Abführung der Gewerbe- und Körperschaftssteuer, der notariellen Beurkundung von Änderungen im Gesellschaftsvertrag, der Beschlussfassung und der Eintragungen ins Handelsregister.

Bei der *gemeinnützigen GmbH* (gGmbH) handelt es sich nicht um eine eigene Rechtsform des Gesellschaftsrechts. Vielmehr soll nur darauf aufmerksam gemacht werden, welchen Unternehmenszweck diese Gesellschaft verfolgen soll, was aber keine Auswirkungen auf die anzuwendenden Normen des Gesellschaftsrechts hat. Es gilt das GmbH-Gesetz wie für jede andere GmbH. Die Unterschiede ergeben sich jedoch im Steuerrecht (Badelt 1997, S. 171).

Als Alternative zur Freiberufler-GmbH bietet sich seit 10.8.1994 die Möglichkeit der *»kleinen AG«*. Diese unterscheidet sich von der »börsennotierten AG« durch einen überschaubaren Kreis von Aktionären (bis hin zur Einmann-AG) und durch eine Reihe von Erleichterungen bei Gründung, Beschlussfassung und Gewinnverwendung. Die »kleine AG« wird gegenüber der GmbH einen schweren Stand haben. Insbesondere bei Wirtschaftsprüfern und Steuerberatern könnte diese Rechtsform Akzeptanz finden, auch für Ingenieure und Architekten oder Unternehmensberater dürfte sie interessant sein. Für andere Berufe wie die Rechtsanwälte gilt analog zur GmbH ungeachtet der Rechtsprechung der berufsrechtliche Vorbehalt.

Die derzeitige Situation kann als Wettbewerb von Rechtsformen beschrieben werden. Gleichwohl scheinen die in neueren Ausprägungen der freiberuflichen Zusammenarbeit begründeten Möglichkeiten nicht ausgelotet.

8.3.4 Partnerschaftsgesellschaft

Die Partnerschaftsgesellschaft (kurz: Partnerschaft) ist die einzige neue Rechtsform, die in Deutschland im 20. Jahrhundert geschaffen wurde; Sie ist eine Zwischenform der Kapitalgesellschaft (z.B. GmbH, AG) und der Personengesellschaft (z.B. GbR, KG). Es handelt sich um eine rechtsfähige Personengesellschaft. Die Partnerschaft kann unter ihrem Namen Verbindlichkeiten eingehen und Rechte erwerben, klagen und verklagt werden. Trotzdem ist sie keine juristische Person, wie das bei den Kapitalgesellschaften der Fall ist. Im Partnerschaftsgesellschaftsgesetz sind Hebammen und Heilmasseure in den Katalog aufgenommen. Darüber hinaus werden dort die

Diplom-Psychologen, Mitglieder der Rechtsanwaltskammern sowie die hauptberuflichen Sachverständigen genannt.

Die Partnerschaft steht nur Angehörigen der Freien Berufe und ausschließlich natürlichen Personen offen, wobei sich die Eingrenzung dieser Berufe im Wesentlichen an den Regelungen des Einkommensteuerrechts orientiert. Intraprofessionelle (entsprechend der GbR) und interprofessionelle Kooperationen sind vom Gesetzgeber erlaubt. Die Möglichkeiten einer interprofessionellen Zusammenarbeit werden jedoch grundsätzlich durch das Berufsrecht geregelt. Die Partner handeln eigenverantwortlich und unabhängig.

Die Partnerschaft ist als solche nicht einkommen- und körperschaftssteuerpflichtig, da sie weder eine natürliche noch eine juristische Person ist. Auch Gewerbesteuer muss nicht entrichtet werden. Umsatzsteuerpflichtig ist die Partnerschaft: Rechnungen dürfen also nicht auf den Namen eines Gesellschafters ausgestellt werden, sondern nur auf die Partnerschaft. Für die Steuerschulden haften die Partner.

Die Reichweite dieser Regelung wird allerdings durch die jeweiligen Berufsrechte begrenzt. Wesentlich für die Ausgestaltung der Partnerschaften ist die Unterscheidung zwischen zulassungsgebundenen und ungebundenen Zusammenschlüssen. Um Wettbewerbsvorteile gegenüber der GbR auszuschließen, hat der Gesetzgeber die gesamtschuldnerische Haftung aller Partner für die Verbindlichkeiten der Gesellschaft festgeschrieben. Gleichzeitig gibt es eine unmittelbare Haftung für die Leistungserbringung: Dabei kann die Haftung auf bestimmte Aufgaben wahrnehmende Partner und deren persönliches Vermögen beschränkt werden. Die steuerrechtliche Beurteilung ist nur im Rahmen einer Einzelfallbetrachtung möglich.

Die Entfaltung von in der PG begründeten Potenzialen für eine zukunftsweisende Entwicklung der Freien Berufe hängt entscheidend von berufsrechtlichen Ausgestaltungen ab. Die Konstruktion der inneren Struktur der Partnerschaft in Anlehnung an die OHG vereinfacht die internen Abläufe, die Beweglichkeit der Gesellschaft wird erhöht. Darüber hinaus wird eine Verbesserung der Rechtssicherheit angenommen, sofern der Gesellschaftsvertrag entsprechend abgefasst ist. Mit dieser Kooperationsform werden auch die Möglichkeiten der Marktanpassung verbessert, wenn auch mit unterschiedlicher Relevanz für einzelne Freie Berufe.

Für die Partnerschaft und andere Gesellschaftsformen in den Freien Berufen gilt, dass neben der Rechtsform die spezifische Ausgestaltung der Gesellschaftsverträge einen besonderen Stellenwert hat. Schließlich ist auf einen Umstand hinzuweisen, der in rechtlichen oder wirtschaftlichen Erörterungen meist keine Rolle spielt, aber außerordentlich bedeutsam ist: die Wahl der geeigneten Kooperationspartner als Voraussetzung für ein dauerhaftes Bestehen der Freiberuflergesellschaften.

Wie gründe ich eine Partnerschaftsgesellschaft?

● Definition
Die Partnerschaftsgesellschaft ist eigene Rechtsform für die Freien Berufe. Sie gehört wie die Gesellschaft bürgerlichen Rechts (GbR) und die offene Handelsgesellschaft (OHG) zu den Personengesellschaften. In allen nicht besonders geregelten Fragen gilt das Bürgerliche Gesetzbuch.

● Wer kann die Partnerschaft nutzen?
Die Partnerschaft ist eine Gesellschaftsform für alle, die einen Freien Beruf selbstständig ausüben. Sie steht exklusiv nur Angehörigen Freier Berufe seit dem 1.7.1995 zur Verfügung.

● Wer kann mit wem? Interprofessionelle Partnerschaften.
Das Partnergesellschaftsgesetz selbst enthält keinerlei Einschränkungen bezüglich des Zusammenschlusses von Angehörigen verschiedener Freier Berufe. Einschränkungen kann jedoch das jeweilige Berufsrecht enthalten. Als Grundsatz kann hier zunächst angeführt werden, dass unter dem Vorbehalt berufsrechtlicher Grundsätze sich die rechts-, steuer- und wirtschaftsprüfenden Berufe einschließlich der Unternehmensberater grundsätzlich mit Freiberuflern anderer Professionen zusammenschließen können, wie das bisher in der Rechtsform der BGB-Gesellschaft möglich war.

● Die Haftung der Partnerschaft und der Partner.
Die Partner handeln eigenverantwortlich und unabhängig. Für Verbindlichkeiten haften neben der Partnerschaftsgesellschaft grundsätzlich alle Partner als Gesamtschuldner mit ihrem Privatvermögen. Bei fehlerhafter Berufsausübung ist mit Gesetz vom 1.8.1998 die Haftung für Schadensersatzansprüche auf das Vermögen der Partnerschaft und die mit dem Auftrag befassten Partner beschränkt.

8.3.5 Zusammenfassende Beurteilung

Die Partnerschaft wird gegenüber der Gesellschaft bürgerlichen Rechts in Zukunft ein besseres Image aufweisen. Besonders wichtig erscheint das verbesserte Gesellschaftsrecht. Es ist auf die Freien Berufe zugeschnitten. Wesentliche Erleichterung im Rechtsverkehr bringt die Rechtsfähigkeit. Die Möglichkeit, einen kurzen Partnerschaftsnamen zu wählen, bringt ebenfalls erhebliche Erleichterungen.

Im Vorteil ist die GbR in Bezug auf die Deliktshaftung. Bei ihr haften die Mitgesellschafter nicht für von anderen verursachte Schäden aus Delikten, die nicht gleichzeitig vertraglich begründet sind, sowie für Schmerzensgeld.

Im Vergleich zur GmbH schneidet die Partnerschaft, was die Besteuerung angeht, deutlich besser ab, ausgenommen sind Fälle mit nennenswerter Pensionsrückstellung. Berechnungen, die Vorteile für die GmbH ausweisen, werden infrage gestellt. Der steuerliche Vorteil der Partnerschaft wird angereichert durch ihr besseres Image und ihr wesentlich besseres Gesellschaftsrecht.

8.4 Rechtsformen zur »alternativen« Gründung

8.4.1 Der rechtsfähige Verein

Die Rechtsform des rechtsfähigen Vereins ist sehr beliebt bei sozial und kulturell orientierten Projekten, da die Gründung kostengünstig ist und haftungsrechtlich sowie steuerrechtlich enorme Vorteile bestehen. Der Verein ist zwar kein Weg der rechtlichen oder auch steuerlichen Selbstständigkeit, er bietet jedoch die Möglichkeit zur Schaffung von Stellen durch eigene Initiative, wobei nicht auszuschließen ist, dass der Verein auch freie Mitarbeiter beschäftigt und honoriert.

Gründung
Auf der Gründungsversammlung muss die Vereinssatzung beschlossen und von mindestens sieben Gründungsmitgliedern unterschrieben werden (§§56, 59 BGB). Auf dieser Versammlung müssen die Organe des Vereins nach den Vorschriften der gerade beschlossenen Satzung gewählt werden (§§57, 58 BGB). Die Satzung legt den Zweck des Vereins fest. Über die Wahl muss ein Protokoll angefertigt und von allen Gründungsmitgliedern unterschrieben werden. Der Verein existiert jetzt zwar schon, er wird aber erst rechtsfähig mit der Eintragung ins Vereinsregister (e.V.), das beim Amtsgericht geführt wird. Daraus folgt, dass für Verbindlichkeiten nur der e.V. selbst haftet. Alle Vorstandsmitglieder müssen den Antrag unterschreiben und die Unterschriften notariell beglaubigen lassen. Wenn der Verein eingetragen werden soll, muss die Satzung folgende Punkte festlegen (§§57, 58 BGB):

- Name, Sitz und Zweck des Vereins,
- Eintragung des Vereins in das Vereinsregister,
- Mitgliedschaft, Ein- und Austritt,
- Beitragspflicht, Bildung des Vorstands,
- Vertretungsbefugnisse des Vorstands,
- Einberufung der Mitgliederversammlung (wann und wie),
- Auflösung.

In §52 Abs. 2 AO werden folgende Satzungszwecke als förderungswürdig anerkannt:

- Die Förderung von Wissenschaft und Forschung, Bildung und Erziehung, Kunst und Kultur, der Religion, der Völkerverständigung, der Entwicklungshilfe, des Umwelt-, Landschafts- und Denkmalschutzes, des Heimatgedankens.
- Die Förderung der Jugendhilfe, der Altenhilfe, des öffentlichen Gesundheitswesens, des Wohlfahrtswesens und des Sports.
- Die allgemeine Förderung des demokratischen Staatswesens im Geltungsbereich dieses Gesetzes; hierzu gehören nicht Bestrebungen, die nur bestimmte Einzelinteressen staatsbürgerlicher Art verfolgen oder die auf den kommunalpolitischen Bereich beschränkt sind.

- Die Förderung der Tierzucht, der Pflanzenzucht, der Kleingärtnerei, des traditionellen Brauchtums einschließlich des Karnevals, der Fastnacht und des Faschings, der Soldaten und Reservistenbetreuung, des Amateurfunkens, des Modellflugs und des Hundesports.

Mindestkapital

Der eingetragene Verein braucht kein bestimmtes Mindestkapital.

Haftung

Der eingetragene Verein ist wie die GmbH eine juristische Person und haftet gegenüber den Gläubigern mit dem Vereinsvermögen. Die Mitglieder und der Vorstand haften lediglich mit den Vereinsbeiträgen (§31 BGB)

Vorteile

Ein gemeinnütziger Verein hat nicht nur den Vorteil, dass er von fast allen Steuern befreit werden kann, sondern es gibt auch die Möglichkeit, mit öffentlichen Mitteln vor allem im Projektbereich gefördert zu werden. Eine wichtige Förderung besteht in der möglichen Zuweisung von ABM-Stellen durch das Arbeitsamt und der Bezuschussung von Stellen für Sozialhilfeempfänger durch die Gemeinden.

Nachteile

Zur Gründung sind mindestens sieben Personen notwendig. Die Mitgliederversammlung ist oberste Instanz und kann Sie im Falle eines Falles als Vorstand abwählen. Wenn sie ausschließlich wirtschaftliche Interessen verfolgen, ist ein Verein als Rechtsform nicht geeignet. Außerdem wird ein Verein im Wirtschaftsleben nicht richtig ernst genommen.

Die Vereine sind – anders als Personengesellschaften – auf eine größere Zahl wechselnder Mitglieder angelegt und deshalb körperschaftlich erfasst. Vereine haben eine Satzung und keinen Gesellschaftsvertrag: während der Gesellschaftsvertrag von den Unterzeichnern und ihren individuellen Vorstellungen und Forderungen abhängig ist, regelt die Satzung des Vereins überpersönlich-objektiv die Organisation und Funktion. Der Verein ist also prinzipiell unabhängig vom jeweiligen Mitgliederbestand.

8.4.2   Die eingetragene Genossenschaft

Die Genossenschaft ist weder Personen- noch Kapitalgesellschaft, sondern ein wirtschaftlicher Verein. Sie ist eine juristische Person und im Genossenschaftsregister (eG) einzutragen. Sie hat kein festes Grundkapital wie die Kapitalgesellschaften, sondern ihr Kapital setzt sich aus den Einlagen der Mitglieder zusammen und schwankt folglich auch mit der Mitgliederzahl, die wie beim Verein mindestens sieben betragen muss.

Die Organe der Genossenschaft sind der Vorstand, der Aufsichtsrat und die Vertreterversammlung (Genossenschaftsversammlung). Das Statut der Genossenschaft enthält Vorschriften über den Betrag, bis zu dem sich die einzelnen Mitglieder mit Einlagen beteiligen können (Geschäftsanteile) und welcher Betrag davon mindestens einzuzahlen ist (Mindesteinlage). Die Beteiligung mit mehr als nur einem Geschäftsanteil kann statuarisch erlaubt sein. Dem eingezahlten Betrag jedes Mitglieds (Geschäftsguthaben) werden Gewinne so lange gutgeschrieben, bis der Geschäftsanteil erreicht ist, Verluste werden entsprechend abgezogen.

Entsprechend der Zwecksetzung ist das ursprüngliche Ziel der Genossenschaft nicht Gewinnerzielung, sondern Selbsthilfe der Mitglieder durch gegenseitige Förderung des Erwerbes oder der Wirtschaft ihrer Mitglieder mittels gemeinschaftlichen Geschäftsbetriebes.

Die Rechtsfähigkeit wird durch Eintragung in das Genossenschaftsregister erlangt. Die eG ist Kaufmann kraft Rechtsform, sie tritt unter ihrer Firma im rechtsfähigen Verkehr auf. Diese Firma muss Sachfirma sein, sie darf keine Personennamen enthalten. Der Zusatz »eingetragene Genossenschaft« ist zwingend vorgeschrieben. Als juristische Person haftet sie nur mit ihrem Vermögen. Für die Verbindlichkeiten der Genossenschaft wird aufgrund der beschränkten Haftung ihre Begrenzung der Nachschüsse der Mitglieder zur Deckung der Verbindlichkeiten der Genossenschaft auf die im Statut festgelegte Haftsumme vorgenommen.

Alle Mitglieder sind gleichberechtigt, jedes Mitglied hat in der Generalversammlung unabhängig von der Höhe des Kapitalanteils nur eine Stimme. Aufgrund des Charakters als Hilfsgesellschaften haben die Genossenschaften gewisse steuerliche Vorteile. Von SozialpädagogInnen wäre eine Dienstleistungsgenossenschaft zu gründen.

8.5 Vergleich der verschiedenen Rechtsformen

Vergleich zwischen Einzelunternehmen und GmbH (DIHT 1998b):

Einzelunternehmen	Ein-Mann-GmbH (»Ein-Frau-GmbH« ist nicht vorgesehen)
• Das Risiko liegt alleine beim Existenzgründer. • Die Entwicklung des Unternehmens ist direkt vom Einsatz, den Fähigkeiten und der Ausdauer des Unternehmers abhängig. • Die Entscheidungsbefugnis und der Entscheidungszwang liegen alleine beim Gründer. • Die Kapitalkraft des Unternehmens ist zugleich die Kapitalkraft des Unternehmers. • Handels- und steuerrechtliche Fragen sind von der Kaufmannseigenschaft abhängig. • Das monatliche Entgelt des Unternehmers wird nicht als steuerlich zulässige Betriebsausgabe anerkannt. Beim Unternehmerlohn handelt es sich lediglich um vorweggenommene Gewinne, die den eigentlichen Gewinn am Jahresende nicht reduzieren. Dies wirkt sich also nicht steuermindernd aus.	• Diese Rechtsform wird durch eine natürliche oder juristische Person begründet. Vom Wesen her eine Einzelunternehmung, bietet sie den Vorteil der beschränkten Haftung. • Schulden und Vermögen gehören dem Unternehmer nicht privat, sondern der GmbH als juristische Person. • Das monatliche Geschäftsführergehalt, das die GmbH dem Unternehmer zahlt, gilt als steuerlich zulässige Betriebsausgabe. Dies führt in der Regel zu einem geringeren Gewinn als bei der Einzelunternehmung. Dies wiederum führt zu einer geringeren Körperschafts- und Gewerbesteuerbelastung. • Die Anmeldung im Handelsregister darf erst erfolgen, wenn die Mindesteinlage von 25.000 DM erbracht ist und über den verbleibenden Teil der Einlage eine Sicherheit bestellt ist. Die Kapitalgrundlage der GmbH bildet das Stammkapital von mindestens 50.000 DM. • Die GmbH haftet immer mit dem gesamten Betriebsvermögen. Sacheinlagen können zum Stammkapital hinzugerechnet werden.

Vergleich zwischen Partnerschaft und Gesellschaft bürgerlichen Rechts (vgl. Feißt/Krieger 1998, S. 266ff.)

Vorteile	Nachteile
• geschützter, im öffentlichen Register geführter Name, der praktikabel handhabbar ist und Generationen überdauern kann • volle Rechtsfähigkeit unter diesem Namen • passendes Gesellschaftsrecht im Innen- und Außenverhältnis • Bekanntmachung durch Registerpublizität • Aufwertung durch Registereintragung • erleichterte Freistellung von der persönlichen Haftung für Berufsfehler, für die andere Partner verantwortlich sind	• anfallende Notar- und Gerichtskosten für Registrierung und Änderungen im Partnerschaftsregister • Haftung auch für unerlaubte Handlungen eines Partners bei der Partnerschaft, die ggf. über die vertraglich begründete Haftung hinausgeht.

Wegen der überwiegenden Vorteile der Partnerschaft werden fortschrittliche und große Freiberufler-GbR sich zukünftig vermehrt in Partnerschaften umwandeln.

Vergleich zwischen Partnerschaft und Kapitalgesellschaft

Vorteile der Partnerschaft	Vorteile der Kapitalgesellschaft
• besseres Image durch »richtige« Rechtsform • passendes Gesellschaftsrecht • flexibleres Gesellschaftsrecht • einfache Art der Änderung des Gesellschaftervertrages • keine Gewerbeertragsteuer • keine Gewerbekapitalsteuer • nur einmal Vermögenssteuer • Überschussrechnung möglich • Umsatzbesteuerung nach vereinnahmten Entgelten • einfache Steuerdeklaration • keine verdeckte Gewinnausschüttung	• keine persönliche Haftung der Gesellschafter • geringe persönliche Haftung der Geschäftsführer • Pensionsrückstellungen möglich • thesaurierte Gewinne unterliegen einem geringeren Steuersatz • u.U. Sparerfreibetrag von 3.000 DM für Ausschüttungen • u.U. Werbungskostenpauschalbetrag für Arbeitnehmer von 2.000 DM

8.6 Rechtsformen im Überblick

Rechtsform des Unternehmens	Kein Mindestkapital nötig	Haftungsbeschränkung	Breiter Entscheidungsspielraum	Wenige Formalitäten	Eintrag ins Handelsregister	Gründungskosten in DM, ca. Angaben[1]
Einzelunternehmer	Ja	Nein	Ja	Ja	Nein[2]	500–800
GbR	Ja	Nein	Ja	Ja	Nein	35
OHG	Ja	Nein	Ja	Nein	Ja	1.000
PartnG	Ja	zum Teil	Ja	Ja	Partnerschaftsregister	1.000
KG	Ja	zum Teil	Ja	Nein	Ja	1.000
GmbH	Nein	Ja	Nein	Nein	Ja	2.500
Ein-Mann-GmbH	Nein	Ja	Ja	Nein	Ja	2.000
GmbH & Co.KG	Nein	Ja	Ja	Nein	Ja	3.000–3.500
Stille Gesellschaft	Ja	Ja	Nein	Ja	Nein	keine Angaben
Kleine AG	Nein	Ja	Ja	Ja	Ja	3.000

(BMWi 1997, S. 4)

1) Notar-, Gerichts- und Veröffentlichungskosten
2) Ja, wenn der Gründer Vollkaufmann ist.

8.7 Noch Fragen?

Rechtsfragen zur Gründung einer Personengesellschaft

- Haben Sie den Zweck der Gesellschaft geklärt?
- Haben Sie die Dauer der Gesellschaft bestimmt?
- Haben Sie Fragen der internen und externen Haftung besprochen?
- Ist die Rechtsform geklärt?
- Ist der Name der Gesellschaft geklärt und rechtlich zulässig?
- Haben Sie Art und Höhe der Beteiligung aller Gesellschafter besprochen?
- Ist geklärt, wer die Geschäfte führt und wer die Gesellschaft nach außen vertritt?
- Ist die Frage der Gewinnverteilung offen besprochen worden?
- Ist geklärt, unter welchen Voraussetzungen Gesellschafter Entnahmen tätigen dürfen?
- Ist eine Urlaubs- und Krankheitsregelung getroffen?
- Haben Sie die Fragen der Machtverteilung offen besprochen?
- Ist geklärt, was bei Ausscheiden eines Gesellschafters geschehen soll?
- Haben Sie schließlich alle Ergebnisse der obigen Überlegungen in den schriftlichen Gesellschaftsvertrag übernommen?

10 Fragen zur Rechtsformwahl

	Richtig	Falsch
1. Die Wahl der Rechtsform ist auch unter wirtschaftlichen Aspekten bedeutsam.		
2. Die Einzelunternehmung muss in ein Register eingetragen werden.		
3. In der Einzelunternehmung und der GbR haften die Gesellschafter auch mit dem Privatvermögen (gesamtschuldnerisch).		
4. Die Partnerschaftsgesellschaft ist nur für Freie Berufe zugänglich.		
5. Für die Gründung einer Partnerschaftsgesellschaft ist der Abschluss eines Vertrages nicht erforderlich.		
6. Die Partnerschaftsgesellschaft muss den Zusatz »und Partner« oder »Partnerschaft« führen.		
7. Ein hohes wirtschaftliches Risiko spricht für die Wahl der GbR.		
8. Die Partnerschaftsgesellschaft erleichtert die Freistellung von der persönlichen Haftung für Berufsfehler, für die andere Partner verantwortlich sind.		
9. Freiberufler ermitteln ihre Gewinne in der Regel durch Einnahme-Überschussrechnung.		
10. Personengesellschaften dürfen keine Fantasienamen führen.		

(Die Lösungen finden Sie im Anhang, S. 187)

8.8   Versicherungen

8.8.1   Allgemeine Checklisten

	Ja	Nein
Ist für den Ersatz von Schäden gesorgt, die Sie verursachen?		
Beruflich	○	○
Privat	○	○
Sind Sie versichert, wenn Sie einen Kunden falsch beraten?	○	○
Ist Ihre Firmen- und Wohnungseinrichtung bei Schäden durch Feuer, Leitungswasser, Sturm, Hagel, Einbruchsdiebstahl, Vandalismus versichert?	○	○
Wenn Sie mit Öl heizen: Sind Sie bei Schäden durch auslaufendes Öl versichert?	○	○
Haben Sie schon geprüft, ob sich Ihre Finanzierungskosten durch Umschuldung senken lassen?	○	○
Kommt eine Versicherung für den Schaden auf, wenn sich jemand auf Ihrem Grundstück verletzt?	○	○
Übernimmt die Versicherung die Kosten, wenn Sie um Ihr Recht streiten?	○	○
Wenn Ihre Firma nach einem Schaden nicht mehr arbeiten kann: Zahlt dann die Versicherung die Löhne weiter und kommt für den entgangenen Gewinn auf?	○	○
Übernimmt eine Versicherung die Reparaturkosten, wenn Ihr Computer beschädigt wird?	○	○
Zahlt Ihre Versicherung die Kosten für die Neueingabe, wenn die Daten Ihrer EDV-Anlage unabsichtlich gelöscht wurden?	○	○
Tritt eine Versicherung ein, wenn Kunden ihre Rechnungen nicht bezahlen?	○	○
Persönliche Risiken		
Sind Sie abgesichert für den Fall, dass Sie wegen einer Erkrankung längere Zeit kein Geld verdienen können?	○	○
Sind Sie bei Berufsunfähigkeit finanziell geschützt?	○	○
Haben Sie schon einmal geprüft, ob Ihnen eine private Krankenversicherung Vorteile bringt?	○	○
Wissen Sie, wie es um Ihre persönliche Alterssicherung bestellt ist?	○	○
Haben Sie Ihre Hinterbliebenen abgesichert?	○	○
Haben Sie für den Fall vorgesorgt, dass Sie durch Unfall, Krankheit oder im Alter Pflege benötigen?	○	○

(Ember 1996, S. 150)

8.8.2 Betriebliche Versicherungen

Sparte	Risikoabdeckung	muss sein	kann sein
Feuer	Brand, Blitzschlag, Explosion, Löschen, Niederreißen, Ausräumen	⊘	○
Leitungswasser	Wasseraustritt aus Leitungen, Heizung, jedoch nicht aus Rückstau (Hoch- und Grundwasser)	⊘	○
Sturm	Sturmverursachte Schäden, inkl. Folgeschäden (z.B. Warenbeschädigungen oder Vernichtung)	⊘	○
Einbruch-diebstahl	Einbruch muss vorangegangen sein und Schäden aus Zerstörung, Beschädigung, auch Beraubung oder räuberische Erpressung	⊘	○
Glas	Beschädigung, Glasscheiben, Schaufenster-, Türscheiben, Glasbausteine, Wandspiegel inkl. Ersatzarbeiten und Notverglasung	○	⊘
Betriebsunter-brechungs-versicherung	Weiter zu zahlende Löhne, Gehälter, Sozialabgaben, Mieten, entgangener Gewinn. *Achtung:* Schadensfall entbindet nicht von Lohn- und Sozialabgaben	⊘	○
Haftpflicht	Personen- und Vermögensschäden	⊘	○
Produkt-haftpflicht	Aus der Geschäfts- und Betriebstätigkeit zulasten Dritter	○	☑
Technische Versicherung	Bedienungs-, Konstruktionsfehler, Kurzschluss, Versicherung, Materialfehler	○	⊘
Transport	Pauschal durch Transportunfälle der Waren und deren Beschädigung oder Vernichtung	○	⊘
EDV-Versicherung	Schäden, die durch Fehler bei Bedienung des Systems durch Mitarbeiter, des Systems an sich oder Elementarschäden entstehen (kann abgedeckt werden durch eine Electronic-Versicherung oder Vertrauensschadensvers.)	⊘	○
Rechtsschutz	Schäden aus der Ausübung des Firmengeschäfts (Mietprobleme, Verkehrsschäden, Personal) oder überhaupt Dinge, mit denen Sie ohne Rechtsanwalt nicht auszukommen glauben. Ersatz von Anwalts- und Gerichtskosten	⊘	○
Kredit-versicherung	Forderungen aus Waren- und Dienstleistungen (Forderungausfall, Bürgschaft, Vertrauensschaden)	⊘	○

(DIHT 1997, S. 71)

8.8.3 Persönliche Versicherungen

Sparte	Risikoabdeckung	muss sein	kann sein
Unfall-versicherung	Alle Unfälle, 24 Stunden am Tag, weltweit, Land, Wasser, Luft in der Freizeit und am Arbeitsplatz. Die gesetzliche Versicherung hilft nur nach einem Unfall im Beruf	✔	○
Kranken-versicherung	Sie können einer gesetzlichen Krankenversicherung beitreten, können sich aber auch privat versichern oder eine Kombination beider wählen. Hier spielt das Tagegeld eine Rolle	✔	○
Pflege-versicherung	Es handelt sich um einen neuen Versicherungszweig der gesetzlichen Sozialversicherung. Sie sind verpflichtet, den üblichen Pflegeversicherungsbeitrag zu entrichten. Es gibt aber bestimmte Möglichkeiten der Reduzierung	✔	○
Renten-versicherung	Sie können wie bisher bei der LVA oder BfA bleiben. Sie können aber auch verzichten und schließen eine Lebensversicherung ab. Beiträge u. Leistungen sind in dem Fall gestaltbar.	✔	○
Lebens-versicherung	Absicherung der eigenen Person im Alter, der Familie, des Unternehmens, im Erbschaftssteuerfall, Sicherheitsvergabe bei Krediten u.v.a.m.	✔	○
Arbeitslosen-versicherung	Es besteht für Selbstständige keine Verpflichtung mehr, Versicherungsbeiträge zu zahlen. Vorher erworbene Ansprüche auf Arbeitslosenunterstützung erlöschen nach 3 Jahren	○	○

(DIHT 1997, S. 72)

Noch umfassendere Informationen liefert die Broschüre »Soziale Absicherung«. Sie kann bei Ihrer Industrie- und Handelskammer oder dem Deutschen Industrie- und Handelstag (DIHT), Adenauerallee 148, 53113 Bonn, bezogen werden.

8.8.4 Krankenversicherung

Für Selbstständige entfällt generell die Versicherungspflicht. Sie können sich somit sowohl in der gesetzlichen Krankenversicherung freiwillig weiterversichern als auch bei einer privaten Krankenversicherung versichern. Der Selbstständige kann sich also über zwei Wege absichern:

- die freiwillige Mitgliedschaft in einer *gesetzlichen Krankenversicherung* (mit Beitrag zur sozialen Pflegeversicherung);
- Beitritt in eine *private Krankenversicherung* (und private Pflegeversicherung).

Die folgende Übersicht zeigt die wichtigsten Unterschiede zwischen der gesetzlichen und der privaten Krankenversicherung:

Unterschiede zwischen gesetzlicher (freiwilliger) und privater Krankenversicherung		
	Gesetzliche Krankenversicherung	Private Krankenversicherung
Werden die Beiträge einkommensabhängig berechnet, ist also bei geringerem Einkommen auch ein geringerer Beitrag zu zahlen?	Ja[1]	Nein
Sind Ehegatten und Kinder[2] ohne zusätzlichen Beitrag familienversichert?	Ja	Nein
Kann bei Versicherungsbeginn entsprechend Ihrem Gesundheitszustand ein Risikozuschlag oder Leistungsausschluss verlangt werden?	Nein	Ja
Ist von Frauen und Älteren bei Versicherungsbeginn ein höherer Beitrag zu zahlen?	Nein	Ja
Wird Mutterschaftsgeld oder Entbindungsgeld gezahlt?	Ja	Nein
Kann gegen höheren Beitrag ein Versicherungsschutz vereinbart werden, der nicht nur in der EU, sondern weltweit gilt?	Nein	Ja
Wird Krankengeld bei Erkrankung eines Kindes gezahlt?	Ja	Nein
Muss der Versicherte selbst für die Begleichung von Arztrechnungen sorgen und Nachweise über erbrachte Leistungen vorlegen?	Nein[3]	Ja
Kann im Streitfall der kostengünstige Klageweg über das Sozialgericht genommen werden?	Ja	Nein

1 Beiträge werden höchstens bis zur Beitragsbemessungsgrenze berechnet (2000: 6.450 DM West; 5.325 DM Ost).

2 Ehegatten und Kinder, die nicht selbst versichert oder versicherungsfrei sind, und nicht nur geringfügig erwerbstätig sind.

3 Ausnahme Zahnersatz. Alle Versicherten können jederzeit seit dem 01.07.1997 das Verfahren der Kostenerstattung wählen, bei dem sie direkt mit dem Arzt abrechnen und den Krankenkassenanteil erstattet bekommen.

Die freiwillige Mitgliedschaft in einer gesetzlichen Krankenversicherung

Die freiwillige Versicherung ist in erster Linie eine Fortsetzung der Pflichtversicherung. Eine mindestens 24-monatige Versicherungszeit innerhalb der letzten fünf Jahre oder eine zwölfmonatige, ununterbrochene Versicherungszeit unmittelbar vor Wegfall der Versicherungspflicht sind Voraussetzung für die freiwillige Mitgliedschaft.

Für Selbstständige hat der Gesetzgeber Mindestbeiträge festgelegt, die jeweils zum 1.1. eines Jahres erhoben werden. Es gibt auch einen Höchstbetrag, der sich aus dem Beitragssatz der Krankenkasse und der Beitragsbemessungsgrenze (76.500 DM für die alten und 64.800 DM für die neuen Bundesländer) für die Krankenversicherung errechnet. Die Einstufung für Selbstständige erfolgt also zwischen dem Mindestbetrag und dem Höchstbetrag je nach Einkommen. Die Höhe des Einkommens ist die einzige Bemessungsgrundlage für die Beitragshöhe. Von Anhebungen der Beitragssätze und der Mindest- und Höchstbeiträge abgesehen, steigt der Beitrag in der gesetzlichen Krankenversicherung nur, wenn auch das Einkommen steigt.

Vorteile der freiwilligen Mitgliedschaft in der gesetzliche Krankenversicherung sind (Bornmann o.J., S. 45):

- Die Berechnungsgrundlage des Beitrags ist das tatsächliche Einkommen und deshalb längerfristig kalkulierbar.
- Ein Mindestbeitrag gilt für geringe Einkommen; höchstens wird die Beitragsbemessungsgrenze zur Berechnung herangezogen.
- Alter, Gesundheitszustand und Anzahl der Kinder spielen keine Rolle bei der Beitragsberechnung.
- Während des Bezugs von Krankengeld, Mutterschaftsgeld bzw. Erziehungsgeld muss kein voller Beitrag geleistet werden.
- Die ganze Familie kann unter bestimmten Voraussetzungen kostenlos mitversichert werden. Diese Mitversicherung gilt auch für die Pflegeversicherung.

Innerhalb der freiwilligen Mitgliedschaft in der gesetzlichen Krankenversicherung gibt es weitere Wahlmöglichkeiten des Beitrags. Es werden der ermäßigte, der allgemeine und der erhöhte Beitrag unterschieden. Je nachdem, welche Erwartungen und Risikoabschätzungen bestehen, können verschiedene Krankengeldansprüche in die Krankenversicherung einbezogen werden.

Die Beitragsberechnung wird bei der gesetzlichen Krankenversicherung nach dem tatsächlichen Einkommen bis max. zur Einkommensgrenze von 6.450 DM (West) und 5.325 DM (Ost) berechnet: Alle Einnahmen, auch die steuerfreien, werden zugrunde gelegt. Diese Berechnungsart gilt für die gesamte Versicherungszeit.

Für nicht berufstätige Kinder und Ehegatten wird Familienhilfe gewährt, d.h., sie sind beitragsfrei mitversichert. Ehegatten und Kinder, die im Inland leben, nicht

selbst versichert oder versicherungsfrei sind und nicht oder nur geringfügig erwerbstätig (630 DM-Jobs) sind, werden bei Ihnen beitragsfrei mitversichert. Das heißt,
sollte der Ehegatte z.B. ein monatliches Gesamteinkommen von mehr als 630 DM
haben, muss sich der Ehegatte selbst versichern.

Wenn Sie nicht innerhalb von zwei Wochen, nachdem die Kasse Sie über die Beendigung der Versicherungspflicht benachrichtigt hat, Ihren Austritt erklären, werden sie automatisch freiwilliges Mitglied (sofern die Voraussetzungen dafür gegeben
sind).

Die private Krankenversicherung

Die private Krankenversicherung fällt in den Bereich der Individualversicherung.
Die Beiträge werden nach dem Risikoprinzip erhoben, d.h. Eintrittsalter, Geschlecht,
Gesundheitszustand und Art und Umfang des Versicherungsschutzes.

Für jedes Familienmitglied – die Kinder und eine/n nicht mitarbeitende/n Ehe-
frau/mann – muss der Versicherte einen gesonderten Beitrag zur privaten Krankenversicherung bezahlen. Hier sollte man sich informieren, ob der Ehegatte sich eventuell freiwillig bei einer gesetzlichen Krankenversicherung versichern könnte. Dies
bedeutet auch, dass die Krankenkasse vor Vertragsabschluss eine Prüfung des Ge-
sundheitszustandes vornimmt. Eine ärztliche Untersuchung ist nicht erforderlich,
aber eine genaue Beantwortung der Antragsfragen ist erforderlich.

Die private Krankenversicherung kalkuliert die Beiträge anders als die gesetzliche. Mit dem Beitrag werden Anteile für Verwaltungskosten, Risikobeiträge und Al-
tersrückstellungen einbezogen. Da die privaten Krankenversicherungen die tarifli-
chen Leistungen nicht wie die gesetzliche im Laufe der Jahre streichen bzw. kürzen
können, wird steigenden Gesundheitskosten durch Beitragserhöhungen Rechnung
getragen.

Da die zahlreichen privaten Krankenversicherungen erhebliche Leistungsunter-
schiede aufweisen, sollten Sie folgende Regeln bei der Wahl einer privaten Krankenversicherung beachten:

- Wählen Sie solche Angebote aus mit dem Versicherungsschutz, den Sie für zahn-
  ärztliche und stationäre Behandlungen unbedingt brauchen. Selbstständige benötigen auch ein Krankentagegeld, für einen durch Krankheit entstehenden Ein-
  kommensausfall.
- Sie können ruhig hohe Selbstbeteiligungen im ambulanten Bereich für Arztkos-
  ten und Medikamente übernehmen. Der Beitrag ist wesentlich niedriger. So kann
  man oft mehr Geld sparen, als man an übernommener Eigenleistung gezahlt hat.
- Erwägen Sie bei den Tarifen für Zahnarztkosten Leistungsbegrenzungen und
  nicht unbedingt 100%ige Erstattungssätze. Der Beitrag ist wesentlich geringer.
  Risiko: Bei einem *schweren* Unfall mit Zahnverletzungen tragen Sie einen großen
  Teil der Behandlungskosten selbst.
- Lassen Sie bei Kindern bis zum vierten Geburtstag den Zahntarif weg. In den ers-
  ten vier Lebensjahren treten meist niedrige bzw. keine Zahnkosten auf.

- Versichern Sie ein Krankenhaustagegeld nur, wenn neben der Absicherung von Arzt und Krankenhauskosten und neben einem evtl. Tagegeld durch den Aufenthalt im Krankenhaus tatsächlich auch ein zusätzlicher Geldbedarf entstehen könnte.
- Von den Versicherungsunternehmen wählen Sie dann das oder die Unternehmen, die den entsprechenden Versicherungsschutz bieten und den niedrigsten Beitrag haben.

Zusätzlich zum normalen Beitrag kommt immer noch der Beitrag zur Pflegeversicherung hinzu. Die zukünftige Beitragsentwicklung ist völlig unklar. Im Gegensatz zur gesetzlichen sind die Leistungen der privaten Krankenversicherung vertragsrechtlich garantiert. Für Familien ist die private Krankenversicherung in der Regel ungünstig, da für jede zu versichernde Person ein eigener Beitrag fällig wird. Die Entscheidung für die private Krankenversicherung ist in der Regel eine endgültige Entscheidung. Eine Rückkehr in die gesetzliche Krankenversicherung ist nur möglich, wenn Versicherungspflicht eintritt, z.B. durch Aufnahme einer versicherungspflichtigen Beschäftigung.

8.8.5 Berufsunfähigkeitsversicherung

Für den Fall, dass man aufgrund einer Krankheit oder eines Unfalls seinen Beruf auf längere Zeit oder überhaupt nicht mehr (voll) ausüben kann, tritt die Berufsunfähigkeitsversicherung ein. Für diesen Fall ist eine ausreichende Versorgung notwendig, um den Lebensunterhalt zumindest annähernd zu sichern. Selbstständige sollten daher die Berufsunfähigkeitsversicherung unbedingt in Ihre Überlegungen der sozialen Absicherung mit einbeziehen.

Gesetzliche Berufsunfähigkeitsversicherung
Mit Beginn des Jahres 2000 tritt die Neuordnung der Renten wegen verminderter Erwerbsfähigkeit in Kraft. Der Maßstab für den Anspruch auf eine entsprechende Rente ist nun der Gesundheitszustand.

Die wesentlichen Änderungen sind:

- Wegfall der Rente wegen Berufsunfähigkeit.
- Abgestufte Erwerbsminderungsrente, die abhängig ist vom Restleistungsvermögen des Versicherten (keine Erwerbsminderungsrente bei einer Resterwerbsfähigkeit von 6 Stunden täglich, halbe Erwerbsminderungsrente bei einer Resterwerbsfähigkeit zwischen 3 und 6 Stunden täglich, volle Erwerbsminderungsrente bei einer Resterwerbsfähigkeit von weniger als 3 Stunden täglich).

Bei Selbstständigen sind Leistungen bei voller Erwerbsminderung ausgeschlossen, d.h., sie verfügen damit über keinerlei Absicherung für den Fall der Erwerbsminderung. Damit ist die Notwendigkeit der privaten Vorsorge auch in diesem Bereich für Selbstständige sehr hoch.

Private Berufsunfähigkeitsversicherung
Bei der privaten Berufsunfähigkeitsversicherung muss der Versicherer leisten, wenn der Versicherte infolge Krankheit, Körperverletzung oder Kräfteverfalls, die ärztlich nachzuweisen sind, voraussichtlich dauerhaft außerstande ist, seinen Beruf oder eine andere Tätigkeit auszuüben, die aufgrund seiner Ausbildung und Erfahrung ausgeübt werden kann und seiner bisherigen Lebensstellung entspricht.

Bei der Absicherung gegen Berufsunfähigkeit sollten immer die persönliche Lebenssituation und folgende Punkte betrachtet werden:

- Für welchen Zeitraum besteht die Gefahr großer finanzieller Verluste?
- Wie lange muss Berufsunfähigkeitsrente bezahlt werden, bis die Altersversorgung in Anspruch genommen werden kann?
- In welcher Höhe wird eine Rente benötigt?

Da sich die verschiedenen Anbieter bei den Beiträgen aber vor allem auch in den Bedingungen z.T. erheblich unterscheiden, sollten Sie die Angebote vor Vertragsabschluss sehr sorgfältig prüfen (vgl. Hammersfahr 1998, S. 83ff.).

8.8.6 Rentenversicherung

Als Selbstständiger muss man sich grundsätzlich selbst um die soziale Absicherung im Alter kümmern. Allerdings gibt es einen bestimmten, vom Gesetzgeber definierten Personenkreis der Selbstständigen, welcher kraft Gesetzes in der Rentenversicherung versicherungspflichtig ist:

- Lehrer,
- selbstständige Hebammen,
- selbstständig tätige Pflegeperson/en.

Selbstständige Künstler und Publizisten fallen in die Zuständigkeit der *Künstlersozialkasse (KSV)*. Dies ist eine Pflichtversicherung mit den traditionellen Bestandteilen Kranken-, Pflege- und Rentenversicherung. Zu beachten ist, dass der pflichtversicherte Künstler nur einen Arbeitnehmer beschäftigen darf.

Gehören Sie nicht zu den Berufsgruppen mit eigenen Versorgungseinrichtungen, dann können Sie in der Rentenversicherung (BfA oder LVA) auf entsprechenden Antrag als freiwillig Versicherter aufgenommen werden. Sie haben aber auch das Recht, Ihre Mitgliedschaft in der gesetzlichen Rentenversicherung zu beenden. Günstig ist ein Beratungsgespräch mit einem sachkundigen Vertreter der zuständigen Rentenversicherung noch vor Aufnahme der selbstständigen Tätigkeit.

In Anbetracht der aktuellen Rentendiskussion und der damit einhergehenden Verunsicherung der Beitragszahler sollte sich der Selbstständige, sobald er kann, aus der gesetzlichen Rentenversicherung verabschieden. Beim Ausscheiden aus der gesetzlichen Rentenversicherung ist es ratsam, die Altersversorgung über einen privaten Anbieter absichern zu lassen. Es gibt verschiedene Modelle zur individuellen Gestaltung der Altersrente. Im Grundprinzip handelt es sich immer um eine zu verrentende Lebensversicherung. Sinnvoll erscheint eine Variante, die zu einem vereinbarten Termin die vollständige Verfügbarkeit des angesparten Kapitals garantiert. Die Versicherungsspezialisten empfehlen den Jungunternehmern im Allgemeinen bei der Hinterbliebenen-, Erwerbsunfähigkeits- und Altersversorgung in mehreren Schritten vorzugehen.

Wenden Sie sich an die öffentlichen Beratungsstellen der BfA oder der LVA oder an einen versierten Versicherungsfachmann und lassen sich ein auf ihren individuellen Bedarf zugeschnittenes Angebot erstellen (Bornmann o.J., S. 49).

8.8.7 Pflegeversicherung

Personen, die in der gesetzlichen Krankenversicherung versichert sind, werden über die soziale Pflegeversicherung versichert und Privatversicherte sind in der privaten Pflegeversicherung versichert. Wer sich privat krankenversichert, muss auch eine Pflegeversicherung privat abschließen.

Die Leistungen der Pflegeversicherung sind gesetzlich festgelegt und in der sozialen und der privaten Pflegeversicherung völlig identisch. Die Beiträge werden in beiden Systemen wie die Krankenversicherung kalkuliert und es wird der gleiche Beitragsbemessungssatz zugrunde gelegt. Es gibt auch in der Pflegeversicherung Anspruch auf Familienhilfe.

In der privaten Pflegeversicherung gilt der gleiche Höchstbeitrag wie in der sozialen Pflegeversicherung, die sog. Beitragsdeckung. Diese greift aber erst nach fünf Jahren Mitgliedschaft in der privaten Pflegeversicherung. Somit besteht die Möglichkeit, dass der Beitrag in der privaten für fünf Jahre höher ist als in der sozialen Pflegeversicherung. Nach fünf Jahren greift dann wieder die Deckung und der Beitrag wird entsprechend gesenkt. Bisher liegen die Beiträge in der privaten Pflegeversicherung für Personen bis zu einem Eintrittsalter von 40 Jahren unter den Beiträgen der sozialen (Hammersfahr 1998, S. 76f.)

9. Beratung und Förderung

9.1 Existenzgründungs- und Existenzaufbauberatung

9.1.1 Allgemeines zur Beratung

Im Vorfeld und auch in der Gründungsphase sind Existenzgründer nicht auf sich alleine gestellt. So kann professionelle Hilfe z.T. kostenlos oder gegen eine geringe Gebühr in Anspruch genommen werden. Zu relevanten Themen der Existenzgründung bieten Kammern, Fach- und Berufsverbände sowie Kreditinstitute und andere Institutionen Seminare und Informationen an. Die folgende Darstellung gibt einen Überblick über die den Existenzgründern in den einzelnen Teilbereichen zur Verfügung stehenden Informations- und Beratungshilfen.

Eine betriebswirtschaftliche Beratung ist wichtig, weil

- durch die Beratung von neutralen und unabhängigen Fachleuten neue Anstöße und Gedanken kommen,
- Alternativen aufgezeigt werden,
- die Beratung hilft, bessere und fundierte Entscheidungen zu treffen, und
- eine Beratung günstiger ist als jede Fehlentscheidung.

Für eine erfolgreiche Beratung sollte man

- bereit sein, mit einem Berater das Vorhaben ganz offen zu besprechen,
- die erforderlichen Informationen (wie Gründungskonzept, beruflicher Werdegang, Vermögensaufstellung usw.) zur Verfügung stellen und das als richtig Erkannte durchführen und verfolgen.

Die idealtypische Gründungsberatung gliedert sich in verschiedene Phasen:

1. Phase: Das Kontaktgespräch
2. Phase: Das Beratungsgespräch
3. Phase: Die Gründungsplanung
4. Phase: Die Gründungsorganisation
5. Phase: Der Beratungsbericht

Der Berater

Falls sie kommerziell tätige Ratgeber in Anspruch nehmen wollen: Führen Sie zunächst ein unverbindliches Gespräch mit dem Berater und schließen Sie erst dann einen Beratungsvertrag ab, wenn Sie absolutes Vertrauen in den Berater haben.

Anforderungen an den Berater

Entscheidend bei der erfolgreichen Durchführung der Gründungsberatung sind die Qualifikation und die Erfahrung des Beraters. Folgende fachliche Anforderungen sind an den Existenzgründungsberater zu stellen:

- betriebswirtschaftliches und juristisches Know-how: Der Existenzgründungsberater kennt sich als Generalist in sämtlichen Teilbereichen der Betriebswirtschaftslehre sowie in den relevanten Rechtsgebieten aus;
- branchenspezifische Kenntnisse: Es gibt Existenzgründungsberater, die sich auf Freie Berufe und hier auf bestimmte Berufsgruppen spezialisiert haben, leider nur selten auf SozialpädagogInnen oder SozialarbeiterInnen.

Der Beratungsvertrag

Bei Inanspruchnahme eines Unternehmensberaters sollte ein Beratervertrag abgeschlossen werden, in dem Folgendes festgeschrieben werden sollte:

- das Beratungsthema,
- die Beratungsleistungen,
- die Dauer der Beratung und die Beratungstermine,
- das Beratungshonorar,
- die Reisekosten und
- die Erstellung und Aushändigung eines schriftlichen Beratungsberichtes.

Die Beratungsleistungen

Die Beratungsleistungen haben in der Regel folgenden Umfang:

- Ausarbeitung des Unternehmenskonzepts,
- kritische Überprüfung bestimmter Teilbereiche,
- Ausarbeitung der Finanzplanung,
- Mitwirkung bei den Kreditverhandlungen,
- persönliche und telefonische Beratung in allen betriebswirtschaftlichen Fragen.

Im Rahmen der Beantragung öffentlicher Förderungsmittel berät der Fachmann und leistet Hilfestellung bei der Beantragung. Außerdem erstellt er ein Gutachten über die Erfolgsaussichten des Gründungsvorhabens. Dieser Beratungsbericht ist Grundlage für die Förderung der Existenzgründungsberatung und muss zusammen mit dem Antrag auf Förderung bei der Leitstelle eingereicht werden.

Tipps zur Auswahl eines freiberuflichen Beraters gibt eine Checkliste des BDU (Bundesverband Deutscher Unternehmensberater e.V.), Friedrich-Wilhelm-Straße 2, 53113 Bonn, Tel.: 0228/238055, Fax: 0228/230625.

9.1.2 Existenzgründungsberatung

Betriebsneugründungen, Betriebsübernahmen oder tätige Beteiligungen können durch eine freie Unternehmensberatung gefördert werden. Beratungen vor der Gründung einer selbstständigen Existenz können mit einem Zuschuss in Höhe von 50% bzw. maximal 2.500 DM der in Rechnung gestellten Beratungskosten gefördert werden. Die Beratungen durch die Kammern und Verbände oder auch andere Institutionen sind für Existenzgründer kostenlos. Antragsberechtigt sind natürliche Personen, insbesondere freiberufliche Betreuer, Unternehmensberater, Diplompädagogen, Schriftsteller und Journalisten.

9.1.3 Existenzaufbauberatung bzw. Unternehmensberatung

Innerhalb von zwei Jahren nach der Existenzgründung fördert das Bundesministerium für Wirtschaft allgemeine Beratungen über alle wirtschaftlichen, technischen, finanziellen und organisatorischen Probleme der Unternehmensführung. Bei diesen Beratungen beträgt der Zuschuss 50% der in Rechnung gestellten Beratungskosten, höchstens jedoch 3.300 DM. Antragsberechtigt sind u.a. wirtschaftsnahe freie Berufe sowie insbesondere freiberuflich Tätige mit überwiegendem Honoraraufkommen aus der gewerblichen Wirtschaft, deren Umsatz im letzten Geschäftsjahr vor Beginn der Beratung DM 2,5 Mio. nicht überschritten hat.

Besonders zu beachten:

- Die Zuschüsse zu den Kosten der Unternehmensberatung müssen bei den Leitstellen für öffentliche Beratungshilfen beantragt werden.
- Die Gesamtkosten der freiberuflichen Beratung müssen vor Auszahlung des Zuschusses an den Berater bezahlt werden.
- Auf den Zuschuss zur Förderung der Unternehmensberatung gibt es keinen Rechtsanspruch.
- Antragstellung erfolgt nach Abschluss der Beratung bis zum 31. Mai (Ausschlussfrist) des auf den Beginn der Beratung folgenden Jahres bei der Förderungsgesellschaft des BDS-DGV mbH für den gewerblichen Mittelstand und Freie Berufe, August-Bier-Straße 18, 53129 Bonn, Tel.: 0228/210033/-34, Fax: 0228/211824.

9.1.4 Informations- und Beratungshilfen für den Existenzgründer

Nehmen Sie rechtzeitig die Unterstützung von Fachleuten in Anspruch!

Informations- und Beratungshilfen für den Existenzgründer

Teilbereich der Existenzgründung	Informations- und Beratungshilfen									
	1	2	3	4	5	6	7	8	9	10
Konzepterstellung	0									
Markteinschätzung	0	0	0	0	Ż	Ż	Ż			
Konkurrenzanalyse	0									
Finanzierungsfragen	0	Ż	Ż	Ż	Ż	0				
Finanzplanung	0	Ż	Ż	Ż	Ż	0	Ż			
Rentabilitätsvorschau	0					Ż	Ż			
Rechnungswesen	Ż						0			
Kalkulation	0						Ż			
Standortwahl	0	Ż	Ż	Ż	Ż					0
Steuerfragen	Ż		Ż	Ż			0			0
Sozialversicherung	Ż						0		0	
Personalwesen	0									
Vertragsgestaltung	Ż							0		
Organisationsfragen	0									
Wahl der Rechtsform	0		Ż	Ż			Ż	0		
Förderprogramme	0	Ż	0	0	Ż	0				0

1 Existenzgründungs-/Unternehmensberater — gegen Honorar
2 Berater der Wirtschaftsförderungsgesellschaften — i.d.R. kostenlos
3 Berater der Industrie- und Handelskammer — i.d.R. kostenlos
4 Berater der Handwerkskammer — i.d.R. kostenlos
5 Berater der Fach- und Berufsverbände — i.d.R. kostenlos
6 Berater der Kreditinstitute — i.d.R. kostenlos
7 Steuerberater — gegen Honorar
8 Rechtsanwälte/Notare — gegen Honorar
9 Berater der Kranken- und Ersatzkassen — i.d.R. kostenlos
10 Berater der Kreis, Gemeindeverwaltungen — i.d.R. kostenlos

Ż geeignet
0 am geeignetsten

9.2 Die öffentliche Förderung

9.2.1 Grundsätzliches zur öffentlichen Förderung

Denken Sie bei der Existenzgründung auch an öffentliche Förderprogramme. Ihr Start in die unternehmerische Selbstständigkeit wird auch durch Hilfen von Bund und Ländern unterstützt. Dies gilt besonders in den neuen Bundesländern. Alle Bundesländer verfügen über eigene Förderprogramme. Die Hausbanken leisten wichtige Beratungs- und Vermittlungsdienste. Öffentliche Fördermittel (des Bundes und der Länder) müssen grundsätzlich bei der Hausbank beantragt werden. Gehen Sie keine finanziellen Bedingungen ein, ohne sich über solche Förderprogramme zu informieren und solche Fördermittel vor dem Vorhabensbeginn zu beantragen. Im Nachhinein werden keine Fördermittel bewilligt (Ausnahme: Investitionszulage).

Wichtige Förderprogramme – speziell für Existenzgründer
- ERP-Eigenkapitalhilfeprogramm (EKH),
- ERP-Existenzgründungsprogramm,
- Existenzgründungsprogramm der Deutschen Ausgleichsbank,
- Beratungsförderung,
- Startgeld.

Weitere Förderungen unter anderem durch
- Investitionszulage[1],
- Sonderabschreibungen[1],
- Investitionszuschuss (Gemeinschaftsaufgabe »Verbesserung der regionalen Wirtschaftsstruktur«),
- weitere ERP-Programme wie ERP-Beteiligungsprogramm, ERP-Innovationsprogramm,
- Beteiligungskapital für kleine Technologieunternehmen (BTU),
- Programme der KfW und der DtA,
- Umweltschutzprogramme.

Umgang mit Fördermitteln
ERP-, DtA und KfW-Darlehen können jederzeit zurückgezahlt werden (ohne Einhaltung der Fristen) in der Regel ohne zusätzlichen Kosten.

Allerdings: Bevor der Kreditnehmer seine Eigenkapitalhilfe vorzeitig zurückzahlt, sollte er seinen Vertrag genau durchlesen. Wird das Darlehen oder nur ein Teil in der ersten zinsverbilligten Zeit oder kurz danach zurückgezahlt, müssen die regulären Zinsen für die vergangenen zinsgünstigen Jahre nachgezahlt werden.

Die Fördermittel sollten für Investitionen und Warenbestände eingesetzt werden, die im Antrag angegeben wurden. Bei Änderungen ist die Hausbank zu informieren.

---

1 Gilt nur für die neuen Bundesländer.

Sind noch zusätzliche Aufwendungen hierfür erforderlich, können diese mit weiteren Fördermitteln finanziert werden.

Nach Abschluss der Investititonen ist die Verwendung der Fördermittel nachzuweisen. Deshalb ist es wichtig, alle Belege aufzubewahren. Außerdem sollte auf den Rechnungen nicht nur das Datum der Zahlung, sondern auch die Geldquelle, zum Beispiel ERP-Eigenkapitalhilfedarlehen, vermerkt werden.

Verändern sich die Geschäftsverhältnisse, zum Beispiel wenn der Gründer einen Partner aufnimmt, sollte er sich vorher erkundigen, ob die Förderdarlehen in voller Höhe erhalten bleiben (BMWi 1997a, Der Finanzmarkt, S. 12).

9.2.2 Das ABC der öffentlichen Förderung

Abruf-Frist
Gründer sollen die bewilligten Förderdarlehen innerhalb eines Jahres abrufen. Diese Frist kann auf Antrag verlängert werden.

Antragstellung
Die Antragstellung erfolgt über die Hausbank, die gegenüber den Programmträgern entweder die Treuhandfunktion übernimmt wie bei EKH-Darlehen oder die Haftung trägt wie bei ERP- und DtA-Existenzgründungsdarlehen. Antragstellung vor der Gründung!

Branchen
Öffentliche Fördermittel stehen grundsätzlich allen Bereich der gewerblichen Wirtschaft sowie teilweise auch Freiberuflern zur Verfügung; Ausnahmen sind z.B. Land-, Forst- und Fischwirtschaft.

Beratung
Die ersten Schritte bei jeder Neugründung sind Kontakte mit der Hausbank, mit der Handwerkskammer sowie der IHK, aber auch mit den Verbänden, Steuerberatern und Wirtschaftsprüfern.

Betriebsmittel
In den neuen Bundesländern können Betriebsmittel im Rahmen des DtA- oder des EKE-Existenzgründungsprogrammes mit 60% bis zu 100% der Bemessungsgrundlage mitfinanziert werden.

Eigene Mittel
Eigene Mittel sind bei Investitionen mit einsetzen. Wer Eigenkapitalhilfe beantragt, sollte in den alten Bundesländern mindestens 15% eigene Mittel beisteuern. Als eigene Mittel gelten neben Barvermögen auch Sacheinlagen in Form betriebsnotwendiger Güter sowie Finanzierungsmittel aus Beleihungen.

Freiberufler
Freiberufler erhalten in den alten Bundesländern EKH- und DtA-Darlehen; in den neuen Bundesländern können zusätzlich ERP-Mittel beantragt werden.

Gründungsort
Gefördert werden nur Unternehmen mit Sitz in der BRD.

Haftungsfreistellung
Bei Investitionen in den neuen Bundesländern mit nicht ausreichender Besicherung kann die Hausbank eine teilweise Haftungsfreistellung beantragen.

Hausbank
Primärer Ansprechpartner des Existenzgründers ist die Hausbank. Diese reicht nach positivem eigenen Beschluss, die Hausbankfunktion zu übernehmen, die Anträge an die Programmträger weiter und trägt in der Regel das Ausfallrisiko.

Heilberufler
Heilberufler erhalten EKH- und DtA-Existenzgründungsdarlehen, jedoch keine ERP-Mittel.

Höchstgrenzen
Mittel aus dem Existenzgründungsprogramm – EKH- und ERP-Mittel – sind Förderquoten unterworfen. Sie liegen in den alten Bundesländern bei 67% der Investitionskosten, in den neuen Bundesländern bei 85%. In den alten Bundesländern lässt sich die Grenze mit den hauseigenen DtA-Darlehen auf 75% aller Investitionskosten ausdehnen.

Immaterielle Investitionen
Immaterielle Investitionen lassen sich in den neuen Bundesländern durch EKE-Existenzgründungsprogramme teilweise finanzieren. Zu den immateriellen Investitionen zählen auch nicht aktivierungsfähige Kosten zur Markterschließung und -einführung oder zur Produktentwicklung.

Immobilien
Bei Kauf oder Herstellung können die Kosten für den gewerblich genutzten Anteil mitfinanziert werden, auch wenn Teile des Objektes nicht zu gewerblichen Zwecken verwendet werden.

Investitionskosten
Bemessungsbasis für die öffentlichen Mittel sind die Investitionskosten. In den neuen Bundesländern können im Gegensatz zu den alten Bundesländern auch Betriebsmittel und Markterschließungskosten gefördert werden. Als förderfähig gelten in

den alten und den neuen Bundesländern Investitionen im Bereich der Grundstücke und Gebäude, der Maschinen und Anlagen, der Firmenfahrzeuge sowie des ersten Waren- und Materiallagers.

Konzept

Die Vorlage eines schlüssigen Konzeptes bei der Hausbank ist unabdingbar. Ein Planungszeitraum von drei Jahren ist in der Regel ausreichend.

Lebensalter

Bei der Beantragung von EKH sollte der Antragsteller nicht älter als 55 Jahre sein, keinesfalls sollte er aber das 59. Lebensjahr vollendet haben.

Markterschließungskosten

Hierunter fallen Eröffnungswerbung, Marktuntersuchungen, Schulungskosten u. Ä.

Mehrwertsteuer

Die Mehrwertsteuer kann nur dann vorfinanziert werden, wenn der Existenzgründer nicht vorsteuerabzugsberechtigt ist, also z.B. bei Heilberufen.

Minderheitsbeteiligung

Minderheitsbeteiligung ab 10% des stimmberechtigten Kapitals fallen dann unter die Förderung, wenn damit eine Vollexistenz geschaffen wird und der Minderheitengesellschafter hinreichenden unternehmerischen Einfluss ausüben kann.

Rechtsform

In der Wahl der Rechtsform ist der Existenzgründer weitgehend frei.

Sicherheiten

Bei ERP-Existenzgründungsdarlehen und DtA-Darlehen trägt die Hausbank das Ausfallrisiko. Daher verlangt sie banküblichen Sicherheiten. Sind diese nicht ausreichend vorhanden, kann die Hausbank eine Bürgschaft oder in den neuen Bundesländern auch eine teilweise Haftungsfreistellung beantragen. Bei der EKH- und den EKE-Darlehen sind dagegen keine Sicherheiten erforderlich.

Staatsangehörigkeit

Für die ERP-Förderung ist die Staatsangehörigkeit ohne Bedeutung. EKH können dagegen grundsätzlich nur natürliche Personen aus Mitgliedstaaten der Europäischen Union und den EFTA-Staaten beantragen; Existenzgründer aus anderen Staaten können nur dann einen Antrag stellen, wenn sie in Deutschland einen festen Wohnsitz oder eine uneingeschränkte Aufenthaltsgenehmigung haben.

Übernahme/Tätige Beteiligung

Übernahmen und tätige Beteiligungen werden mit EKH als zusätzlich haftenden Mitteln gefördert. Die Zinsen bewegen sich in den alten Bundesländern auf aktuellem Zinsniveau, eine Zinssubventionierung findet nicht statt. Damit fällt die EKH jedoch auch nicht unter die sonst üblichen Förderhöchstgrenzen von 67%.

Verwendungsnachweis

Bei Inanspruchnahme von öffentlichen Fördermitteln ist durch Rechnungen und Zahlungsbelege die ordnungsgemäße Verwendung der Mittel zu belegen (Wolf 1997, S. 145ff.).

9.2.3 Für Freie Berufe zugängliche Förderprogramme zur Existenzgründung auf Bundes- und Länderebene

Aufgrund des föderativen Staatsaufbaus der Bundesrepublik Deutschland ergibt sich eine Vielzahl von staatlichen und halbstaatlichen Institutionen und Programmen zur Förderung von Existenzgründungen. Grundsätzlich unterscheiden sich die Fördermaßnahmen hinsichtlich der Bedingungen und Konditionen und sollten in individuellen Gesprächen geklärt werden. Zu unterscheiden sind finanzielle Förderungen durch Darlehen und Bürgschaften sowie die bereits angesprochenen Beratungsföderungen. Erfolgt die Gründung aus der Arbeitslosigkeit kann das Arbeitsamt Überbrückungsgeld gewähren und auch Sozialhilfeempfänger können gefördert werden. Die entsprechenden Maßnahmen sind auch kombinierbar.

Gefördert werden neben Unternehmensgründungen und Betriebsübernahmen auch sog. aktive Beteiligungen, d.h., eine Person erwirbt eine Beteiligung an einem bestehenden Unternehmen und wird gleichzeitig leitend tätig.

Vor- und Nachteile der staatlichen Finanzierungshilfen

Vorteile	Nachteile
Niedriger Zinssatz	Relativ späte und daher hohe Tilgungsbelastungen
Lange Festzinsbindung	Teilweise strenge Auflagen (erhöhen jedoch die Planungssicherheit)
Sondertilgungen möglich	Kein Rechtsanspruch, d.h., es besteht das Risiko einer Nicht- bzw. Teilbewilligung

Auf Länderebene sind unterschiedliche Förderwege zugänglich. Auch hier unterscheiden sich die Programme der einzelnen Bundesländer erheblich. In Mecklenburg-Vorpommern, Niedersachsen und Nordrhein-Westfalen bestehen zusätzlich Programme zur Förderung von Existenzgründerinnen (BMWi 1997, S. 34f.).

Für einzelne Berufsgruppen bestehen vonseiten der berufständischen Organisationen und der Selbsthilfeorganisationen der Wirtschaft (Verbände, Kammern) eigenständige Förderprogramme. Die zuständigen Organisationen geben Ihnen gerne Auskunft (z.B. die Deutsche Ausgleichsbank über Internet *http://www.dta.de*. Beachten Sie die Förderprogramme auf Landesebene!).

9.2.4 Weitere Förderprogramme

Informations- und Schulungsveranstaltungen
Informations- und Schulungsveranstaltungen für Unternehmer, Führungskräfte und Existenzgründer mit einer Dauer von mindestens einem Tag bis maximal vier Tagen. Je Veranstaltungstag von mindestens sechs Stunden beträgt der Zuschuss DM 660,– und für eine abgeschlossene Veranstaltung maximal DM 2.640,–. Dieses Programm ist für alle Freien Berufe zugänglich

Berufliche Aufstiegsfortbildung
Zuschuss bzw. Darlehen für die Teilnahme an einer Fortbildungsmaßnahme eines öffentlichen oder privaten Trägers, die gezielt auf eine staatlich anerkannte Prüfung oder auf einen vergleichbaren Abschluss nach bundes- oder landesrechtlichen Regelungen vorbereitet.

Finanzierungshilfen für Arbeitslose
Für Gründungen aus der Arbeitslosigkeit kann das Arbeitsamt Überbrückungsgeld und Mittel der freien Förderung zur Verfügung stellen und Leistungen an Arbeitgeber gewähren.

● **Überbrückungsgeld:** Das Arbeitsamt kann nach §§57 und 58 Sozialgesetzbuch III (SGB III – Arbeitsförderung) zur Sicherung des Lebensunterhalts für die Dauer von sechs Monaten die Bezüge aus Arbeitslosengeld oder Arbeitslosenhilfe einschließlich Sozialversicherungsbeiträge übernehmen, wenn Sie sich eine eigene Vollzeitexistenz aufbauen wollen. Antragsberechtigt sind auch die Bezieher von Kurzarbeitergeld, Teilnehmer an ABM oder Maßnahmen nach §249h (Sonderregelung für das Beitrittsgebiet: Verbesserung der Umwelt, der sozialen Dienste oder der Jugendhilfe) oder §242s (schwer vermittelbare Arbeitnehmer) Arbeitsförderungsgesetz (AFG). Anträge müssen Sie vor Aufnahme der Tätigkeit bei Ihrem Wohnsitzarbeitsamt stellen. Dort erhalten Sie auch ein entsprechendes Formular. Zusätzlich benötigen Sie eine Bestätigung einer fachkundigen Stelle (z.B. Steuerberater, Kreditinstitut, IHK u.a.) über die Tragfähigkeit der Existenzgründung. Ein Rechtsanspruch auf Überbrückungsgeld besteht nicht (Bundesanstalt für Arbeit 1999, S. 15f.). Vorher erworbene Leistungsansprüche verfallen jedoch nicht.

- **Freie Förderung**: Nach §10 SGB III besteht für die Arbeitsämter die Möglichkeit, zehn Prozent der im Eingliederungstitel enthaltenen Mittel für Ermessensleistungen der aktiven Arbeitsförderung einzusetzen. Die freien Leistungen müssen den Zielen und Grundsätzen der gesetzlichen Leistungen entsprechen und dürfen nicht gesetzliche Leistungen aufstocken. Die freie Förderung steht damit auch Stellen suchenden Hochschulabsolventen offen, ist jedoch im Ermessen des Arbeitsamtes und ein Rechtsanspruch besteht nicht.
- Die **Leistungen des Arbeitsamtes an Arbeitgeber** erstrecken sich auf drei Bereiche: Eingliederungszuschüsse §217 SGB III, Einstellungszuschüsse bei Neugründungen §225 SGB III, Eingliederungsvertrag §229 SGB III. Das Arbeitsamt kann für die Beschäftigung arbeitsloser förderungsbedürftiger Arbeitnehmer je nach Maßnahme einen Zuschuss von bis zu 50% zum Arbeitsentgelt gewähren.

Gründung aus der Sozialhilfe

Solange gründende SozialpädagogInnen noch keine Einnahmen aus ihrer Niederlassung erzielen, besteht der Anspruch auf Sozialhilfe fort. Sobald Entnahmen aus der Unternehmenskasse zu verbuchen sind, besteht eine Verpflichtung zur Meldung dieser Einkünfte beim Sozialamt. Die Nettoeinkünfte werden dann von der Sozialhilfe abgezogen (Bruttoeinkommen abzüglich der Steuern, notwendiger Versicherungen und anderer Werbungskosten wie Fahrten zur Arbeitsstätte). Für diese Vorgänge sind Belege beizubringen, wobei die Abrechnung von Werbungskosten Spielräume bietet, also Verhandlungssache ist.

Der §30 BundessozialhilfeGesetz (BSHG) bietet eine »Hilfe zum Aufbau oder zur Sicherung der Lebensgrundlage:

- Personen, denen eine ausreichende wirtschaftliche Lebensgrundlage fehlt oder bei denen sie gefährdet ist, kann Hilfe gewährt werden. Die Hilfe soll dazu dienen, ihnen den Aufbau oder die Sicherung einer Lebensgrundlage durch eigene Tätigkeit zu ermöglichen.
- Die Hilfe soll in der Regel gewährt werden, wenn dem Hilfesuchenden sonst voraussichtlich Hilfe zum Lebensunterhalt gewährt werden müsste.
- Geldleistungen können als Beihilfe oder Darlehen gewährt werden.«

Die auf diesem Wege geförderte Tätigkeit kann sowohl eine abhängige als auch eine selbstständige sein. Voraussetzung ist die überzeugende Darlegung der Möglichkeit eigenständiger Bestreitung des Lebensunterhaltes durch die Antragsteller. Dazu gehören wie bei jeder Gründung eine Geschäftsidee und ein Konzept. Darüber hinaus sollte eine konkrete Vorstellung darüber bestehen, wie der Beitrag des Sozialamtes gestaltet sein soll: Darlehen oder Zuschuss, Kostenübernahme für Gründungsberatungen, Übernahme von Investitionskosten u.a. Grundsätzlich steht also die Förderung in Höhe und Art im Ermessen des Sozialamtes.

9.2.5 Die soziale Großgründung mit dem DtA-Sozialprogramm zur Finanzierung von Sachinvestitionen im sozialen Bereich

In die Förderung nach dem DtA-Sozialprogramm können einbezogen werden:

- Altenhilfe,
- ambulante und stationäre Pflege,
- Behindertenhilfe sowie Investitionen privater Haushalte zur behindertengerechten Gestaltung von Wohnräumen,
- Kinder- und Jugendhilfe sowie
- sonstige soziale Bereiche (z.B. Begegnungszentren für Aussiedler).

Antragsberechtigt sind:

- private Investoren,
- Träger der freien Wohlfahrtspflege und
- sonstige gemeinnützige Organisationen.

Bereitgestellt werden:

- zinsgünstige Darlehen zu DtA-Konditionen (Mindestbetrag 5000 DM, Höchstbetrag 5 Mio. DM);
- Darlehen zu Kapitalmarktkonditionen (Mindestbetrag 1 Mio. DM ohne Begrenzung).

Der Finanzierungsanteil liegt i.d.R. bei 75% der Sachinvestitionen.

10. Anhang

10.1 Noch Fragen? – Die Lösungen

Die häufigsten Pleiteursachen

Planungsmängel	4
Informationsdefizite	2
Überschätzung der Betriebsleistung	6
Familienprobleme	5
Qualifikationsmängel	3
Äußere Einflüsse	7
Finanzierungsmängel	1

10 Fragen Zum Marketing

	Richtig	Falsch
1. Marketing ist weitgehend mit Werbung gleichzusetzen.		X
2. Standortanalysen sind für Kleingründer unmöglich.		X
3. Das Erscheinungsbild meines Unternehmens muss vor allem zu mir passen.		X
4. Neue Dienstleistungen haben vergleichsweise schlechtere Erfolgsaussichten als eingeführte Angebote.		X
5. Bei negativen Reaktionen auf mein Dienstleistungsangebot sollte ich mich ausschließlich auf positive Rückmeldungen konzentrieren.		X
6. Es ist besser, Dienstleistungen über den Preis anzubieten als über den Nutzen.		X
7. Eine breite Nutzung von Werbemaßnahmen bringt in der Regel mehr als ein gezielter Einsatz einzelner Instrumente.		X
8. Auch Kleingründer können Konkurrenzanalysen durchführen.	X	
9. Bei schriftlichen Informationen über meine Dienstleistung bringt die große Zahl den Erfolg.		X
10. Marketing ist für Freiberufler grundsätzlich weniger wichtig als für andere Selbstständige.		X

10 Fragen zur Rechtsformwahl

	Richtig	Falsch
1. Die Wahl der Rechtsform ist auch unter wirtschaftlichen Aspekten bedeutsam.	X	
2. Die Einzelunternehmung muss in ein Register eingetragen werden.		X
3. In der Einzelunternehmung und der GbR haften die Gesellschafter auch mit dem Privatvermögen (gesamtschuldnerisch).	X	
4. Die Partnerschaftsgesellschaft ist nur für Freie Berufe zugänglich.	X	
5. Für die Gründung einer Partnerschaftsgesellschaft ist der Abschluss eines Vertrages nicht erforderlich.	X	
6. Die Partnerschaftsgesellschaft muss den Zusatz »und Partner« oder »Partnerschaft« führen.	X	
7. Ein hohes wirtschaftliches Risiko spricht für die Wahl der GbR.		X
8. Die Partnerschaftsgesellschaft erleichtert die Freistellung von der persönlichen Haftung für Berufsfehler, für die andere Partner verantwortlich sind.	X	
9. Freiberufler ermitteln ihre Gewinne in der Regel durch Einnahme-Überschussrechnung.	X	
10. Personengesellschaften dürfen keine Fantasienamen führen.		X

Quelle: Eigene Darstellung

Literaturverzeichnis

Adressenverzeichnis der Landesarbeitsgemeinschaft sozialpädagogischer Familienhilfe Bayern e.V. o. O., o. J.

Altmann, Ferdinand W.: Stabilität vertraglicher Kooperationsverhältnisse im Franchising. Lang, Frankfurt a.M 1996.

Arbeitskreis Therapeutisches Reiten Nord/Ost Bayern: Heilpädagogisches Reiten und Voltigieren. Nürnberg, o. J.

Baar, Bodo/Soldan, Wolfgang: Grenzen der Berufsausübung der Beratung. IGNIS 1998(a).

Baar, Bodo/Soldan, Wolfgang: Impulse zur Entwicklung eines Beratungsdienstes. IGNIS 1998(b).

Badelt, Christoph (Hrsg.): Handbuch der Nonprofit Organisation: Strukturen und Management. Schäffer-Poeschel, Stuttgart 1997.

Bank für Sozialwirtschaft: Url: http://www.sozialbank.de/bfsag/se-minare/sozialsponsoring.htm; [Stand: 1.9.1999]

Belardi, Nando: Supervision: eine Einführung für soziale Berufe. Lambertus, Freiburg i.Br 1998.

Benzel, Wolfgang/Wolz, Eduard: Organisationsplaner für Selbständige. Walhalla, Regensburg 1998.

BfA: Blätter zur Berufskunde: Diplom-Sozialarbeiter/Diplom-Sozialarbeiterin, Diplom-Sozialpädagoge/Diplom-Sozialpädagogin (Fachhochschule). Nürnberg 1997.

BfA: Informationen für die Beratungs- und Vermittlungsdienste (ibv). Nr. 1, Nürnberg 1995.

BfA: Was? Wieviel? Wer? Eine kleine Fibel über die finanziellen Hilfen des Arbeitsamtes. Nürnberg, Stand: Januar 1999.

Bieberstein, Ingo: Dienstleistungs-Marketing. Kiehl, Ludwigshafen 1998.

BMWi: Workshop-Paket; Referat Öffentlichkeitsarbeit/Versand. Bonn 1997(a).

BMWi: GründerZeiten 7/8. Referat Öffentlichkeitsarbeit, Bonn 1996.

BMWi: Frauen unternehmen was! Tips für Existenzgründerinnen. Referat Öffentlichkeitsarbeit/Versand, Bonn 1997(b).

Bornmann, Manfred: Die Fragen der Existenzgründer in Sachsen. Landesverband der Freien Berufe Sachsen; Dresden o. J.

Brückner, Michael/Przyklenk, Andrea: Geschäftideen erfolgreich umsetzen: Marktnischen erkennen, Chancen nutzen. WRS, Planegg 1999.

Bundesministerium für Wirtschaft und Technologie: Starthilfe – Der erfolgreiche Weg in die Selbständigkeit. Bonn 1999(b).

Bundesministerium für Wirtschaft und Technologie: Wirtschaftliche Förderung. 1999(a).

Collrepp, Friedrich von: Handbuch Existenzgründung. Für die ersten Schritte in die dauerhaft erfolgreiche Selbständigkeit. Schäffer-Poeschel, Stuttgart 1998.

Damkowski, Wulf/Klie, Thomas/Kronseder, Elisabeth u.a.: Ambulante Pflegedienste. Verändern, wahrnehmen, Ideen umsetzen. Vincentz Hannover 1997.

Deutscher Marketing-Verband (Hrsg.): Internationales Marketing-Lexikon. Fortisverlag FH, Köln 1998

Deutscher Industrie- und Handelstag (DIHT): Existenzgründung. Die wichtigsten Bausteine für das eigene Unternehmen. Bonn 1997.

Deutscher Industrie- und Handelstag: Neues Kaufmanns- und Firmenrecht. Bonn 1998(a).

Deutscher Industrie- und Handelstag: Unternehmensformen im Vergleich. Bonn 1998(b).

Deutscher Verein für öffentliche und private Fürsorge (Hrsg.): Fachlexikon der sozialen Arbeit. Kohlhammer, Stuttgart u. a. [4]1997.

Die Welt: Für manche ist es wie eine Geburt. 6.11.1998

Dörner, Klaus: Macht nur Arbeit sozial? In: Mühlfeld, Claus u. a. (Hrsg.): Sozialarbeit in Europa. Luchterhand, Neuwied 1990.

Effinger, Körber: Sozialunternehmer, Freiberufler oder Bedienstete: Professionalisierung im Intermediären Bereich. In: Neue Praxis, 1/1994.

Embser, Gerhard F.: Versicherungen für Beratende Ingenieure; in: Verband Beratender Ingenieure e.V. (VBI) (Hrsg.): Selbständig als Beratender Ingenieur; Jahrbuch-Verlag Foester & Partner, Bonn 1996.

Falk, Franz/Juhl, Bernd/Pasker, Günther/Schanz, Walter/Stolba, Lothar: Selbständig und erfolgreich sein. Deutscher Sparkassenverlag GmbH, Stuttgart 1998.

FAZ: Das aktuelle Thema. 16.12.1994, S. 2

FAZ: Millionenumsatz dank Kinderspiel. 23.3.1996, S. 11

FAZ: Puzzlearangements für die Kinderbetreuung. 6.12.1997

FAZ: Vom Kindergarten bis zum Gewerbepark. 18.11.1997, S. B9

FAZ: Von der Terrasse über die Rutschbahn auf den Spielplatz. 17.4.1996; S. 49

Feißt, Jürgen/Krieger, Dieter: Das Steuerhandbuch für Freiberufler. Haufe Verlagsgruppe, Freiburg i.Br 1998.

Foster, Helga/Adler, Tibor: Qualifikationsbedarf in der Freizeitwirtschaft (Tourismus und Sport). In: Laszlo, Alex/Tessaring, Manfred (Hrsg.): Neue Qualifizierungs- und Beschäftigungsfelder. Bertelsmann, Bielefeld 1996.

Frankfurter Rundschau: Mühsam von Amt zu Amt. 4.4.1992

Gerson, Richard: Derm Marketing-Plan. Ueberreuter, Wien 1992.

Gesundheitswesen gilt als die Zukunftsbranche. In: Care Konkret 26/1999

Glahn, Gabriele/Oberlander Willi: Sozialpädagoginnen als Existenzgründer. Institut für Freie Berufe; Nürnberg 1998.

Greca, Rainer: Sozialpädagogen zwischen Emanzipationsanspruch und »Sozialklempnerei«. Eine subjektbezogene Analyse des Berufsfeldes Jugendsozialarbeit. In: Beck, Ulrich/Brater, Michael (Hrsg.): Die soziale Konstitution der Berufe. Materialien zu einer subjekt-bezogenen Theorie der Berufe, Band 2. Frankfurt und New York, Campus, o. J.

Gretzinger, Alex: Steuerleitfaden für Jungunternehmer; Präsidium des Bundes der Steuerzahler e.V. Hannover 1998.

Gronau, Franz-Stephan v./Konold, Robert: Die »GmbH & Co. GbR mbH« – Ende einer Rechtsform? In: Deutsches Steuerrecht 48/1999.

Gründger, Fritz: Das Ökonomische als Tabuzone für die Sozialarbeit? In: Wolfgang Gernet (Hrsg.): Sozialarbeit auf dem Prüfstand. Fachlicher Anspruch – Verwaltungskontrolle; Freiburg i. Br., Lambertus 1988.

Hammesfahr, Erika/Bittner, Lothar: Praxishandbuch für den DV-Freiberufler: Markt, Steuern, Honorare, Marketing, Verträge, Computerwoche-Verlag; München 1998.

Haufe-Steuer-Office: Das elektronische Steuerbüro; Rudolf Haufe Verlag; Freiburg i.Br. 1999.

Heiner, Maja: Evaluation und Effektivität in der sozialen Arbeit. Modelle, Methoden, Erfahrungen. In: Oppl, H./Tomaschek, A. (Hrsg.): Soziale Arbeit 2000. Modernisierungskrise und soziale Dienste. Freiburg, Lambertus 1998.

Herz, Peter: Profi-Handbuch für Existenzgründer. Regensburg, Walhalla 1997.

Hilke, Wolfgang: Dienstleistungsmarketing. Wiesbaden, Gabler 1989.

Hohl, Michael: Beck-Ratgeber Vereinsmanagement: Wege zum Erfolg. München, Beck 1998.

Holzheuer, Jürgen/Maelicke, Bernd (Hrsg.): Widersprüchliche Zukünfte der sozialen Arbeit – Bericht über die ISS-Zukunftswerkstatt vom 5.–8. März 1986 des Instituts für Sozialarbeit und Sozialpädagogik; ISS-Paper Nr. 17; Frankfurt a. M. 1987.

Institut für Arbeitsmarkt und Berufsforschung der Bundesanstalt für Arbeit (Hrsg.): Materialien aus der Arbeitsmarkt- und Berufsforschung. Gesellschaft und Soziales. 1.4./1998.

Jungbauer-Gans, Monika: Frauen als Unternehmerinnen. Eine Untersuchung der Erfolgs- und Überlebenschancen neugegründeter Frauen- und Männerbetriebe. Frankfurt a. M., Lang 1993.

Jungblut, Michael (Hrsg.): WISO-Geld-Tips: 333 Geschäftsideen. Wie finde ich die richtige Geschäftsidee?; Neunkirchen/Siegerland, Buhl Data Service 1997.

Kirsch, Claudia/Lühder, Katrin: Existenzgründung durch Frauen; In: Politik und Zeitgeschichte 14–15/1991, S. 25–33.

Kohn, Edith: Diese Probleme absorbieren Energie und Zeit; In: Stern Nr. 43/1999, S. 20ff.

Kräuter, Maria/Oberlander, Willi: Neue freiberufliche Dienstleistungen in Bayern. Institut für Freie Berufe, Nürnberg 1999.

Landesgewerbeamt Baden-Württemberg: Existenzgründung in sozialen Berufen; Fachtagung vom 13.2.1998. Informationszentrum für Existenzgründungen des Landesgewerbeamts Baden-Württemberg 1998.

Limbrunner, Alfons: Soziale Arbeit als Beruf. Berufsanfang, Wiedereinstieg und Berufsfeldwechsel; Weinheim 1998.

Maaßen, Wolfgang: Kunst oder Gewerbe? Die Abgrenzung der künstlerischen von der gewerblichen Tätigkeit im Steuerrecht, Handwerksrecht, Partnerschaftsgesellschaftsrecht, Künstlersozialversicherungsrecht. Heidelberg, Müller 1996.

Mai, Bernadette/Matschke, Katja: Selbständig in der sozialen Arbeit. Unveröffentlichte Diplomarbeit, Fachhochschule Landshut 1997.

Meffert, H.: Marketing. Grundlagen der Absatzpolitik. Gabler, Wiesbaden 1986.

Meinhold, Marianne: Wissenstransfer durch Organisationsberatung; in: Otto, Hans-Uwe/Hirschauer, Paul/Thiersch, Hans (Hrsg.): Zeit-Zeichen sozialer Arbeit. Entwürfe einer neuen Praxis. Neuwied, Luchterhand 1992.

Mentzel, Wolfgang: Praxiswissen BWL: Crash-Kurs für Führungskräfte; WRS, Planegg 1999.

Metzmacher, Ulrich/Goll, Dieter/Sauer, Peter: Weibliche und männliche Berufskarrieren in der Sozialarbeit. In: Soziale Arbeit 7/1990.

Möckershoff, Hubert (Hrsg.) 1999: Handbuch Freie Berufe im Steuerrecht. Berufsbezogene Besonderheiten und Gestaltungsmöglichkeiten bei der Besteuerung von Einzelpraxen und Gesellschaften. Erich Schmidt, Bielefeld 1999.

Müller, Burkhard: Soziale Arbeit und die sieben Schwestern. Eine Ortsbestimmung im Kontext der Dienstleistungsgesellschaft. In: Otto, Hans-Uwe/Hirschauer, Paul/Thiersch, Hans (Hrsg.): Zeit-Zeichen sozialer Arbeit. Entwürfe einer neuen Praxis. Luchterhand, Neuwied 1992.

Nodes, Wilfried 1999: Selbständigkeit in der Sozialen Arbeit; Brief an die Autoren vom 6.10.1999

Oberlander, Willi/Adler, Rainer: BerufsbetreuerInnen. In: Sozialmagazin 3/1997.

Oberlander, Willi: Bedarf an Humandienstleistungen wächst. Chancen für Jungunternehmer. Hilfe von außen für Sozialfälle im Betrieb. Handelsblatt 1.8.1997.

Oehme, Wolfgang/Oehme, Steffen: Marketing für niedergelassene Ärzte als Mediziner und Unternehmer. Vahlen, München 1995.

Oelschlägel, Dieter: Berufsverbände – ein Spiegel des Dilemmas; das sie bekämpfen wollen; In: Soziale Arbeit 9/1991.

Olfert, Klaus/Rahn, Horst-Joachim: Einfürung in die Betriebswirtschaftslehre. Kiehl, Ludwigshafen [4]1997.

Ortmann, Friedrich: Neue Steuerungsreformen der Sozialverwaltung und soziale Arbeit. In: Nachrichtendienst des Deutschen Vereins, 2/1996.

PRVA newsletter 15/99. URL: http://www.publicrelations.at/news-letter/nl15interview.htm [Stand: 31.01.2000]

Pühl, Harald (Hrsg.) 1990: Beratung und Reflexion in Ausbildung, Beruf und Organisation; Ed. Marhold, Berlin

Rabe-Kleberg, Ursula u.a.: Unvollendete Statuspassagen? Über Prozesse der Berufseinmündung in soziale Berufe. In: Dressel, Werner u. a. (Hrsg.): Lebenslauf; Arbeitsmarkt und Sozialpolitik. Beiträge zur Arbeitsmarkt- und Berufsforschung; BeitrAB 133. Nürnberg 1990.

Rasner, Carsten/Füser, Karsten/Faix Werner G.: Das Existenzgründer-Buch: von der Geschäftsidee zum sicheren Erfolg. moderne industrie, Landsberg/Lech 1996.

Schiewe, Kirstin: Sozial-Sponsoring: Ein Ratgeber. Lambertus, Freiburg 1995.

Schmidt, Irene: Aus der Not eine Tugend gemacht – Ein Leitfaden zur Existenzgründung von SozialpädagogInnen. Unveröffentlichte Diplomarbeit. Evangelische Fachhochschule, Nürnberg 1998.

Schmitt, Bernd R.: Auswirkungen des Psychotherapeutengesetzes auf die Berufsausübung des Heilpraktikers. In ibv 34/1999.

Skaupy, Walther: Franchising: Handbuch für die Betriebs- und Rechtspraxis. Vahlen, München 1987.

Sozialgesetzbuch: Ergänzungslieferung Stand 15.2.1999. Beck, München.

Staub-Bernasconi: Das Selbstverständnis sozialer Arbeit in Europa: Frei von Zukunft frei von Sorgen?. In: Mühlfeld, Claus u.a. (Hrsg.): Sozialarbeit in Europa. Luchterhand, Neuwied 1990.

Steuergesetze I: Ergänzungslieferung Stand 1.4.1999. Beck, München.

Süddeutsche Zeitung: Trennung ohne Tränen. 25./26.6.1999.

Süddeutsche Zeitung: CDU/CSU Fraktion verabschiedet Konzept mit maximalen Steuersatz von 39%. 2./3.6.1999; S. 25.

Taupitz, Jochen: Die Standesordnungen der freien Berufe: Geschichtliche Entwicklung, Funktionen, Stellung im Rechtssystem. de Gruyter, Berlin 1991.

Verband Beratender Ingenieure e.V. VBI (Hrsg.): Selbständig als Beratender Ingenieur. Jahrbuch-Verlag Foester & Partner OHG, Bonn 1996.

Weis, Hans Christian: Marketing. Kiehl, Ludwigshafen 1999.

Wessels, A.M.: Franchise-Verträge im Vergleich. In: Jahrbuch Franchising. Deutscher Franchise-Verband 1992.

Winkler, York R.: Non-Profit-Organisationen zwischen gemeinnütziger Finanzierung und professioneller Arbeit, Workshop-Paper/Kassel 3.7.1998. Verein zur Erschließung neuer Beschäftigungsformen. Göttingen 1998.

Wöhe, Günter: Einführung in die Allgemeine Betriebswirtschaftslehre. Vahlen, München 1986.

Wolf, Karl-Heinz: Existenzgründung und Existenzsicherung. Stollfuß, Bonn 1997.

Wotschofsky, Stefan/Hüsing, Silke: Zur Gewerblichkeit freiberuflich Tätiger am Beispiel des Unternehmensberaters. In: Stbg – Die Steuerberatung 7/1999, 326–334.

Weiterführende Literatur

Allgemeine Literatur

Deutsche Ausgleichsbank: Existenzsicherung. Herausforderungen, Probleme und Lösungen auf dem Weg zum Unternehmenserfolg. Bonn/Berlin 1998.

Dichmann, Werner/Schlaffke, Winfried (Hrsg.): Wege in die Selbständigkeit. Deutscher Industrie Verlag, Köln 1998.

Dietsche, Chirs/Westernhagen von, Jutta: Frauen machen Geschäfte. Der Weg zur beruflichen Selbständigkeit. Dtv, München 1995.

Hammer, Andreas: Soll ich mich selbständig machen? Beck, München 1997.

Hofmeister, Roman: Business Plan. Ueberreuter, Wien 1996.

Buschmann, Birgit/Menzel, Kathrin/ Oltman, Iris u. a.: Not macht gründerisch? – Frauen und Existenzgründung. Konrad-Adenauer-Stiftung, Sankt Augustin Studie 138/1997.

Sichtermann, Barbara/Sichtermann, Marie/Siegel, Brigitte: Den Laden schmeißen. Ein Handbuch für Frauen, die sich selbständig machen wollen. Fischer, Franfurt a. M. 1994.

Voigt, Martina: Unternehmerinnen und Unternehmenserfolg. Gabler, Wiesbaden 1994.

Waldner, Wolfram/Wölfel, Erich: So gründe und führe ich eine Personengesellschaft. dtv, München 1997.

Westerhoff, Ralph: Beck-Ratgeber Geschäftsgründung: Gewerbe, Niederlassung, Gesellschaft. Beck, München 1z997.

Wolf, Karl-Heinz: Existenzgründung und Existenzsicherung: Gründungskonzeptionen, Franchising, Management-Bay-Out, Spin-Off. Vertrags- und Honorargestaltung, Haftungsfragen, Rechtsformüberlegungen, Finanzierung, aktuelle Förderrichtlinien und Fördermöglichkeiten, Vertragsmuster, Checklisten, Tabellenkalkulationsrechnungen. Stollfuß, Bonn 1997.

Berufsspezifische Literatur

Berufsverband der Heilpädagogen e.V. (Hrsg.): Leitfaden zur Eröffnung einer heilpädagogischen Praxis. Büdelsdorf b. Rendsburg o. J.

Beilmann, Michael: Modernes Sozialmarketing. So profilieren Sie sich als Marktführer. Stärkenanalyse – Profilentwicklung – Öffentlichkeitsarbeit. Walhalla, Regensburg 1999.

Braun, Helmut (Hrsg.): Zukunft der Pflege: Beiträge zur Pflegediskussion in Altenarbeit und Gerontologie. Bibliomed, Melsungen 1994.

Buchholz, Goetz: Ratgeber Freie Kunst und Medien. Schriftenreihe der Industriegewerkschaft Medien, Heft 4, Stuttgart 1998.

Bundesministerium für Bildung und Wissenschaft (Hrsg.): Absolventenreport Sozialwesen. Reihe Bildung – Wissenschaft – Aktuell 7/1994.

Deutscher Berufsverband für Sozialarbeit, Sozialpädagogik und Heilpädagogik (DBSH): Satzung. Essen 1995.

Deutscher Berufsverband für Sozialarbeit, Sozialpädagogik und Heilpädagogik: Berufsbild und Berufsordnung, Essen 1997.

Finke, Hugo: Die Künstler und ihre Rente. Die soziale Sicherung der Künstler und Publizisten. Bundesversicherungsanstalt für Angestellte, Berlin 1996.

Effinger, Herbert/Luthe, Detlev (Hrsg.): Sozialmärkte und Management. Univ.-Buchh., Bremen 1993.

Eiber, Andreas: Existenzgründung. Planung und Betrieb eines ambulanten Pflegedienstes. Vincentz, Hannover 1998.

Karl, Fred: Neue Wege in der sozialen Altenarbeit: Ansätze, Initiativen und Projekte. Lambertus, Freiburg 1993.

Kiesel, Wolfgang: Von Beruf Frei. Der Ratgeber für freie Journalistinnen und Journalisten. Deutscher Journalisten Verband e. V., Bonn 1998.

Lachmann, Matthias: Sozialpädagogen als Gründer – Probleme auf dem Weg in die Selbständigkeit. Unveröffentlichte Studienarbeit. GSH Kassel 1998.

Limbrunner, Alfons: Die Systematik beruflichen Handels. Ein Beitrag zur Handlungslehre in der Sozialen Arbeit. In: Sozialmagazin 2/1998, S. 16 –20.

Ministerium für Arbeit, Gesundheit und Soziales des Landes Nordrhein-Westfalen (Hrsg.): Ambulante Pflegedienste in Nordrhein-Westfalen. Bestandsanalyse in typischen Regionen. Kettler, Bönen 1995.

Merk, Richard: PädagogInnen machen sich selbständig. Luchterhand, Neuwied 1997.

Mühlenkamp, Holger: Soziale Dienstleistungen aus informationsökonomischer Sicht. Institut für Haushalts- und Konsumökonomik Universität Hohenheim, Arbeitsbereich 1/1999.

Oberlander, Willi: Neue Frei Berufe: Sozialpädagogen und Sozialarbeiter. In: Handelsblatt 146/ 1997

Ölschläger, Rainer/Brüll, Hans-Martin (Hrsg.): Unternehmen Barmherzigkeit, Identität und Wandel sozialer Dienstleistungen. Baden-Baden 1996.

Riester, Martin: Existenzgründung: Planung und Betrieb eines ambulanten Dienstes. Vincentz, Hannover 1996.

Scheibe-Jaeger, Angela (1999): Existenzgründung in der Sozialen Arbeit. Persönlichkeits-Check. Richtig vorgehen – Schritt für Schritt – Marktnischen – Marktchancen. Walhalla, Regensburg 1999.

Török, Imre: VS-Handbuch. Ein Ratgeber für Autorinnen und Autoren, Übersetzerinnen und Übersetzer. Steidl, Göttingen 1999.

Wendt, Wolf Rainer: Unterstützung fallweise: Case Management in der Sozialarbeit. Lambertus, Freiburg 1991.

Wendt, Wolf Rainer: Ambulante sozialpflegerische Dienste in Kooperation. Lambertus, Freiburg 1997.

Werber, Herta.: Eine Idee von Sozialarbeit. In: Soziale Arbeit 6-7/1988, S. 221.

Werber, Herta: Sozialarbeit als freiberufliche Dienstleistung. In: Blätter der Wohlfahrtspflege 1/1989.

Betriebswirtschaftliche Literatur

Deuker, Joachim: Kostenrechnung für Praktiker. Dtv, München 1993.

Thiele, Günter/Koch, Veronika: Betriebswirtschaftlehre: Eine Einführung für Pflegeberufe. Lambertus, Freiburg 1998.

Recht, Rechtsformen und Steuern

Braun, Anton/Bösert, Bernd/Jochem, Hans Rudolf: Leitfaden zur Partnerschaftsgesellschaft. VCH, Weinheim u. a. 1996.

Fischer, Herrmann Josef/Reich, Steven A. (Hrsg.): Der Künstler und sein Recht. Ein Handbuch für die Praxis. Beck, München 1992.

Hager, Joachim A./Sehrig, Jürgen: Vertrauensschutz in der sozialen Arbeit. Eine Darstellung der rechtlichen Grundlagen und ihre Handhabung in der Praxis. Heidelberg 1991.

Rehbinder, Manfred: Urheberrecht. Beck, München [10]1998.

Schöttler, Weinfried: Mein Recht als Musiker. Beck, München 1999.

Wandtke, Artur (Hrsg.): Theater und Recht. Ein Nachschlagewerk für Bühnenkünstler, Intendanten, Verwaltungsdirektoren, Mitarbeiter von Theatern und Juristen. Reihe Kultur, Medien und Recht. Kammerer und Unverzagt, Hamburg 1994.

Versicherungen

Kalinowski, Hans-Günter/Max, Heiner: Sozialversicherungsberater. Norman Rentrop, Bonn 1998.

Meyer, Hans-Dieter: Ratgeber Versicherung. Heyne, München 1998.

Roebers, Fridhelm: Soziale Absicherung 1999. Tips für Existenzgründer. Deutscher Industrie- und Handelstag. Bonn 1999.

Sonstige Literatur

Deutscher Kulturrat (Hrsg.): Das »Wer ist Wer« bundesweiter Kulturverbände 1998/99. Bonn 1998.

Engel, Stefan/Oberlander, Willi: Freier Beruf oder Gewerbe. Institut für Freie Berufe (IFB), Nürnberg 1999.

Girmes, Renate (Hrsg.): Studium Berufsentwicklung, Persönlichkeitsbildung. Ansätze zu einem biographieorientierten Hochschulstudium. Waxmann, Münster u. a. 1997.

Kreidenweis, H.: Software für die Sozialarbeit. In: Blätter für die Wohlfahrtspflege, 6/1997, S. 115-117.

Pallagi, Susanne (Hrsg.): Das Bundesweite FrauenBranchenbuch 1998. Frauen Handeln, München 1998.

Presse- und Informationsamt der Bundesregierung (Hrsg.): So fördert der Bund Kunst und Kultur. Innerstaatliche Kulturföderung und Auswärtige Kulturpolitik. Bonn 1996.

Rosenberger-Balz, Christel: Frauen als Existenzgründerinnen unter Berücksichtigung der Wiedereinsteigerinnen im ländlichen Raum. Eures, Freiburg (Breisgau) 1993.

Internet-Adressen

Institution/Name	Internet-Adresse	E-Mail-Adresse
Berufsspezifische Adressen		
Bundesarbeitsgemeinschaft Sozialmarketing (BSM)	http://www.sozialmarketing.de	@sozialmarketing. de
Verband freiberuflicher Betreuer/innen e.V.	http://www.sozial.de	VfB-eV@online.de
Berufeübergreifende Adressen		
Bundesverband der Freien Berufe	http://www.freie-berufe.de	
Industrie- und Handelstag	http://www.ihk.de/dihthome.htm	
Übersicht Verbände, Kammern	http://www.dino-online.de/seiten/go13b.htm	
Statistik/Wissenschaft		
Forschungsinstitut Freie Berufe (FFB)	http://www.uni-lueneburg.de/fb2/ffbhome.htm	ffb@ffb.unilueneburg.de
Ifo-Institut für Wirtschaftsforschung	http://www.ifo.de	
Institut Arbeit und Technik	http://iatinfo.iatge.de	
Institut für Arbeitsmarkt- und Berufsforschung (IAB)	http://www.arbeitsamt.de/iab	Iab.ba@t-online.de
Institut für Freie Berufe Nürnberg (IFB)	http://www.uni-erlangen.de/ifb	Ifb@rzmail.unierlangen.de
Statistisches Bundesamt	http://www.statistik-bund.de	
Recht		
»Recht & Praxis Digital«	http://www.vrp.de	
Bundesgesetzblatt	http://www.jura.uni-sb.de/BGBL/index.html	
Deutsches Patentamt	http://www.deutsches-patentamt.de	
Eins-Europäisches Juristisches InformationsNetzwerk-System	http://www.eins-gmbh.de	
Forum deutsches Recht	http://www.recht.de	
juris GmbH Saarbrücken	telnet://juris-sb.de bzw. telnet://juris.de	
Such-Service für deutsches Recht »Fahnder«	http://www.vrp.de/search/fahnder.htm	

Institution/Name	Internet-Adresse	E-Mail-Adresse
Bibliotheken		
ABC Bücherdatenbank	http://www.telebuch.de	
Deutsches Bibliotheks-institut Berlin	http://dbix01.dbi-berlin.de:8163/wais-db/query-zd.html	
Fachinformationszen-trum Technik	http://www.fiz-technik.de	
Jason-WWW (Zeit-schriftenrecherche)	http://www.ub.uni-bielefeld.de/netahtml/jaso1.html	
Karlsruher Virtueller Katalog	http://www.ubka.uni-karlsruhe.de/kvk.html	
Sondersammelgebiets-bibliotheken	http://www1.ub.uni-siegen.de/buecher/ssg.html	
Südwestdeutscher Bibliotheks-Verbund (Recherchetips)	http://www.swbv.uni-konstanz.de/CGI/cgi-bin/opacform.chi	
Universität Wien	http://bibgate.univie.ac.at/BIBOS-2/Search.html	
Stellenmarkt		
Bundesanstalt für Ar-beit	www.arbeitsamt.de	
Die Zeit: Suchmaschine für Stellenangebote im Internet	http://www.zeit.de/robot	
Online Stellenmarkt	http://www.stellenanzeigen.de	
Andere Adressen		
Bundesministerium für Wirtschaft	http:/www.bmwi.de	
DATEV e.G.	http://www.datev.de	Info@datev.de
Deutsche Ausgleichs-bank: Virtuelles Gründerzen-trum	http://www.gruenderzentrum.de	
Deutsche Bank: Forum Innovation	http:/www.business-channel.de/innovation	
Junge Unternehmer	http://www.bju.de	
Presse- u. Informations-amt der Bundesregie-rung (BPA)	http://www.bundesregierung.de bzw. http://www.government.de	